El tiempo contraído

El tiempo contraído
Canon, discurso y circunstancia de la narrativa cubana (1959-2000)

Waldo Pérez Cino

Almenara

Consejo Editorial

Luisa Campuzano
Adriana Churampi Ramírez
Stephanie Decante
Gabriel Giorgi
Gustavo Guerrero

Francisco Morán
Waldo Pérez Cino
José Ramón Ruisánchez
Nanne Timmer

© Waldo Pérez Cino, 2014
© de esta edición: Almenara, 2014

www.almenarapress.com
info@almenarapress.com

ISBN 978-90-822404-4-3

All rights reserved. Without limiting the rights under copyright reserved above, no part of this book may be reproduced, stored in or introduced into a retrieval system, or transmitted, in any form or by any means (electronic, mechanical, photocopying, recording or otherwise) without the written permission of both the copyright owner and the author of the book.

Índice

Preliminar 9

I. Canon y legitimidad 11
   Algunos deslindes necesarios.. 13
   La legitimidad de la interpretación 16
   Un estado de la cuestión..24
   El canon literario en tanto sistema 38

II. Cuba: circunstancia y expectativas críticas 45
   Antes del cambio...49
   Los años de Orígenes 55
   Los años del entusiasmo y la reconfiguración del canon (1959-1971)....64
   Los años de *Lunes*... 81
   Dentro de la Revolución todo, contra la Revolución nada 89

III. Un canon escindido 123
   Literatura cubana y literatura de la Revolución................................. 132
   Idiosincrasia, futuro e identidad... 135
   Memorias de una concordancia.. 138
   Una literatura póstuma 148
   Un nexo incómodo 162
   Cartografía del cisma 166

IV. Final del tiempo 171
   La primavera de La Habana 172
   Restauración o renacimiento, tradición y legado 191

Autores nuevos, problemas viejos..201
Un vínculo precario 206
Mímesis y representación 212
Tiempo del final, final del tiempo.. 217

V. Entre ya y todavía: otro estado de la cuestión..........................227

Bibliografía 239

La politique dans une œuvre littéraire, c'est un coup de pistolet au milieu d'un concert, quelque chose de grossier et auquel pourtant il n'est pas possible de refuser son attention.

Nous allons parler de fort vilaines choses, et que, pour plus d'une raison, nous voudrions taire; mais nous sommes forcés d'en venir à des événements qui sont de notre domaine, puisqu'ils ont pour théâtre le cœur des personnages.

Stendhal (1869: 366)

Preliminar

Las páginas que siguen se ocupan de la narrativa cubana posterior a 1959 y de su articulación en el sistema de legitimidad y valor que constituye el canon literario. De modo que analizan sobre todo la relación que se establece entre esa narrativa y los discursos críticos, una relación que, en el caso cubano, ha estado condicionada en grandísima medida por la política y la ideología. Los procesos de construcción, de cambio y de legitimación de ese canon resultan particularmente visibles en el ámbito narrativo, que es al que nos ceñiremos aquí. Dadas las circunstancias en que acontecen, es inevitable ocuparse también de los períodos por los que ha atravesado la política cultural cubana y de los distintos sesgos que han tomado las relaciones entre los intelectuales y el poder en Cuba.

Ahora bien, el recorrido que se sigue aquí busca indagar en esas relaciones entre cultura y poder, pero desde dentro del sistema en que se articulan, es decir: desde la construcción crítica, ideológica, literaria, que organiza las expectativas de valor con respecto a la creación y a la recepción de literatura. En el primer capítulo se discute el concepto mismo de canon literario. En los siguientes, se sigue el complejo proceso de reconfiguración del canon literario cubano que tiene lugar a partir del triunfo de la Revolución cubana y que, a través de etapas sucesivas, conduce hasta su configuración actual. La manera en que se realiza ese recorrido se corresponde, en cierto sentido, con la centralidad que en el canon literario tiene la noción de paradigma. En su doble condición de caso individual con valor general, aquello que se ha constituido como paradigma —un texto, pero también un evento concreto que hace inteligibles fenómenos generales— muestra en sí mismo el orden del conjunto al que pertenece[1]. De ahí que muchas veces se explique un determinado fenómeno a partir de ejemplos

---

[1] Sobre la noción de paradigma y su valor de método, veáse Agamben 2010b.

que tienen esa condición paradigmática, que ponen de manifiesto una cuestión general a través de su singularidad. Más que la exhaustividad documental que respondería a una historia literaria, se ha priorizado la representatividad de ciertos puntos de inflexión, paradigmáticos respecto a los movimientos que organizan el sistema del canon literario y la relación entre sus partes, o que añaden profundidad a los vínculos que se establecen en el cruce de sincronía y diacronía.

Me gustaría creer que puede esbozarse una lógica, un movimiento ordenado que cobra sentido si se lo sabe disponer, y que permita leer como elementos congruentes de un mismo relato las «Palabras a los intelectuales» de Castro, el exilio de una gran parte de la cultura cubana (geográfico o interior, tanto da) y la fascinación de la izquierda europea y latinoamericana con la Revolución cubana; pasajes de esa historia como el caso Padilla o el lugar que ocupa en la literatura cubana la tematización de lo mesiánico, las formas que adopta el discurso sobre la identidad nacional y el peso de la oposición entre tradición y futuridad en la literatura y la crítica cubanas. Una lógica que permita entrever o lo menos calibrar el peso de lo que ha sido y lo que no, de lo que se construyó y cómo, mediante qué procedimientos o expedientes o estrategias críticas o ideológicas; que contribuya, en fin, a poner concierto y orden en ese continuo con tantas parcelas de sombra mediante una cierta ilación narrativa que revele su sentido.

Si hay una zona desde la cual esa lógica puede hacerse visible es precisamente la zona que acoge la articulación de los procesos de legitimidad y valor a través de los cuales percibimos los textos. Es la única, pienso, desde donde la descripción del fenómeno va más allá de la mera mención de sus coordenadas o de la valoración subjetiva, y donde precisamente la relación entre los textos y la manera de leerlos puede terminar hablando por sí misma, resultar elocuente en términos de sentido. A fin de cuentas, el sistema que constituye el canon literario se construye sobre apuestas interpretativas cuyo valor, en una dialéctica de continuidad y rechazo, de cambio y restauración, se realiza de un modo u otro según sus articulaciones históricas.

I.

Canon y legitimidad

No deja de ser curioso, en lo que tiene de paradójico, que la popularidad de la noción de canon literario esté asociada a una alarma por la pérdida de la estabilidad en la transmisión de saberes o, en el extremo contrario, a una impugnación más o menos vindicativa del *establishment* literario: en ambos casos algo que tendría los visos de la inmutabilidad y la permanencia cobra importancia –esto es, se le presta atención, se convierte en un tema de discusión o en una perspectiva de trabajo– porque estaría perdiendo, o se pretendería que perdiera, aquellos mismos atributos que lo definen, atributos todos asociados a lo permanente, a la solidez, cuando menos a la transmisión de unos valores cuya riqueza se da por sentado.

Esa paradoja no es la única, y probablemente esté asociada a otra ligada al origen del término mismo de canon, y que resulta de la tensión entre historicidad y valor absoluto, entre sincronía y diacronía, entre tradición y presente: aun en sus versiones más fundamentalistas, aun en esa reducción del canon como repertorio de obras sublimes inmunes al tiempo que lo convierte en repertorio, se parte de la postulación de una crisis: de una pérdida en presente de valores atemporales que habría que recuperar o conservar. En la introducción a *Cultural Capital: The problem of Literary Canon Formation* (1993) Guillory apunta a esa aparente contradicción cuando se refiere a esa lógica de repertorio cerrado que asociamos con la idea misma de canon:

> The concept of the canon names the traditional curriculum of literary texts by analogy to that body of writing historically characterized by an inherent logic of *closure* –the scriptural canon. The scriptural analogy is continuosly present, if usually tacit, whenever canonical revision is expressed as «opening the canon». We

may begin to interrogate this first assumption by raising the question of whether the process by which a selection of texts functions to define a religious practice and doctrine is really similar *historically* to the process by which literary texts come to be preserved, reproduced, and taught in the schools. This question concerns the historicity of a particular kind of written texts, the «literary». (1993: 6)

En buena medida es esa tensión la que subyace en el «debate» sobre el canon literario, que en una especie de reedición académica de la *querelle des Anciens et des Modernes* ha popularizado el término y ha llevado al plano de lo práctico (¿qué enseñamos a los alumnos de segundo año el semestre que viene?, digamos, o ¿se venderá esta novela? o ¿qué debo leer para ser alguien medianamente ilustrado?) un complejo entramado de formulaciones e intereses no solamente críticos, sino que incluyen numerosos ámbitos de la circulación, transmisión y producción cultural. Gran parte del debate (me refiero a la discusión académica de las últimas décadas, un fenómeno mayormente norteamericano y que ha sido animado, de paso o para colmo, por un ansia mal entendida de *political correctness*) se sostiene sobre la postulación, sobre la declaración casi –en la misma acepción en que se diría *declaración de guerra*– de una crisis en nuestra relación con los textos y en el modo en que se transmiten y seleccionan los saberes y prácticas asociados a la lectura y lo literario. Una crisis o una percepción de crisis que, en un movimiento circular, resultaría reforzada por el debate mismo: «The canon debate signifies nothing less than a crisis in the form of cultural capital we call "literature"», observa Guillory (1993: viii), y no le falta cierta razón cuando apunta que «the most interesting question raised by the debate is not the familiar one of which texts or authors will be included in the literary canon, but the question of why the debate represents a crisis in literary study» (1993: vii). Pero, sobre todo, insisto, de una crisis que lo ampara y que, en virtud de esa necesidad, es «declarada» por quienes participan en él.

En este capítulo volveré sobre esa crisis e inevitablemente me ocuparé en parte de la lógica que ha seguido ese debate, pero más que desentrañar o seguir los vaivenes de esa discusión me interesa deslindar qué puede ser útil y qué no a la hora de analizar los mecanismos mediante los cuales se articula el sistema de legitimidad que constituye el canon literario.

De modo que conviene, entonces, hacer algunos deslindes antes de pasar a un necesario estado de la cuestión.

Algunos deslindes necesarios

El término «canon», como algunos otros, padece de una curiosa indeterminación semántica: cualquiera entiende de qué hablamos cuando hablamos de canon literario, pero es difícil encontrar una definición precisa –o se pueden encontrar demasiadas definiciones poco precisas y muy alejadas entre sí– de qué quiera nombrarse con él. En un ensayo que no tiene desperdicio[1], Roberto Bolaño se pregunta y se contesta él mismo (es una pregunta retórica y así, tal cual, la declara Bolaño cuando la introduce) sobre las razones del éxito editorial de ciertos autores, o lo que es lo mismo, sobre las razones de que la aquiescencia de la crítica y ciertas prácticas mayoritarias de lectura discurran por un cierto cauce en vez de por otros. Dice allí:

> Hay una pregunta retórica que me gustaría que alguien me contestara: ¿Por qué Pérez Reverte o Vázquez Figueroa o cualquier otro autor de éxito, digamos, por ejemplo, Muñoz Molina o ese joven de apellido sonoro De Prada, venden tanto? ¿Sólo porque son amenos y claros? ¿Sólo porque cuentan historias que mantienen al lector en vilo? ¿Nadie responde? ¿Quién es el hombre que se atreve a responder? Que nadie diga nada. Detesto que la gente pierda a sus amigos. Responderé yo. La respuesta es no. No venden sólo por eso. Venden y gozan del favor del público porque sus historias se *entienden*. Es decir: porque los lectores, que nunca se equivocan, no en cuanto lectores, obviamente, sino en cuanto consumidores, en este caso de libros, entienden perfectamente sus novelas o sus cuentos. (2003: 161-162)

El texto de Bolaño sigue derroteros que se alejan bastante de lo que interesa tratar aquí: los nombres que cita pudieran sustituirse por otros, su afirmación no es, ni pretende serlo, apodíctica, y su sentido se realiza cabalmente sólo como parte del texto al que pertenece. Ahora bien, en el fondo de su respuesta o de su comentario (que atañe a la literatura, o al consumo de cierta literatura) hay un elemento que sí viene muy al caso, si lo extrapolamos al ámbito del discurso crítico o de la teoría literaria, y que el mismo Bolaño subraya o atiende unas líneas más adelante. Y es el hecho incontestable del éxito de ciertos textos o discursos críticos, y de los términos que los amparan, en virtud de su presunta claridad, gracias a ese tácito acuerdo que crean en torno suyo las, digamos, acuñaciones felices. Cuando vuelve sobre esto –sólo una atención mínima,

---
[1] «Los mitos de Chtulhu», en Bolaño 2003.

como la de quien mira un momento y vuelve luego a lo suyo– el ejemplo resulta muy ilustrativo:

> Por ejemplo, el pensamiento débil. Honestamente no tengo ni idea de en qué consistió (o consiste) el pensamiento débil. Su promotor, creo recordar, fue un filósofo italiano del siglo XX. Nunca leí un libro suyo ni un libro acerca de él. Entre otras razones, y no me estoy disculpando, porque carecía de dinero para comprarlo. Así que lo cierto es que, en algún periódico, debí de enterarme de su existencia. Había un pensamiento débil. Probablemente aún esté vivo el filósofo italiano. Pero en resumidas cuentas el italiano no importa. Quizá quería decir otras cosas cuando hablaba de pensamiento débil. Es probable. Lo que importa es el *título* de su libro. (2003: 162-163)

En efecto: hay conceptos o nociones –títulos– más exitosos que otros, palabras que parecen decir más, explicarse mejor por sí mismas que otras que intentan nombrar lo mismo; porque dan la impresión de ser transparentes con respecto a aquello que designan, de una parte, y porque remiten, de otra, a un cierto, muy vago pero eficaz, consenso de uso, que se sostiene sobre la alusión a un amplio campo de referencia (en vez de, como cabría esperar, asentarse en una puesta en acuerdo sobre de qué estemos hablando). Naturalmente, que ese campo de referencia sea impreciso y a un tiempo identificable no lo convierte en una ficción epistemológica ni mucho menos; la vaguedad no merma su presencia sino que, más bien al contrario, hace manifiesta su entidad. La consciencia de ese fenómeno ha dado lugar en las últimas décadas al estudio y la discusión, con alcance e intenciones diversas, de los procesos que intervienen en la formación del canon literario y de las formas que, con arreglo a él, asumen determinados ámbitos literarios; discusión que, en última instancia, y sobre todo por la profusión de criterios distintos en torno al tema, ha devenido en una indagación sobre la noción misma de canon.

Pero tampoco hay que perder de vista que se trata de la entidad del referente, y no de la palabra que lo alude; que lo que está en juego es ese campo difuso de nociones cuya presencia no podemos soslayar, y no la entidad real del término o concepto –el de canon literario y desarrollos afines– que activa su mención. De hecho, la facilidad con que aceptamos esas remisiones *felices* no es más que correlato de la familiaridad con la que convivimos, aun sin percatarnos de ello, con ese amplio campo de referencia: la necesidad de establecer juicios de valor con arreglo a reglas, la necesidad de que ese entramado de juicios y criterios valorativos se convaliden mutuamente, resulten coherentes y establezcan una continuidad de sentido entre el pasado y el presente es, probablemente, junto a las figuras que lo encarnan en nuestro imaginario simbólico (autores y títulos, pero también modos de leer, de acercarse a los textos), parte constitutiva de los cimientos más profundos de la cultura y de la tradición exegética occidental.

Ahora bien, y volviendo a las teorías críticas sobre el canon: una cosa es que una determinada necesidad apelativa sea del todo legítima −que una cuestión merezca, sin duda alguna, atenderse o tratarse− y otra bien distinta dar por buenos determinados discursos en torno suyo por el mero hecho de declararse interesados en la cuestión, o porque se ajustan a las necesidades o ansiedades críticas del momento, o porque parezcan zanjarla a través del éxito vagamente consensual y apelativo de un término −porque pretendan hacer, de la mención del asunto, su solución o su acomodo, de la necesidad virtud. En buena medida, mucho hay de esto en el uso que se viene haciendo de «canon». Más allá de modas intelectuales o tendencias críticas en alza, es de esos términos que disfrutan de una asombrosa capacidad significativa y de la consiguiente elasticidad de uso: cualquiera más o menos informado siente o intuye o atisba lo menos, *entiende* de qué se habla. El verbo tiene aquí un sentido muy similar al que tenía en aquella respuesta de Bolaño: se trata de acuñaciones que, como algunos libros, «venden y gozan del favor del público porque sus historias se *entienden*».

La «historia» que cuenta un término como canon, en efecto, se *entiende* bien; amplificada por ciertas prácticas críticas o académicas, es quizá por eso que el de «canon» se ha convertido en un vocablo saco cuya vaguedad llega a incluir aspectos[2] muy distintos, a veces excluyentes entre sí, y que por lo general soslayan otros para dar preeminencia a ciertos elementos de las cuestiones que involucran.

Quizá sobre todo por esa misma elasticidad semántica de que venimos hablando, una misma noción ha servido de apoyo a voluntades vindicativas de índole varia, cuyos extremos recientes pueden buscarse en posiciones tan encontradas como las de Bloom −en el libro que sacó la controversia del ámbito

---

[2] O en ocasiones ninguno o muy pocos, salvo cierta voluntad de comunión con el lector a la que sólo sostiene que éste, como reconoce la autoridad o la presunta pertinencia del término −había un canon−, entienda: nada que vaya mucho más allá del mero guiño. Ni la honestidad intelectual de Bolaño ni mucho menos la franqueza de su estilo suelen ser, conste, precisamente la tónica académica o crítica.

académico, el tan polémico y a mi juicio desproporcionadamente atendido[3] *The Western Canon* (1994)– y las de tantas propuestas que en las últimas décadas han pretendido subvertir, ampliar, contestar la configuración del canon literario en función de sus propias parcelas de interés, por lo general, no propiamente literario. Es el caso de parte considerable de aquella crítica que se centra en la condición del sujeto (del crítico o del autor, o de ambos), y que lee los textos en virtud de su pertenencia a los correspondientes repertorios identitarios (literatura femenina o feminista, literatura gay, literatura negra, etcétera).

Prescindiendo de las lindezas que ambos extremos se han dedicado –crítica del resentimiento hacia un lado, el canon como panteón de varones heterosexuales blancos muertos desde el otro, etcétera[4]–, un vistazo a posiciones tan encontradas pone de manifiesto algo que, al calor de la controversia, suele perderse de vista; en uno y otro caso, la ansiedad vindicativa que anima de antemano la interpretación suele connotar los textos a niveles insospechados. Llega incluso, a la sombra de ciertos discursos críticos, a secuestrar el sentido mismo que reside en los textos.

Que anima –hemos dicho– *la interpretación*: porque, a fin de cuentas, de eso se trata. De un orden que avale (que legitime, que sostenga, que se adelante a ella, haga posible) la interpretación de los textos. De un orden que avale el sentido.

La legitimidad de la interpretación

En «Presencias reales», un ensayo de singular lucidez ética y crítica, Georges Steiner toca uno de los puntos clave para una cabal comprensión del problema. La radical indeterminación de cualquier juicio estético, la falta de un asidero

---

[3] Tanto que, amén de la polvareda crítica que levantó en su día, ha dado incluso lugar a textos secundarios sobre el texto de Bloom –y en particular, sobre su catálogo canónico: véase, por ejemplo, Rojas 2000, un acercamiento a los autores cubanos incluidos por Bloom en su lista. No tengo nada en contra de la obra de Bloom, con títulos memorables como *The anxiety of influences* (1973), pero *The Western Canon* me parece un libro mal leído, sobredimensionado en muchos aspectos (esto último, por supuesto, ni quita ni pone al libro de Bloom; lo único que pone de manifiesto son las ansiedades de la crítica).

[4] *The Western Canon*, cuyo fundamentalismo a veces desconcierta, engloba bajo la etiqueta de crítica del resentimiento a casi todo lo que no se avenga con su particular visión del patrimonio cultural de Occidente. El fundamentalismo inverso, que desconcierta otro tanto, se resuelve en trifulca o conjura o descalificación –esencial o estadística, tanto da– de ese patrimonio.

objetivo o de un referente constrastable es una de las cuestiones que radica en su fondo mismo:

> La relatividad, la arbitrariedad de todas las proposiciones estéticas, de todos los juicios de valor, es inherente a la consciencia y al lenguaje humanos. *Se puede decir cualquier cosa sobre cualquier cosa.* Asertos como que *El Rey Lear* de Shakespeare «no merece ser objeto de una crítica seria» (Tolstoi), o que Mozart no compone sino meras trivialidades, *son completamente irrefutables.* No pueden negarse ni sobre una base formal (lógica) ni en su sustancia existencial. Las filosofías estéticas, las teorías críticas, las construcciones de «lo clásico» o de «lo canónico», no pueden dejar de ser sino descripciones más o menos persuasivas, más o menos comprensivas, más o menos consecuentes con éste o aquél proceso de preferencia. Una teoría crítica, una estética, es una *política del gusto.* Ésta pretende sistematizar, hacer visiblemente aplicable y pedagógico, un «conjunto» de intuiciones, una tendencia de la sensibilidad, la base conservadora o radical de un maestro de la percepción o de una alianza de opiniones (1997: 52).

Y algo más adelante:

> La diferencia entre el juicio de un gran crítico y el de un semiilustrado o un loco reside en la gama de referencias inferidas o citadas, en la lucidez y en la fuerza de articulación retórica (el estilo del crítico) o en el *addendum* accidental de que el crítico sea también un creador en su derecho. Pero esta diferencia no es ni científica ni lógicamente demostrable. No puede decirse que una proposición estética sea «verdadera» o «falsa». (1997: 53)

En efecto: a diferencia de universos cerrados como el de las ciencias exactas, la interpretación –y ni qué decir de los consiguientes juicios valorativos o estéticos– no es verificable. Interpretamos la interpretación, la contrastamos con el texto y con nuestra propia lectura, le añadimos luces o sombras; se la reduce o enriquece.

Steiner hace sobre todo referencia al patrimonio valorativo y crítico que sustenta nuestra relación con los textos, pero a diferencia de por ejemplo Bloom, tiene todo el tiempo presente el valor estadístico de ese consenso. Añade, unas líneas más adelante: «¿Cómo manejamos en la práctica real la naturaleza anárquica de los juicios de valor, la igualdad pragmática y formal de todos los hallazgos críticos? Contamos cabezas, en particular las que tomamos por cabezas cualificadas y laureadas» (Steiner 1997: 53). En la otra vertiente de la tradición exegética occidental[5], la autoridad de la lectura recae, principalmente, en el ajuste a modelos interpretativos que se sostengan sobre los propios textos, que se atengan a lo que puede hacerse decir al texto como única medida de lo espúreo y lo válido. Ambas posiciones, aunque a veces puedan parecerlo, no son ni mucho menos excluyentes; pueden dar esa impresión cuando se las lleva a los extremos beligerantes de ciertas propuestas ideológicas, convertidas en caballo de batalla de sus paladines respectivos, pero aun así, en el seno de la más enconada de las posturas afirmativas, ya sea del Canon o de la absoluta libertad interpretativa, reside su contrario, que en buena medida hace posible su argumentación misma (la más libérrima deconstrucción textual se apoya en la tradición que pone en solfa, la apuesta más ortodoxa por la tradición se apoya en un consenso interpretativo avalado por lecturas sucesivas y nuevas de los textos). Lejos de excluirse suelen, por contra, apoyarse de manera recíproca; lo que sostiene Kermode en el ámbito de su particular visión del asunto es aplicable, me parece, en sentido mucho más general –más allá de la institución académica, quiero decir– a la articulación de los procesos de legitimidad y valor a través de la cual percibimos los textos. La institución, apunta Kermode, controla las actividades exegéticas de sus miembros a través de «restricciones *canónicas* y *hermeneúticas*»:

> Con la primera de estas expresiones me refiero a la determinación de lo que puede o debe ser interpretado, y con la segunda a la decisión de si es permisible un modo particular de hacerlo. (Kermode 1998: 94)

Sobre Kermode y lo que él llama el *control institucional de la interpretación* se volverá más adelante; lo que me interesa subrayar aquí es el vínculo necesario entre interpretación y valor, y en última instancia entre *autoritas* textual y *autoritas* patrimonial, algo que en el análisis de Kermode no se pierde de vista:

> Es claro que el control de la interpretación está íntimamente relacionado con las valoraciones asignadas a los textos. La decisión en cuanto a la canonicidad depende

---

[5] La oposición entre el sentido heredado de la tradición, de una parte, y la convalidación del sentido en el texto mismo que es objeto de la interpretación, de otra, se remonta –casi con los mismos rasgos con que la conocemos hoy–, lo menos al Agustín de *De Genesi ad litteram*.

del consenso sobre si un libro tiene las cualidades requeridas, cuya determinación es *en parte* un trabajo de interpretación. (Kermode 1998: 99; las cursivas son mías)

¿Sólo en parte? En cualquier caso, ante ambas posiciones –*autoritas* patrimonial o *autoritas* textual– se plantea el dilema que trae aparejado la ausencia de un principio de verificación objetivo, un dilema cuya única solución –siquiera sea instrumental, siquiera sea reducida al ámbito de una determinada posición o práctica hermenéutica– pasa por establecer límites a la interpretación, para, sobre la base de esa delimitación, sentar la legitimidad interpretativa. Una delimitación que es también una definición: precisar esos límites es también establecer qué sea la interpretación, dónde acaba la interpretación y comience en su lugar otra cosa (el uso de un texto, por ejemplo, o la percepción a través suyo de un contexto epocal o biográfico, o una determinada deriva connotativa, o una lectura inaceptable; cosas todas que en su origen pudieron haber arrancado de una interpretación, pero que no son *ya* interpretación, sino otra cosa).

A cuenta cabal, la pregunta de fondo resulta de una llaneza desconcertante, mucho más simple que las formulaciones teóricas que alienta: ¿*cómo* leemos lo que leemos, *qué* leemos? Más allá de la verdad de Perogrullo de que no podemos leerlo todo, nuestra selección de los textos y su propia visibilidad, aun en la más independiente de las lecturas, está sujeta a una serie de elementos que median entre el lector y lo que lee. El acto de interpretar, cuando tiene lugar sobre un texto, discurre –por la condición misma de nuestra relación con los textos, siempre mediata– en un espacio de límites imprecisos, de lindes en buena medida móviles. ¿Dónde comienza la interpretación, a partir de dónde o desde cuándo, más allá o más acá de cuál punto? La lectura misma ya lo es; es más, podría arrancar en una suerte de antesala suya, en una suerte de aquiescencia hacia determinados textos (en una gama muy amplia que incluye desde selecciones de género hasta preferencias temáticas o formales) que resulta aun previa a la lectura misma, y cuyo extremo vendría a ser qué se lee y qué no, pero que comprende otros mil matices mucho menos tajantes: qué se espera de lo que no se ha leído todavía pero que reposa, gracias a esa expectativa, sobre la mesa de noche; qué se sabe de un autor o de un título que alienta o desalienta la curiosidad, qué cálculo sobre las propias preferencias o disgustos de lector llega a obrar en la rápida selección (o el pronto rechazo) de un título luego de repasarlo, de haber recorrido transversalmente, de pie en una librería, menos de una docena de páginas que parecen entonces *bastar* –¿y por qué?– para la decisión en virtud de ese cálculo, de aquellas expectativas. Precisar el arranque de la interpretación probablemente sea un imposible o un sinsentido, pero no lo es precisar su antesala –sus condiciones de posibilidad en un determinado momento, las expectativas retóricas e ideológicas que la impulsan y determinan– ni lo es, sobre todo, precisar su final o sus límites, el, llamémosle así, punto de no retorno. A fin de cuentas, el sistema que constituye el canon literario se construye sobre apuestas interpretativas, cuyo valor, en una dialéctica de continuidad y rechazo, se realiza de un modo u otro según sus articulaciones históricas.

Establecer los límites de la interpretación conlleva tomar en cuenta una serie de aspectos que, si bien a primera vista colaterales, se imponen en tanto acotan el ámbito de reflexión. El más importante atañe al objeto de la interpretación: aunque en toda interpretación hay un fondo común, no es sin duda lo mismo interpretar un texto literario que, por ejemplo, el gesto de enfado de un interlocutor, el poso de café en el fondo de una taza o el croquis de un proyecto arquitectónico. No son lo mismo por una razón muy sencilla: la interpretación, para serlo en puridad, no puede pasar por alto aquello que interpreta, esto es, no puede ignorar los códigos que activa el objeto al que se aplica y que, explícita o implícitamente, propone, pone en juego, hace pertinentes, trae éste a colación. Tanto es así que el hecho mismo de interpretar un objeto u otro implica, más allá de las reglas de juego que imponga el objeto en cuestión, un determinado conjunto de predisposiciones, creencias, aquiescencias y prácticas en quien interpreta: no se me ocurriría leer el poso de café si no creyera que éste puede ser significativo, ni podría leer el croquis de un arquitecto sin una competencia mínima –icónica, pero también visual, contextual, histórica– en cuanto a representación gráfica del espacio se refiere. Algo similar pasa con los textos, avalados o no por un conjunto de criterios de valor heredados: no leemos de la misma manera a Shakespeare que la primera novela de un autor cuyo nombre acabamos de conocer, ni un artículo en la prensa que una novela. Aunque su autor nos resulte más que conocido le concedemos, a uno y a otra, atenciones distintas: no interpretamos ni esperamos lo mismo de cada cual.

Se trata, *en cierto sentido*, de objetos distintos.

De acuerdo: no cabe duda de que los criterios de valor heredados se inmiscuyen incluso en la más apegada al texto de las lecturas, aun en la interpretación más alejada del consenso cultural vigente. Ahora bien, no es menos cierto (y es mucho más importante, entiendo) que se trata *sólo* en ese cierto sentido de objetos distintos, que ambos comparten un denominador común insoslayable:

tanto en el caso de la novela de ese hipotético autor desconocido como de las obras completas de Shakespeare, como en el del artículo del suplemento dominical, *se trata de textos*. Lo cual, más allá del diverso grado de relevancia que le concedamos a cada cual en nuestra escala de valor, supone algo que no puede pasarse por alto, a saber: la condición misma de un texto comporta, por así decir, en bruto, una determinada propuesta de sentido. Propuesta de sentido que podrá actualizarse de uno u otro modo en distintas lecturas, que podrá diferir mucho aun de la intención misma de su autor, y que seguramente será diferente según las expectativas que ese texto despierte en un determinado ámbito –cronológico, geográfico, social, epistemológico y un amplio etcétera– pero que, más allá de los criterios valorativos o metodológicos con que la crítica aborde su lectura, promueve determinadas lecturas al tiempo que excluye de antemano otras muchas.

Porque, ¿qué es un texto, a fin de cuentas? Una definición lo bastante abarcadora pudiera ser la que figura en *Lector in fabula* (Eco 1981: 96): «un artificio sintáctico semántico pragmático cuya interpretación está prevista en su propio proyecto generativo». Conviene subrayar aquí, en función de lo que nos ocupa, esa condición de *artificio que prevé su propia lectura*. Es en este sentido preciso que los límites de la interpretación se corresponden, se superponen casi, con los límites de aquello que consideremos textos. Si damos por buena ésta o cualquier otra definición que incluya el reconocimiento del vínculo necesario entre la interpretación y su objeto, tendremos lo menos un baremo sostenible para calificar la lectura, para interpretar la interpretación.

El caso es que la interpretación *nunca* es independiente; esa dependencia, la estricta vinculación de la interpretación a su objeto –con respecto al cual resulta siempre secundaria– podría constituir una primera, y muy genérica, claro, precisión de sus límites. Y también, en la medida en que toda interpretación se construye a sí misma, durante el proceso mismo de su elaboración, sobre convalidaciones múltiples, sobre verificaciones sucesivas del significado, de la legitimidad interpretativa.

No es menos cierto que la crítica literaria y la filología –en última instancia las formas por excelencia de la interpretación– suelen recurrir a una amplia serie de elementos colaterales (contextos históricos, referentes extratextuales, información adicional sobre el autor, etcétera) que pueden apoyar, ilustrar o ampliar el alcance de la interpretación, y que por lo general la acompañan. Lo que sostenía en un artículo de hace unos años[6] a propósito de una polémica puntual bien pudiera suscribirse aquí en un contexto más amplio: establecer conexiones entre un texto y su circunstancia, acudir *afuera* del texto, tomar en cuenta elementos históricos, ideológicos, biográficos, que confluyan con él; contrastar la interpretación del texto con metodologías ajenas a lo textual (psicológicas, sociológicas, antropológicas); establecer, en fin, relaciones entre los textos y las cosas, entre el ámbito de los textos y otros ámbitos, puede enriquecer la interpretación, y puede hacer más amplia o más plena la lectura. Pero –y es éste otro de los límites de la interpretación, entiendo– no puede sustituirla; cuando se toman como *el* criterio valorativo para juzgar un texto, y más aun cuando se pretende *ajustar* el texto a ellos en una u otra dirección, no se está interpretando el texto. Se está sustituyendo *el sentido que reside en el texto* por intereses, ansiedades, fobias o filias. De hecho, se está escamoteando *ese* sentido, se lo está sustituyendo por otro que no reside en el texto, sino en el crítico o en alguna otra parte.

La interpretación siempre lo es de *algo*. De ahí que, aun en sus prácticas más heterodoxas o extravagantes, la interpretación constituya siempre una paráfrasis, una reformulación o traducción del sentido que reside en el objeto al que se aplica (ya se trate de textos literarios o de las vísceras de un pájaro en algún ritual adivinatorio). Porque hay interpretación sólo si se ve a ese objeto como portador de sentido, como una entidad susceptible de lectura: como entidad capaz de interactuar con un determinado repertorio semántico, que quizá ese texto pueda ampliar o enriquecer, pero que siempre le es previo (tanto como resulta previo con relación al proceso interpretativo el sentido que reside en ese *algo*). Dicho de otro modo: interpretar supone conceder a aquello que se interpreta una *condición textual*, que lleva implícita el presupuesto de la

---

[6] Véase Pérez Cino 2002b. En parte desarrollo aquí lo que apuntaba entonces sobre la condición sistémica del canon literario. Mi artículo polemizaba con un artículo de Ambrosio Fornet aparecido también en *La Gaceta de Cuba* («La crítica bicéfala: un nuevo desafío», Fornet 2002), donde, entre otras cosas, se pretendía dar la impresión de una increíble, casi permanente, movilidad del canon literario cubano, e introducir *como un hecho dado* que ya había tenido lugar una reformulación sustancial de él, al tiempo que se intentaba desplazar la discusión del plano literario, desviándola hacia la realidad política o la articulación de un discurso ideológico.

legibilidad y de la que se espera que albergue un sentido[7]. Interpretamos textos; la paráfrasis que supone toda interpretación es aplicable en cabal plenitud sólo a textos —y por eso cuando se interpreta otra cosa (por ejemplo, un conjunto de textos, un determinado período literario o la obra de un autor o una generación de autores) se la trata *como si* fuera un texto. Aun las definiciones más alejadas entre sí sobre qué sea interpretar se superponen sobre un fondo común: interpretar, en cada una de ellas, implica reconstruir o reconocer ese sentido que reside en el texto, hacerlo tomar cuerpo.

Por supuesto, en ese trámite cualquier lectura articula —privilegia, selecciona u omite, y, por así decir, estimula ciertos aspectos en detrimento de otros— el sentido que reside en el texto. De hecho, en una tradición interpretativa que se remonta a la exégesis bíblica, la coexistencia de distintos *modos* en que el texto significa o en que puede léersele ampara, da por sentada la pluralidad de sentidos —desde la doctrina de los cuatro sentidos (o modos de interpretación de las Escrituras: literal, alegórico, moral y anagógico) hasta la actual distinción entre denotación y connotación, que se halla en la base de la mayoría de las teorías textuales contemporáneas. Pero ni esa pluralidad, ni la plenitud de sentido del texto, de la que ninguna lectura consigue dar cuenta del todo, suponen la validez de *cualquier* interpretación: el texto al que se aplica acota[8] los límites de la libertad interpretativa. Es imposible no coincidir con Eco en que las formas legítimas que puede asumir una lectura acaso sean infinitas, pero que hay en cambio lecturas que no lo son —legítimas: usar *Midsummer Night's Dream* como Manual de Instrucciones de, pongamos por caso, la segadora de césped no será, sin duda, una lectura que articule *el sentido que reside en el*

---

[7] A una definición operativa de texto cabría añadir, en función de lo que estamos tratando aquí y atendiendo al punto de vista de quien los lee o interpreta, esos dos atributos: la legibilidad y la expectación de sentido.

[8] De varias maneras, incluyendo desde circunstancias extratextuales (un caso extremo: en cuanto atañe a sus referentes, la fecha de un texto impone unos límites obvios: un texto no pudo haber tomado como modelo un texto, ni aludir referencialmente a una circunstancia, posteriores a él; otra cosa bien distinta es que ilumine, para nosotros, aquel otro texto o circunstancia cuando, como lectores, los ponemos en relación) hasta todos aquellos recursos propiamente textuales que convalidan —isotopías, confirmaciones de varia índole, registros discursivos que la avalan o no— progresivamente la interpretación en su cotejo con la obra como entidad coherente. Umberto Eco ha hecho, a lo largo de toda su obra y con intenciones distintas, pero que confluyen en última instancia en una delimitación de la legitimidad interpretativa, un pormenorizado análisis de los distintos rumbos que pueden tomar las malas lecturas. Véase al respecto, sobre todo, Eco 1990 y 1992.

texto; es una variación o un uso quién sabe si estimulante o estupefaciente, pero nunca una articulación de *ese* sentido. O en cualquier caso, no se trata a partir de cierto momento –a partir del momento en que se abandona el texto para dar paso a proyecciones ajenas a él–, de interpretación, sino ya de otra cosa: la gama de la mala lectura es amplia, e incluiría fenómenos tan diversos como la sobreinterpretación, el uso del texto para ilustrar a través suyo convicciones de índole ideológica o política[9] o la superposición de elementos connotativos de índole personal o identitaria. La lectura –la interpretación–, aun la más fallida o intencionada, supone *reconocer* en el texto el sentido que ella, con menor o mayor éxito, articula. El texto siempre quedará allí, previo, para contrastarla.

Contrastar (y no *comprobar* o *verificar*): la interpretación no es verificable, pero es acotable. Queda, si acaso y en casos por lo general extremos –*Midsummer Night's Dream* como Manual de Instrucciones–, el consuelo de una verificación negativa. Pero no mucho más. Discrepar o coincidir con una lectura o un juicio estético es, ni más ni menos, eso: acoger, recibir como buena –porque enriquece la nuestra, ilumina el texto– una determinada articulación de sentido, o rechazarla –porque no se corresponde con lo que encontramos en el texto, con la proporción que sopesamos en sus elementos–. Las razones últimas de aquiescencia o rechazo[10] serán lo que sean por arreglo a nuestra capacidad de contraste –interpretamos la interpretación– con el sentido que reside en el texto.

UN ESTADO DE LA CUESTIÓN

Las teorías modernas sobre el canon literario pretenden, en última instancia, explicar cómo se modula, controla, acota la interpretación. En la abrumadora

---

[9] Refiriéndose a procedimientos críticos de esta guisa Todorov habla de interpretación *finalista*; su ejemplo resulta ilustrativo: «podemos citar, como caso de interpretación *finalista*, la crítica marxista o la crítica freudiana. Tanto en una como en otra el punto de llegada se conoce de antemano y no puede ser modificado: se trata de los principios tomados de la obra de Marx o Freud (es significativo el hecho de que esos tipos de crítica lleven el nombre de su inspirador; es imposible modificar el texto sin traicionar la doctrina, y por ende sin abandonarla). Cualquiera que sea la obra analizada, ella ilustrará, al final del recorrido, los postulados correspondientes» (1992: 183).

[10] Razones –esto no conviene perderlo de vista– que muchas veces atañen, por decirlo en términos lógicos, casi siempre más a las premisas que a la conclusión: si *Sócrates es un hombre*, y si *todos los hombres son mortales*, *Sócrates es mortal*. El *si* y el *y si* cobran, en cuanto a la interpretación se refiere, un peso brutal. La premisa –que no es el texto, sino lo que *se ve*

mayoría de los casos, proponen incluso cómo ha de llevarse a cabo, o qué es interpretable *en serio* y qué no. Lo que conduce a preguntarse hasta qué punto se trata en puridad muchas veces de teorías sobre el canon (que intentan explicar cómo se articula el sistema de legitimidad y valor a través del cual percibimos los textos) o de propuestas sobre el canon (que intentan sentar qué debemos leer y cómo, de qué usos son susceptibles los textos en una sociedad dada).

Por lo general la descripción de su objeto de estudio comporta, de manera más o menos explícita, una propuesta sobre qué *debería ser* el canon. Esa ligazón entre los aspectos teóricos y la proposición normativa que postulan se resuelve en una amalgama difícil de deslindar. En cualquier caso, puede establecerse a grandes rasgos una tipología de las líneas básicas por las que discurren según presten mayor o menor atención a determinados aspectos, según se acerquen o se alejen de los límites propiamente dichos de la interpretación; en la medida del grado en que la contemplen como criterio último de valor o la sustituyan por otro. O formulándolo de otra manera: en la medida en que de ellas resulta uno u otro equilibrio entre interpretación (en primera y última instancia, importa cómo los textos autorizan determinadas lecturas) y tradición (el valor, de por sí incuestionable, de un repertorio de obras y de los discursos que, glosándolas, construyen una propuesta de sentido en torno a ellas), obtendremos un determinado perfil de lo que describen, o proponen, como canon literario[11].

A grandes rasgos, entonces, y a diferencia de propuestas hermenéuticas o prácticas críticas que se han centrado sobre todo en la objetividad del texto y en la condición sistémica de los procesos interpretativos[12], casi todas las posiciones críticas sobre el canon adolecen, en mayor o menor medida, de una parcialidad

---

en él, lo que estamos de antemano dispuestos a concederle– no es verificable, es selectiva, es profundamente individual. La capacidad interpretativa es también, y en grado indiscernible, percepción, disposición o aun voluntad interpretativas. Nuestros juicios sobre la interpretación suelen ser, en buena medida, juicios sobre las premisas interpretativas.

[11] De más está decir que un repaso de estas características conlleva el riesgo de omitir detalles que, según qué casos, pudieran individualizar determinados títulos o desarrollos teóricos; con todo, se hace preciso a la hora de plantear un enfoque global de la cuestión y deslindar de qué estamos hablando cuando hablamos del canon literario, que es de lo que se trata aquí. Para un repaso más detenido del asunto véase Kolbas 2001 y Gorak 1991 y 2001. Algo más interesado, pero igualmente útil, es el análisis de Casement 1996.

[12] El postestructuralismo y desarrollos afines (en su mayoría vinculados a la tradición lingüística), y muy especialmente la semiología y la semiótica, que toman como punto de partida la noción misma de sistema en su análisis de la interpretación y el significado, incluida la interpretación textual.

no tanto valorativa o interesada (que también), sino que concierne, sobre todo, al punto de vista: se trata de posiciones que desplazan —o reducen— el fenómeno del que se ocupan a uno u otro de los campos que involucra, pero que en cambio no suelen verlo, o no lo suficientemente, en su condición de conjunto, como un sistema que se modifica en su totalidad al alterarse cualquiera de sus componentes[13]. Esa visión parcial es, a veces, consecuencia de partir de algún elemento ajeno a los textos —la salvaguarda, pongamos por caso, de la tradición humanística o la voluntad de atender ciertas áreas de la periferia cultural o de preservar un determinado sílabo académico, de los que ciertos títulos son el emblema o el síntoma—, y sobre todo, es casi siempre el resultado de privilegiar alguna de las acepciones del término mismo, *canon*, para, a partir de ahí, construir una propuesta teórica que, avalando esa acepción precisa, apuntale precisamente los intereses críticos e ideológicos en virtud de los cuales se haya recurrido en el discurso a ese elemento[14] preciso en detrimento de otros.

¿De qué habla, entonces, la crítica cuando habla del canon? Habla de varias cosas. Veamos.

El canon literario como Canon

Un primer grupo, el más amplio a todos los efectos[15], comprendería aquellas propuestas críticas que se centran en el Canon[16], esto es, una constelación de obras mayores, de textos y autores cuya autoridad se considera probada y modélica y cuya influencia en nuestro universo cultural se da por sentada. En esta visión, ese repertorio de textos sería parte constitutiva, por demás, de un

---

[13] Podría, sin duda, objetarse que los diversos campos en que se articula el canon literario no sean componentes de un mismo sistema, una probable consideración —faltaría más— del todo legítima sobre este punto, o que la influencia que entre sí ejercen sus componentes no sea recíproca, sino que siga una tal o más cual dirección, etcétera. Pero lo que está claro, más allá de una u otra posición, es que se trata de acepciones distintas de un mismo término, que unos y otros se refieren *a cosas distintas* al usar una u otra acepción de *canon*.

[14] La tradición misma y su sistema de valor estético o ético, o las modalidades o circunstancias de recepción de los textos, o la oportunidad o pertinencia de un determinado sílabo, o los criterios valorativos que otorgan visibilidad a determinadas obras en una coyuntura histórica: el etcétera es largo.

[15] No sólo porque esa atención constituye el centro de la mayoría de las propuestas actuales sobre el canon y, sobre todo, el meollo de la discusión en torno suyo, sino porque reside también, siquiera sea relegada a una cuestión de fondo, en las demás teorías sobre el canon literario.

[16] Para evitar confusiones, aquí siempre con mayúscula.

patrimonio cultural resistente a la historicidad: el Canon, en efecto, tiende a lo atemporal, y la tensión entre la historicidad de las lecturas o del consenso sobre ese repertorio y el valor presuntamente absoluto o atemporal sobre el que se constituye es la que subyace en buena parte de la polémica en torno al canon. La reducción del canon literario a un Canon es la idea que se ha popularizado ¿o trivializado? recientemente a través de Bloom y títulos como su *The Western Canon*, la más extendida (la que el lector, en esa acepción de Bolaño, *entiende* en la mera alusión) y también la más antigua; de hecho, fue esta acepción de *canon* la primera que adoptó como término propio la crítica literaria, justamente en el sentido de «autores que hay que leer». En su origen, se trata de una traslación de contexto: proviene del Canon Sacro, establecido por la Iglesia Católica, y que comprendía los libros auténticamente sagrados: un catálogo (canon = *corpus*) que devino El Canon (canon = conjunto sacro)[17]. Es, sobre todo, la acepción más connotada en términos de valor, y la que ha atraído sobre su puesta en práctica y su condición intrínsecamente normativa —qué autores sean o no canónicos, en qué medida el Canon constituiría un instrumento de poder, etcétera— el mayor peso de las discusiones en torno al asunto. Conviene subrayar que en este primer grupo hay sobre todo, más que teorías sobre el canon literario, posiciones sobre la conveniencia de su existencia *en tanto Canon* y comentarios sobre lo que se entiende sea o debería ser el catálogo respectivo en diversas áreas de alcance: nacionales, de una lengua, supranacionales (de la literatura europea o caribeña u occidental, el margen de enfoque puede ser muy arbitrario a veces). Posiciones similares se reproducen con distintas variantes en contextos locales, eco de un eco las más de las veces, y casi siempre limitadas al mero establecimiento de los consiguientes repertorios canónicos. Es esta acepción de canon la que prima en la construcción de los cánones nacionales, por ejemplo, muy imbricada en ese ámbito con elementos identitarios o de corte apologético o político.

El análisis de los procesos mediante los cuales se articula el Canon, que es lo que cabría esperar de una teoría, se sustituye a menudo por la invocación de la atemporalidad y excelencia de ese catálogo de obras y autores, cuyas virtudes estaría llamada a comentar o transmitir, como su rol principal, la crítica

---

[17] Los primeros cánones se remontan al orbe alejandrino y constituían, justamente, listas de autores. Curtius (1948) ha analizado el papel de ciertos cánones —en el sentido más preciso de «lista autorizada de obras»— en la transmisión de la herencia literaria occidental, si bien su análisis está, sobre todo, referido a la idea de lo clásico. Sobre la historia del término en el mundo antiguo véase Finkelberg & Stroumsa 2003.

literaria. En esta acepción precisa, la canonicidad ha pretendido asociarse –con una obvia intención autolegitimante– sobre todo a «la lectura estética de la literatura, la lectura del poema *como* poema, en contra de la conversión de las obras literarias en documentos sociales, culturales e ideológicos, de la sujeción del valor estético a la lucha de clases, géneros o razas, y de la disolución de lo colectivo con lo individual en el trato con la literatura» (Sullá 1998: 13). Lo paradójico resulta de que esa presunta defensa del valor estético tiende a pasar por alto, en función de sus propios intereses, cualquier aproximación a los textos que no esté en acuerdo con el consenso establecido. La institución, como bien apunta Kermode, «requiere interpretaciones que satisfagan su conocimiento tácito del área de sentido tolerado [...] existe una competencia institucionalizada, y lo que ésta considera inaceptable, es incompetente» (Kermode 1998: 95).

Dicho de otro modo: lejos de fomentar prácticas críticas que acudan a los textos mismos como rasero último de la legitimidad interpretativa, la desplaza hacia su puesta en acuerdo con la tradición o la institución. En cierto sentido, en vez de interpretar los textos, los usa como figuras simbólicas que connotan un determinado campo de valor, el de la autoridad canónica y la excelencia estética. Se trata, a fin de cuentas, de una reducción del mismo tipo que aquella sobre la que alertaba Bloom en su obra temprana. Queda muy poco del espíritu que anima *The anxiety of influence* en la obra reciente de Bloom, por no decir nada: queda, si acaso, la idea de una relación permanente con la tradición, de un diálogo con los textos o entre ellos, pero no más. Y no deja de resultar paradójico que el Bloom de veinte años después haga exactamente lo contrario de lo que preconiza en aquel libro de 1973, cuando arguye, a modo de manifiesto explícito por una crítica que trascienda lo connotativo en términos de valor:

> All criticism that call themselves primary vacillate between tautology –in which the poem is and means itself– and reduction –in which the poem means something that is not itself a poem. Antithetical criticism must begin by denying both tautology and reduction, a denial best delivered by the assertion that the meaning of a poem can only be a poem, but *another poem –a poem not itself.* And not a poem chosen with total arbitrariness, but any central poem by an indubitable precursor, even if the ephebe *never read* the poem. (Bloom 1973: 70; énfasis del original)

Singular por su tono y las cuestiones que aborda, *The anxiety* se ocupa de aspectos que atañen directamente a la creación literaria en tanto diálogo crítico –en el más amplio sentido del término: toda influencia se resuelve en *misreading* creativo, vendría a decir Bloom– que establece cada autor con sus predecesores, consagrados por el canon o la tradición y «seleccionados» por él: cada poeta se sitúa a sí mismo en el mundo e intenta manejar lo que Bloom llama la angustia de la influencia a través de una interpretación peculiar de las obras de sus maestros[18]; de una u otra manera, persigue trascender su condición de *latecomer*, ese «lack of priority in creation»[19] que está en el fondo de todo su argumento. El punto en última instancia central de *The anxiety of influence*, esto es, que cada texto establece su propio canon mediante una compleja serie de procesos de afirmación y aproximación o de alejamiento y negación con respecto a las obras y autores con los que dialoga, resulta uno de los de mayor interés en cuanto a las posibilidades críticas que, con relación a la interpretación textual propiamente dicha, comporta la comprensión de los varios procesos que intervienen en la conformación del canon literario. Algo muy alejado de la visión reductiva que preconizan textos como *The Western Canon* y de la idea del canon literario como repertorio fijo, cerrado, como una fuente inagotable de legitimidad o valor.

No deja de resultar curioso que, al tiempo que esta idea del canon literario es la que mayor presencia tiene en otras teorías críticas que abordan desde otra óptica el asunto, sea también a su vez la que toma prestado la mayor cantidad de elementos teóricos ajenos para disponerlos en torno a esa concepción ontologizante de lo que debería ser el Canon –a veces a modo de *exempla* de lo que no se debería hacer[20], como ilustración de la crisis que sólo vendría a resolver una vuelta a los saludables cauces de la tradición filológica.

Al respecto, el punto de partida de quienes defienden la autoridad del Canon suele ser común: a grandes rasgos, se parte de la postulación de una crisis, que

---

[18] Cuestiones y perspectiva que en buena medida deben mucho a las obsesiones filosóficas y hermenéuticas de cierto esoterismo judaico. El interés del primer Bloom por la cábala y el gnosticismo, por ejemplo, recorre otros textos suyos (veánse Bloom 1975, 1979 y 1982, entre otros).

[19] El pasaje ilustra bien, de paso, el tono lírico del libro: «The poet of any guilty culture whatsoever cannot initiate himself into a fresh chaos; he is compelled to accept a lack of priority in creation, which means he must accepts also a failure in divination, as the first of many little deaths that prophesy a final and total extinction. His word is not his word only, and his Muse has whored with many before him. He has come late in the story, but she has always been central in it, and he rightly fears that his impending catastrophe is only another in her letany of sorrows» (Bloom 1973: 61).

[20] Un caso frecuente: que se recurra a describir determinados fenómenos de recepción para, de ahí, explicar la degradación que han sufrido ciertos valores en las actuales prácticas críticas, heterodoxas con respecto a la autoridad del Canon y del Texto. En esas descripciones hay a menudo mucho de asimilación teórica; aunque cambie de signo la intención con la que se la desarrolla, las herramientas metodológicas suelen ser las mismas que se critican.

se achaca invariablemente a una pérdida o degradación de valores, valores todos ellos asociados —el argumento es circular— a la estabilidad del consenso mismo que se promueve, y del cual se pasa a hacer la previsible vindicación. Culler (y está claro que la suya no es una descripción desinteresada) pinta así el expediente:

> Existen distintas maneras de contar la crisis, pero todas cuentan casi lo mismo: había una vez un canon de grandes monumentos culturales, un consenso sobre qué debía enseñarse y un grupo de profesores dedicado a la transmisión de ese material y de ciertos valores morales que se consideraban implícitos en los textos. Entonces, por alguna razón, quizá un rechazo general de la autoridad, un montón de teorías de moda o la ambición personal, que llevó a centrar el interés de algunos profesores en ocupaciones cada vez más limitadas y especializadas, todo cambió, y si no se para a tiempo, si no vuelven las aguas a su cauce, si no eliminamos la podredumbre o hacemos algo como lo exige la metáfora del declive, el resultado será la especialización esotérica de un profesorado atomizado, el caos en la universidad y la ignorancia y la imbecilidad moral de los estudiantes. (Culler 1988: 141)

Semejante crisis, como no es difícil imaginar, se podría describir de modos bien distintos y en otro tono, y la *manera* de contarla, por supuesto, no es inocente; hace que ya no se esté contando lo mismo. La parcialidad, huelga decirlo, de que adolecen tanto los defensores como los detractores a ultranza del Canon —privilegian una sola de sus dimensiones, ignorando cualquier otra— no es extensible, ni mucho menos, a la asunción de la verdad o no de una crisis en nuestra relación con los textos, o en sentido más general, de una crisis de la significación y la palabra; véanse, por ejemplo, más o menos ceñidas al ámbito del que venimos hablando, las lúcidas reflexiones de Steiner a lo largo de toda su obra, y muy en particular en Steiner 1989 y 2002. Ahora bien, Steiner —a diferencia de Bloom *et alia*, y la diferencia es de peso— no propone un discurso cuyo eje gravite sobre un Canon ni, mucho menos, pretende sustentar sobre él su ejercicio de la crítica.

El canon literario como suma de cánones selectivos

Asociado en alguna medida a ese primer grupo, y en algunos casos solapándose con él pero con una diferencia de fondo que cambia completamente el cariz de la propuesta teórica, tendríamos una visión del canon literario como selección contextual –o como resultado de una suma de selecciones *ad hoc*[21]–, como sílabo o *corpus* académico; un repertorio de lecturas imprescindibles[22], también, pero donde, en contraste con la visión que prevalece en el grupo anterior, el acento no recae en virtudes intrínsecas de la obra y su connotación en términos de valor, sino en lo bien o lo mal que los textos cumplan determinadas funciones en una sociedad dada. Por consiguiente, la selección se sostendrá en la *pertinencia* de su estudio.

Es el caso de trabajos críticos como el de John Guillory, quien se ocupa de manera exhaustiva tanto de la presunta «crisis» que proclama y promueve el debate como de los procesos de institucionalización, preservación y trasmisión de esas obras consensuadamente canónicas, de las funciones sociales a las que responderían sus configuraciones históricas y, en general, de las formas institucionales que las amparan. En esa medida, *Cultural Capital* (1993) propone una revisión a profundidad de las premisas mismas del debate –sobre todo en el seno de la institucionalidad académica, entendido como *syllabus* o *curriculum*– y del concepto de canon que se ha venido manejando por la crítica académica:

> Where the debate speaks of the literary canon, its inclusions and exclusions, I will speak of the school, and the institutional forms of syllabus and curriculum. I will argue that evaluative judgements are the necessary but not sufficient condition for the process of canon formation, and that it is only by understanding the social function and institutional protocols of the school that we will understand how works are preserved, reproduced, and disseminated over successive generations and centuries. Similarly, where the debate speaks about the canon as representing of failing to represent particular social groups, I will

---

[21] La denominación de cánones selectivos la usa Alastair Fowler (1979) con un sentido mucho más circunscrito que el que tiene aquí o el que le da Harris (1991). Fowler parte de considerar un «canon potencial» (el conjunto de toda la literatura, el *corpus* en su totalidad), del que a su vez cabría entresacar un «canon accesible» (aproximadamente lo que aquí se entiende como *corpus*: el conjunto de textos visibles para la crítica en un momento dado). Las preferencias de diversa índole y criterio que pueden ejercerse sobre el canon accesible tendrían por resultado otros tantos «cánones selectivos».

[22] Esa concepción del canon literario y su acento en una comunidad referencial es la que hace posible títulos como *Cultural literacy: what every American needs to know* (Hirsch 1987) o *Bildung: alles, was man wissen muss* (Schwanitz 1999).

speak of the school's historical function of distributing, or regulating access to, the forms of cultural capital. (Guillory 1993: vii)

En ese sentido una suerte de crítica de la crítica, la propuesta de Guillory, además de situar la cuestión en un cuerpo metodológico con el que puede discreparse pero que a todas luces resulta de una estimulante coherencia, entronca también con visiones como la de Kermode, centradas en el control institucional de la interpretación y en la historia de la distribución y selección de lo que entendemos por lo «literario».

Se trata, en esta línea de trabajo que ve el canon como una suma de cánones selectivos, sobre todo de lo formativo para el lector, de sus necesidades referenciales y de la resonancia cultural de los textos (y de ahí la condición modélica de la obra), más que de un valor absoluto, ontológicamente asociado a las obras. Lo que lleva, a su vez, a la consideración, mucho más realista, del Canon como una decantación de cánones históricos, como una sedimentación progresiva que sería, en parte, el resultado de cierta selección natural darwiniana. A grandes rasgos, lo que determinaría la visibilidad de los textos para la crítica y la institución académica estaría condicionado por su mayor o menor eficacia a la hora de cumplir las funciones que guían la articulación de esos cánones selectivos, y que se dispondrían a distinto nivel o alcance. Además de al Canon, estas teorías conceden, si bien en ocasiones secundaria o parcial, alguna atención a la existencia de un *corpus* activo de autores y obras, de relativa movilidad y eminentemente histórico, diacrónico, y formado (en ajuste constante) por aquellos textos que la crítica o la institución académica censan, atienden en un momento dado. Wendell Harris[23] hace un eficaz repaso

---

[23] Según Harris, «Barbara Herrnstein Smith (1983) sostiene que toda valoración de un texto literario es, en realidad, un juicio sobre lo bien que el texto en cuestión satisface las necesidades cambiantes de los individuos y las sociedades, es decir, lo bien que realiza funciones específicas. Para analizar los criterios sobre los que parece basarse una selección, los críticos deben buscar dichas funciones, sin olvidar nunca que las reconocen a través de los procesos que se reflejan en sus propias y cambiantes necesidades» (1998: 49-50). Harris enumera, a título de «ejemplos suficientes», algunas de estas funciones; no es difícil percatarse de que pertenecen a órdenes distintos: provisión de modelos, ideales e inspiración; transmisión de la herencia del pensamiento; creación y sostén de marcos de referencia comunes; intercambio de favores o *logrolling* –«Los escritores han conseguido entrar en el canon del día no sólo por el poder de sus obras ("poder" podría entenderse como "interesante para unos intereses críticos o sociales existentes") sino también por la aceptación activa de textos o criterios compatibles con sus propios objetivos» (1998: 53)–; legitimación de la teoría –determinadas metodologías críticas se

de algunas de esas funciones que condicionan *desde afuera* la incorporación de textos o autores al sistema del canon:

> las resonancias históricas de un texto (el grado en que se relaciona explícitamente con otros textos), la posible multiplicación de sus significados (el grado de su polivalencia), la habilidad con que es introducido en el coloquio crítico (el grado en que encuentre un patrocinador adecuado) y la congruencia entre sus posibles significados y las preocupaciones actuales de los críticos (el grado en que resulta maleable), todos estos elementos interactúan para determinar cuánto interés puede suscitar un texto y durante cuánto tiempo. (Harris 1998: 41-42)

A diferencia del grupo anterior, los estudios que cabría incluir en este perfil tienden a prestar atención a los procesos que guían la selección canónica, muchas veces con consciencia crítica de la suma de procedimientos o motivos extraliterarios que influyen en ella, y sobre todo en cuanto éstos determinan o condicionan la jerarquización y el orden de tales repertorios selectivos, aunque no obligatoriamente se tenga, desde esta perspectiva, consciencia crítica de los mecanismos de autoridad que intervienen, como veremos enseguida, en lo que llama Kermode el control institucional de la interpretación. Este tipo de análisis del canon literario como amalgama o yuxtaposición de diversos repertorios contextuales es extensible, fuera del ámbito académico[24], casi con las mismas características a la práctica crítica, y colinda o entronca con los estudios que desde la teoría de la recepción han venido ocupándose de estudiar cómo y bajo qué circunstancias, en términos de circulación y asimilación, determinadas obras fueron leídas en su día.

El canon como herramienta institucional de control interpretativo

Un tercer grupo –también en buena medida asociado al primero y a la acepción que privilegia un Canon, pero con mucha más sustancia analítica–

---

realizan mejor (pueden desplegar a gusto todas sus herramientas de análisis) en ciertos textos, y por consiguiente, los textos que seleccione serán aquellos que permitan lecturas más ricas y congruentes con sus principios–; historización; pluralismo –la necesidad o voluntad de cumplir con determinadas «cuotas» o de dar una visión plural del panorama literario lleva a seleccionar textos representativos de minorías o de una cierta tendencia, y es sólo esa representatividad la que los aúpa al canon.

[24] Si bien suele restringirse al mundo académico, y hacer énfasis en la conservación y transmisión de la interpretación y la valoración de los textos.

vendrían a constituirlo aquellas teorías centradas en los procesos mediante los cuales la institución controla la legitimidad interpretativa, dispone qué sea susceptible de leerse en los textos y cómo, y en dialéctica recíproca, qué textos merezcan la exégesis y el comentario. Parte del principio de que «existe una organización de la opinión que puede tanto facilitar como inhibir el modo personal de hacer la interpretación, que prescribirá qué puede ser legítimamente objeto de un escrutinio interpretativo intensivo y determinará si un acto particular de interpretación debe ser considerado un éxito o un fracaso, si deberá ser tenido en cuenta o no en futuras interpretaciones lícitas» (Kermode 1998: 91), y de que esa organización encarna en la institución académica[25].

La idea de modulación, de filtro interpretativo conlleva, además de una delimitación de qué sea digno de interpretarse, un consenso sobre qué interpretaciones son aceptables y cuáles no. Tal consenso se apoya también en mecanismos de validación textual, pero cuya instancia última de control la constituye, sobre todo, el repertorio de valor que supone el Canon, con mayúscula, en tanto la legitimidad de las obras irradia sobre la institución que las conserva, y por extensión, sobre el consenso informado –autorizado– en torno a él (que la institución académica protege, alimenta). Quien mejor ilustra esta línea de trabajo es, probablemente, el mismo Kermode; de hecho, parafraseo aquí el título de un artículo suyo (Kermode 1979) para dar nombre a la tendencia[26]. El centro de interés se desplaza, como no podía ser menos, hacia un análisis de la propia institución que genera y certifica la legitimidad de sentido, tanto a través de una serie de reglas de pertenencia como de una retórica profesional que la protege y la hace inmune a las variaciones coyunturales de la opinión o la moda, lo que le permite conservar su estatus de competencia autorizada frente a las intervenciones de los legos o las circunstancias derivadas del mercado o la recepción de los textos. Kermode describe bien el proceso tácito de autolegitimación institucional que reside en el fondo del procedimiento:

> Creo que las instituciones confieren valor y privilegio a los textos y autorizan maneras de interpretar; y que la cualificación precisa para ser un miembro veterano

---

[25] O si se prefiere, *sensu lato*, en la «institución del saber literario» –cuyo mayor garante, aunque pueda incluir también las prácticas críticas no académicas, vendría a ser en cualquier caso la institución universitaria.

[26] Véase sobre todo Kermode 1975 y, en en la misma cuerda, Shavit 1991. También el trabajo de Guillory (1993), que ya hemos comentado, transita por esta línea en su análisis de las instituciones de enseñanza y de la transmisión académica de contenidos.

de tales instituciones supone la aceptación, no completa, desde luego, de tal estado de cosas. Y supongo que debe considerarse que ésta es una situación imperfecta. Instituciones como las nuestras son reflejo de una sociedad más amplia a la que sirven, sociedad que puede ser injusta. Pero, ¿de qué otro modo podríamos proteger el sentido oculto? (Kermode 1998: 111)

El énfasis en la conservación de un patrimonio cultural cuyo valor no se pone en cuestión emparenta estas posiciones con las que conceden preeminencia al Canon, pero una vez más la diferencia viene dada porque no se pretende aquí un valor absoluto adscrito a los textos canónicos, sino que se revisan las condiciones de posibilidad de esa atribución –los saberes y estrategias de la institución, en este caso, que las delimitaría a partir de restricciones canónicas y hermenéuticas– y de las interpretaciones que la sostienen.

Ese tipo de estudio, centrado en la institucionalidad y la legitimidad sobre la que se sustenta, resulta correlato de obras de otra índole, ajenas o previas a la discusión sobre el canon, que se han ocupado del papel del intelectual y de las instituciones culturales en una sociedad determinada. Además de las fuentes más obvias, esto es, la tradición analítica de cierto marxismo y del postestructuralismo europeos, resulta imposible no pensar en libros como *La ciudad letrada* (Rama 1984) o en algunos de los ensayos de Octavio Paz sobre la posición del intelectual en Hispanoamérica, por mencionar únicamente algunos ejemplos relativos al área que nos ocupa.

El canon como canon crítico

Por último, y situada en una relación incómoda con el concepto mismo de canon literario, al que por lo general cuestiona o resta relevancia (porque lo ve únicamente como una expresión del Canon, a veces con razón) tenemos un conjunto heterogéneo de discursos que analizan la canonicidad desde una postura eminentemente crítica. No me refiero con esto al mero valor adjetivo –que viene dado por el cuestionamiento que suelen hacer de ese catálogo de obras de relevancia indiscutida y de su centralidad– sino a que su discurso se adscribe, de una u otra manera, a una crítica de la crítica, al análisis de los presupuestos que hacen posible su ejercicio. Es el grupo más heterogéneo a primera vista (esa «crítica de la crítica» o de la institución literaria puede asumir formas muy diversas), pero lo caracteriza el acento en el canon crítico y la identificación consiguiente entre el canon literario, encarnado en un Canon, y el conjunto de criterios de valor, metodologías o saberes que pone en juego la crítica literaria o la institución académica para evaluar los textos. Se trata de un perfil «revisionista»: relee los textos de un determinado período a la luz de las que, entiende, son las condiciones interpretativas que los han hecho visibles, para, de ahí, reevaluar o contrastar su valor con el que les conceden ellas mismas o se les conceda desde la actualidad de la que son contemporáneas.

En sus variantes más lúcidas —asociadas por lo general a la historia de las mentalidades o de las prácticas culturales, y que apuntan a un análisis ideológico del discurso: es el caso, por ejemplo, de aquellos estudios que siguen la herencia de Foucault o de la Nouvelle Histoire— esa puesta en cuestión de los presupuestos críticos pone de manifiesto la raigal historicidad de las prácticas interpretativas y aporta, de hecho, elementos de indudable interés para la historia de la crítica. Adolece de una parcialidad similar a la de las otras tendencias: reducir el conjunto a una de sus partes e intentar explicarlo sólo desde allí. En las variantes extremas, suele resolverse en impugnación del canon vigente —muchas veces invirtiendo el que sería el orden natural de los términos: interesa impugnar el canon establecido, *y por eso* se desmonta el entramado crítico que lo sostiene—, y en la propuesta de nuevos raseros que incluyan aquel *corpus* textual que de antemano se quería legitimar. Así han funcionado, valga como ejemplo, buena parte de las relecturas feministas del patrimonio literario, particularmente aquellos trabajos que se ocupan de la noción de canon literario para proponer, en una suerte de política de discriminación positiva, una ampliación del Canon. Más en general, es el caso de aquellas lecturas más interesadas en la condición del sujeto que recibe o genera los textos que en los textos mismos —a los que toma como expresión o síntoma de una identidad sexual, racial o de clase, de la que deriva una amplia gama de cuestiones mucho más de política cultural que propiamente literarias. Aquí tampoco se trata de interpretar, sino de usar los textos en función de un discurso al que son ajenos.

No puedo menos que concordar con Harris cuando sostiene que

> Si no tenemos un canon literario único sino muchos, si no hay una formación del canon sino, más bien, procesos constantes de selección de textos, si no hay ninguna selección basada en un criterio único y ninguna forma de escapar a la necesidad de seleccionar, atacar el Canon es no entender el problema. Del mismo modo, atribuir todos los procesos de selección a la influencia del poder

es radicalmente simplista, excepto si poder e influencia se definen de forma tan amplia que incluya cualquier motivación social. (Harris 1998: 57)

Para mayor confusión, habría que añadir a todo ello el abuso más o menos indiscriminado que, en cualquiera de sus acepciones (y a veces realmente en ninguna, sólo confiando en que se *entienda*), ha venido haciendo la crítica de la noción de canon, uso y abuso que se ha visto exponencialmente incrementado por su salida reciente del coto académico y la rápida adopción y popularización del término por la crítica no especializada.

Lo anterior, si bien sólo un esbozo de sus principales líneas de desarrollo, creo que se ajusta bastante al panorama actual. Tal como lo veo, reducir a alguno de sus elementos un conjunto que sólo se realiza plenamente en virtud de la trabada interdependencia de todos ellos conduce, amén de a la confusión —a perpetuar esa cómoda vaguedad del concepto—, a perder de vista aquello mismo que se trata de definir. La vaguedad debe mucho al uso indistinto de, como mínimo, tres acepciones distintas de un mismo término; más allá de la idea que cada cual pueda hacerse o defender del canon, la distinción se impone porque *nos referimos a cosas distintas* al usar una u otra acepción. La mayor desventaja de las teorías contemporáneas sobre el canon resulta de que, al centrarse en un único aspecto del problema, desatienden o soslayan los otros; esa parcialidad, a veces interesada, redunda en una suerte de diálogo de sordos, en una superposición de ideas distintas que aunque se solapan, no llegan a tocarse —aunque parezca que se habla de lo mismo, cada cual reproduce ante el otro su propio discurso, de antemano impermeable a conceder la suficiente relevancia a cualquier posición que el suyo no pueda asimilar con éxito (casi todas las que no se ajusten a su objeto de estudio, que como se ha visto, son varios).

Ajustar la lectura a una voluntad crítica, del signo que sea, no es interpretar un texto; es, en el mejor de los casos, usar el texto para apuntalar un discurso o transmitir un sentido que son ajenos a él. Si partimos del vínculo necesario entre la interpretación y su objeto como criterio último de la legitimidad interpretativa (y no se me ocurre otro que sea viable), entender cómo se articula el canon literario —tener consciencia de los procesos que condicionan la recepción y producción de los textos— puede hacer más lúcida o plena la interpretación, pero nunca debería sustituirla.

El canon literario en tanto sistema

Lo que identificamos con el canon literario –en puridad, una entelequia, una noción sin asidero en lo real– cobra cuerpo sólo en sus actualizaciones históricas, y se actualiza de la única manera en que puede realizarse históricamente: como proceso, que discurre en permanente intercambio con todos los factores que intervienen en él, y no como un repertorio inmóvil, un decálogo de asépticos valores críticos o un *desideratum* ideológico o estético. Si interesa entenderlo a cabalidad –en función de la interpretación, y no, al revés, ajustar la interpretación a los dictados del canon–, si hablamos del canon literario (y no de alguna acepción de uso precisa y puntual), hay que considerar el sistema completo y sus espacios de relación, el conjunto resultante de su dinámica interna y la historicidad esencial de esa dinámica misma.

Es esa dialéctica, la del canon literario en tanto sistema, la que nos interesa seguir aquí. Y el repaso anterior, esa quizá extensa pero necesaria revisión del estado de la cuestión, podría verse como una declaración de intenciones de qué no se va a seguir en este libro y de qué en cambio sí, o cómo. Y no sería mala idea verlo así.

¿Cómo puede describírselo, entonces, *en tanto sistema*, siquiera sea provisionalmente, qué elementos lo constituyen y qué función tienen en su dinámica interna?

La existencia de un Canon –esto es, de un repertorio relativamente fijo de textos y autores cuya autoridad se considera probada y modélica y cuya influencia cultural se da por sentada– es sin duda un hecho. Siglos de análisis sucesivos de las obras, de glosas y de paráfrasis de los textos, de influencias y presencias de unos textos en otros no podían menos que producir una sedimentación que va mucho más allá del mero consenso referencial y que incluye, también, los valores culturales asociados a él. Rabelais, Shakespeare, Cervantes o Kafka son autores canónicos; el Canon tiende a lo atemporal, y su historicidad es, por regla general, de *longue durée*. Una vez en él, es muy difícil que una obra o un autor se «descatalogue». Su presencia –aunque su influencia se desvanezca, no pese o lo haga sólo nominalmente– tiende a mantenerse, siquiera sea como mero jalón histórico. Aquí intervienen varios factores: además de la condición misma del Canon, que por así decir, subsume en la tradición que él mismo constituye las obras recién llegadas, suele darse el caso de que cuando un texto arriba al Canon lo hace ya acompañado por su propio bagaje crítico, lo bastante vinculado al de textos canónicos anteriores como para que haya hecho posible, precisamente, su ingreso en ese repertorio selecto. A su vez, el control institucional de la interpretación y la necesidad de un marco de referencia común, que se expresa en la transmisión y acumulación de conocimientos sobre las obras canónicas, estimulan esa fijación. Su propia condición de paradigma valorativo consiente por lo general una increíble abundancia de títulos poco o nada leídos por un público mayoritario pero que constituyen por sí mismos, en su mera invocación, una marca de estatus (la llamada «cultura de prólogo» resulta, en esta acepción precisa, una cultura canónica: cualquiera que comparta su sistema de referencia puede reconocer un valor connotado en la sola mención de Esquilo, de Cervantes o de Joyce, poco importa que los haya leído alguna vez). Por último, la autoridad consustancial a la noción misma de Canon avala al canon crítico y facilita o promueve la selección de un *corpus* afín de nuevos textos, algo que, previsiblemente, contribuye a mantenerlo vigente. Todo ello viene a hacer del Canon un catálogo singularmente estable, tanto en composición como en valor jerárquico, en contraste con la fácil movilidad del conjunto de autores que en determinado momento considera, «censa», la crítica.

Y llegamos ya aquí a otra de las acepciones del término, la de un catálogo o un censo más o menos contemporáneo: el *corpus* es aquel conjunto de obras y autores que atiende –en sentido amplio: que toma en cuenta, que lee o comenta; sus libros circulan y sus autores se mencionan cuando se aborda el entorno literario al que pertenezcan– la crítica en un momento y un ámbito dados[27]. Shakespeare o Cervantes, antes de pertenecer al Canon, formaron parte del corpus literario de su época (con poca fortuna Shakespeare, preterido entonces en favor de Beaumont y de Fletcher). Si bien comparte con el Canon ciertas áreas de alcance (nacionales, de una lengua, universales), el corpus es eminentemente histórico, sincrónico hasta el punto de lo generacional o aun de lo regional (los autores de la generación del sesenta, por ejemplo, o los poetas de Córdoba). Las vías mediante las cuales un texto llega a la zona visible del corpus no son pocas, y por lo general se amalgaman unas con otras. Además de la excelencia literaria y de una cierta congruencia con los valores del canon crítico, hay otros factores que influyen en varios sentidos y que pueden conducirlo a (o excluirlo de) ese repertorio de textos que la crítica privilegia –la promoción editorial o el mercado, mal que nos pese, no son los menos importantes hoy

---

[27] Se correspondería, *grosso modo*, con lo que Alastair Fowler (Fowler 1979) llama «canon accesible».

por hoy, sobre todo cuando se trata de autores contemporáneos–. Aparte de la relativa facilidad de cambio en su composición misma (textos o autores sobre los que se centra la atención crítica, y que en cuestión de años o incluso meses se tornan invisibles, o lo contrario), la distribución jerárquica del conjunto es sumamente inestable. La aparición de una obra puede «consagrarla» en detrimento de otras, o el imprevisible éxito editorial de un autor hasta entonces desatendido por la crítica hacerlo *catalogable*, y en consecuencia, modificar en uno u otro sentido los valores críticos, a su vez susceptibles de recibir influencia de otras áreas del saber o de coyunturas históricas precisas, que terminarán por repercutir en el conjunto.

Los valores críticos, hemos dicho: la otra acepción de canon –que se corresponde con lo que llamaremos aquí canon crítico– es regla, modelo, paradigma[28]; *sensu lato*, todo aquello que toma como referencia la crítica a la hora de leer los textos. Un conjunto (pocas veces nítido en sus partes constitutivas, por lo general demasiado amalgamadas como para distinguirse entre sí, pero de presencia bien visible como totalidad) compuesto por raseros valorativos, expectativas retóricas o ideológicas, metodologías o intereses que conforman el ejercicio crítico, y a partir del cual se construye, en buena medida, el corpus. El canon crítico, a su vez, será modificado, en uno u otro sentido, por el corpus –cada texto publicado, cada libro, dialoga, pone en tela de juicio, intenta sortear o se ajusta al canon crítico del cual es contemporáneo.

De hecho, las relaciones que establecen entre sí el canon crítico, el corpus y el Canon son multidireccionales, aunque su intensidad o tipo pueda variar. Por lo general, esas variaciones obedecen a una determinada configuración histórica del sistema del canon, y el grado en que tienen lugar o el modo en que discurren es el que caracteriza, precisamente, esa configuración histórica concreta. Si lo contemplamos tomando en cuenta la condición de sistema intrínseca al canon literario resulta más fácil explicarse el proceso: entre el *corpus* de autores u obras, relativamente jerarquizado, que considera en un momento dado la crítica y el conjunto de consideraciones críticas del momento hay una relación circular, recíproca. El corpus se construye partiendo de esos criterios de legitimidad, en tanto que la reflexión crítica se alimenta de las obras que integran el corpus. El Canon se nutre de las obras catalogadas por la crítica –se

---

[28] Éste era el significado original en la lengua de la palabra κανών: vara de medir, regla, ley, modelo.

alimenta del corpus– a través de un proceso de selección fundado en el canon crítico, y al mismo tiempo la relación discurre en sentido contrario; tanto el canon crítico como el corpus reciben una marcada influencia de la autoridad del Canon establecido, ya sea como referente de fondo ya sea –sobre todo– como generador de valor.

¿En qué medida ese complejo de relaciones incide, además de sobre cómo y qué leemos, sobre la creación misma? Si bien no es cuantificable, lo menos estadísticamente –en última instancia, el grado en que lo haga dependerá de cada autor–, está claro que la influencia que ejercen las obras canónicas, y aun la de obras exitosas del corpus, condiciona la generación misma de los textos; asimismo, las expectativas retóricas e ideológicas vigentes en una determinada circunstancia histórica, que el canon crítico refleja y de la que los propios autores forman parte, repercute obviamente en su obra. Llevada a su extremo, la cuestión incluiría la sospecha de que una buena parte de las obras que integran el corpus lo hacen porque responderían, precisamente y casi como si dijéramos bajo demanda, a esas expectativas, codificadas a su vez por la crítica en la necesidad de adaptarse a nuevas circunstancias y textos.

El resultado de la interrelación entre todos estos elementos puede resultar muy difícil de delimitar al detalle, y más difícil todavía precisar con certeza cuál sea el elemento que desencadene el movimiento de todas las partes en un determinado contexto. Lo que parece claro, sin embargo, es que el engranaje funciona y que está en movimiento perpetuo; si lo que interesa es una descripción –y no una prescripción– de los procesos de legitimidad y valor que intervienen en nuestra relación con los textos; si lo que interesa es, insisto, enriquecer la interpretación y no sustituirla por otra cosa, se impone considerarlo en su totalidad, como un sistema que comprende y al que constituyen esas tres áreas de influencia recíproca –un canon crítico, un corpus activo de obras y autores, un Canon– claramente delimitables.

La existencia de un canon, por apasionante que pueda ser discutir sobre listas de autores y títulos, ejerce su influencia más allá de lo normativo o de las «marcas de prestigio» que traiga aparejadas, de modo similar a como el sistema de los géneros tiene un alcance mayor que la mera existencia pasiva de una taxonomía que los estatuye o refleja.

De hecho, el sistema de los géneros constituye un paralelo interesante al del canon; mucho menos contaminado de discusiones vehementes en torno suyo, canon y género se asisten mutuamente, se apuntalan, por así decir, uno al otro en cuanto concierne a la creación y recepción de literatura. La *presencia activa* –lo menos, en cuanto las señas de identidad de una obra como perteneciente a un género orientan las posibilidades interpretativas– de la noción de género en el ámbito de la lectura y la escritura es evidente. Si el único interés de su estudio fuera, al decir de Greimas, «poner en evidencia la axiología subyacente a la clasificación»[29], ya sería bastante; no es poca cosa, me parece, comprender cómo se construyen –en un proceso que involucra diferentes niveles de producción de sentido– los modelos culturales que organizan las expectativas retóricas e ideológicas de una sociedad dada. Otro tanto ocurre con la existencia del canon literario, de un conjunto complejo de consideraciones críticas que lleva anejo un catálogo de obras relevantes y que en buena medida condiciona lo que leemos, y cómo. En este sentido, el sistema de los géneros –y sus articulaciones históricas– comporta un papel similar al del canon; el uno y el otro, en tanto sistemas, ocupan un espacio relevante en nuestra relación con los textos.

Puede, y de hecho se hace habitualmente, pensárselos por separado, en virtud de la diferencia entre un sistema clasificatorio –de especies– y uno valorativo –de individuos, de obras y autores–; pero ello no debería ocultar las zonas de entrecruzamiento, de solapamiento entre lo taxonómico y los índices de valor: son justamente éstas las que repercuten de modo más cercano en nuestra percepción de los textos. Probablemente la imbricación más profunda entre el sistema del canon y el de los géneros tenga lugar como consecuencia del conjunto de relaciones que se establecen entre ambos, y no sea localizable en ninguna de sus zonas, porque atañe a todas. Es la que resulta de la mutua interdependencia entre estructuras de ordenación –la taxonomía que conllevan los géneros, pero también el orden jerárquico que dispone el canon– y estructuras de expectación, es decir, aquello que esperamos, con arreglo a los modelos que nos proporcionan la teoría de los géneros y el canon, de los textos. Las formas que adopta la interpretación están condicionadas, marcadas de antemano por los modelos de que disponemos; si bien es cierto que cualquier texto lleva en sí mismo su propio proyecto interpretativo, que el sentido que reside en el texto es previo a cualquier lectura, no lo es menos que su lector reconocerá en él aquellas marcas que pueda identificar, que

---

[29] Véase la entrada correspondiente a *Género* en Greimas & Courtés 1979.

articulará –seleccionando u omitiendo, reconociendo o pasando por alto– ese sentido de una u otra manera precisa.

Huelga añadir que en la medida en que tengamos consciencia de los factores que intervienen en ese proceso seremos capaces de interpretar mejor y con mayor libertad –con menos interferencias–, de hacer más pleno y más rico el diálogo con el sentido que reside en el texto.

Para bien o para mal –enriqueciéndola, mediando entre el texto y el lector, entorpeciéndola o distorsionándola a veces–, esas instituciones que son el género y el canon literario determinan, marcan en una u otra dirección la forma en que nos acercamos a la literatura. Condicionan la manera en que leemos y escribimos, y en buena medida *lo* que leemos y escribimos. Condicionan la manera en que los abordamos, lo que esperamos de ellos, y la forma en que los textos mismos se presentan ante el lector. En última instancia, cada una a su modo –pero pesa menos aquí la diferencia que la complementariedad–, las maneras que adoptan la interpretación y el sentido. Su sombra gravita en demasiadas direcciones como para que ganemos algo ignorándola.

II.

Cuba: circunstancia y expectativas críticas

A partir del año 1959, cuando la Revolución llegó al poder, y a un ritmo ciertamente vertiginoso en los primeros sesenta, tiene lugar una marcada consciencia –borrón y cuenta nueva a sabiendas, una decidida voluntad de construir el mundo *de nuevo*– de las transformaciones que se han de operar en el canon literario cubano. Un cambio, éste, que involucra las tres áreas que lo constituyen como sistema y la relación entre ellas. El cambio que viene no es únicamente una transformación programada sino que es también, o sobre todo, una voluntad proclamada, declarada como *desideratum* estético e ideológico a través de una serie amplísima de discursos críticos y de posturas ante la creación y el ámbito intelectual.

En todas ellas, de manera más o menos directa, se asocia este cambio –casi siempre de forma explícita, cuando no dándolo por sentado– a la nueva realidad que vive el país y la «necesidad» de que la crítica y la creación se ajusten a la nueva circunstancia histórica. Hay una voluntad clara, que en los primeros años es casi unánime, de que creación y crítica se amolden a ella, pero también den fe de su transcurso, la refieran, relaten: el campo semántico de esa congruencia, que alimentará a partir de entonces las expectativas críticas, es, como se verá con mayor detenimiento en el capítulo siguiente, sumamente amplio.

Ahora bien, antes de ver en detalle qué formas adopta esa nueva configuración del canon literario y cómo se articula, conviene detenerse en el momento inmediatamente previo al cambio: todos esos discursos, más o menos mancomunados y que tendrán lugar desde diversas esferas –desde su expresión en revistas literarias o instituciones académicas hasta emanados directamente desde el poder, en un registro tan amplio que comprende desde políticas de autor hasta políticas de Estado– apuntan a la «necesidad» de modificación de un estado de cosas que pueden identificar, criticar sin reservas y señalar sin mayores problemas, al punto, muchas veces, de la alusión en clave a personas o grupos: «La poesía que ha de surgir ahora en un país nuevo no puede repetir las viejas consignas de Trocadero», escribe por ejemplo Padilla[1], y la mención de la calle donde vivía Lezama es bastante para que cualquiera de sus contemporáneos sepa a qué se refiere.

Se trata de algo bien lejos de un vacío, de un terreno yermo sin construir: había, digamos, que desmontar la casa para construirla de nuevo, lo que por supuesto supone que la casa estaba hecha. La construcción desde cero, ese borrón y cuenta nueva que alimentó el entusiasmo crítico de los sesenta (y que, como bien ha hecho notar Rojas[2], alienta en el mesianismo de revoluciones como la cubana) tenía paradójicamente un cuerpo sólido sobre el que operar, una herencia cultural que, sobre todo en las dos décadas anteriores, la del cuarenta y la del cincuenta, había tomado por primera vez desde 1902 una forma si no definitiva sí por lo menos consistente, estable. Algo, esto último, que, velada o explícitamente, no pasan por alto sus primeros críticos después del triunfo revolucionario. Por ejemplo, en fecha tan temprana como el primer trimestre de 1959, Raimundo Fernández Bonilla arremete contra *Lo cubano en la poesía* (1958) de Cintio Vitier, oponiendo en su artículo la metafísica origenista a la necesidad revolucionaria y anticipando así una contraposición que será clave en la nueva configuración del canon, la del compromiso sartreano (o marxista:

---

[1] Y plantea, cómo no, la oposición entre compromiso y «gratuidad» del arte, ligadas a la imposibilidad de conservar lo previo, a la necesidad de borrón y cuenta nueva: «La poesía que ha de surgir ahora en un país nuevo *no puede repetir* las viejas consignas de Trocadero. El poeta que expresa su angustia o su alegría tendrá una responsabilidad por vez primera; al canto gratuito habrá que oponer una voz de servicio. A la retórica desmedida, un aliento físico, esencial» (Padilla 1959: 6).

[2] «Los británicos en el siglo XVII y los norteamericanos en el siglo XVIII habían hecho sus revoluciones para "reencontrarse con la auténtica tradición". En cambio, los franceses y también los rusos buscaban un "comienzo adánico", una ruptura total con el pasado. Según Furet la explicación de esta diferencia residía en el distinto lugar que esas civilizaciones le conceden a la religión. Para los anglosajones, la religión coexistía y se amalgamaba con la cívica en una suerte de sincretismo revolucionario. En Francia y en la Unión Soviética, por el contrario, lo político aspiraba a absorber y reemplazar lo religioso por medio de una proeza eugenésica que aseguraría el advenimiento de un "hombre nuevo" en una "secularidad sagrada"» (Rojas 2006: 65). Rojas sigue, aquí y en las páginas subsiguientes, a Furet 2000: 66-68. Ese «advenimiento eugenésico de un hombre nuevo» tiene también mucho en común, en el caso cubano, con ciertos imaginarios del nacionalsocialismo alemán o del fascismo italiano.

en un primer momento ambas líneas se solapan y conviven hasta cierto punto) frente al trascendentalismo origenista.

«Refutación de Vitier», el artículo de Fernández Bonilla, resulta casi simbólico por lo representativo del momento y lugar de su publicación, como si en él se cruzaran proféticamente las líneas de discusión de los años siguientes: se publicó en el último número de *Ciclón* (enero-abril de 1959), que a su vez fue el primero tras el cierre de la revista[3], en 1957, como gesto de protesta ante el régimen de Batista[4]; adelanta en buena medida la posición del grupo de *Lunes de Revolución* respecto a Orígenes («Una posición», el editorial del primer número del suplemento, seguía esa misma línea y compartía páginas con una reseña de Enrique Berros dedicada al libro de Vitier, frontalmente crítica[5]) y deja constancia, a través de sus propias objeciones, de la existencia de

---

[3] *Ciclón*, como es sabido, fue además el resultado cismático de *Orígenes*, y así se situaba explícitamente desde su primer editorial, que con el título de «Borrón y cuenta nueva» declaraba que con la revista «borramos a *Orígenes* de un golpe. A *Orígenes*, que como todo el mundo sabe tras diez años de eficientes servicios a la cultura en Cuba, es actualmente sólo peso muerto. Quede pues sentado de entrada que *Ciclón* borra a *Orígenes* de un golpe. En cuanto al grupo Orígenes, no hay que repetirlo, hace tiempo que, al igual de los hijos de Saturno, fue devorado por su propio padre» (en González Cruz 1998: 743-744). Sobre *Ciclón*, véase Rodríguez Feo 1990, Ponte 1995 y 2004: 47-60.

[4] En el número de 1959, el editorial sostiene que «en los momentos en que se acrecentaba la lucha contra la tiranía de Batista y moría en las calles de La Habana y en los montes de Oriente nuestra juventud más valerosa, nos pareció una falta de pudor ofrecer a nuestros lectores simple literatura» (Rodríguez Feo 1959: 1). Una lectura de la correspondencia de Piñera (con el propio Rodríguez Feo o en comentarios a otros corresponsales) remite a motivos menos políticos y más escorados hacia lo personal o lo económico, si bien lo menos el motivo declarado haya sido de raíz política. «El Bikini», el bar de Rodríguez Feo en Guanabo, parece haber sido la realización más concreta de esos motivos, y es por eso blanco de los ácidos comentarios de Piñera, por entonces en Buenos Aires. Véase Piñera 2011: 182 y ss.

[5] «Un cubano en la poesía. Comentario a un libro de Cintio Vitier», la reseña de Berros, invocaba la entonces incipiente figura del «intelectual revolucionario» para oponerla a la propuesta interpretativa de Vitier (Berros 1959), a la vez que recuperaba una contraposición ya anteriormente traída a colación para criticar a Orígenes, la que veía en la poesía negrista la verdadera búsqueda de la identidad cubana. A propósito de la reseña de Berros, señala Duanel Díaz: «Berros trae significativamente a colación el hecho de que, a pesar de la esclavitud, "la poesía negra como manifestación nativa tuvo que esperar a Guillén y a Ballagas". Denunciando, en clara alusión al antiafrocubanismo origenista, el "horror a lo negro que perdura durante siglos", afirma además que es la poesía negrista, frustrada por el fracaso de la revolución del 33, el intento poético que más seriamente ha tratado de plasmar "lo que es el cubano, lo que es realmente nuestro"» (Díaz Infante 2005: 189). El propio Fernández Bonilla, por otra parte, había publicado ya un texto similar en *Revolución*, de decidido carácter programático, «Nues-

un cuerpo cultural sólido, de un entramado sumamente elaborado y complejo cuyos actores, ejes y centros estaban nítidamente definidos.

Es en ese mismo sentido –el de un rechazo que supone reconocimiento tácito de lo previo, la solidez de lo que ataca– que Antón Arrufat, por ejemplo, también desde las páginas de *Lunes*, puede referirse a la generación de Orígenes como la «más alta y final manifestación» del período anterior al 59, algo que en buena medida es extrapolable a una configuración del canon literario que tenía, en los postulados del grupo, su centro más visible. Continúa Arrufat:

> Con ellos se cierra todo un ciclo de la historia y de la vida cubana. Ya no es posible, literariamente posible, una concepción de la poesía, por ejemplo, como una iluminación del ser mediante el éxtasis del Elegido. La suntuosa imagen de Lezama, su «elegancia» verbal, su noción de las esencias inmutables, su sentido ahistórico, la explotación de temas que no comprometen ningún valor, se corresponden con los grandes latifundios, las bellas fincas y los poderosos señores. Su obra, como la clase social que refleja, está liquidada. (Arrufat 1959: 15)

«Alta y final manifestación» que «ya no es posible, literariamente posible», que «un país nuevo no puede repetir»; condiciones de posibilidad, éstas, que revelan bien de qué se trata: no tanto de edificar desde cero, sino de echar abajo el edificio terminado, de echar tierra sobre lo ya construido.

Esas referencias en clave, toda esa crítica mancomunada sobre un mismo centro («las consignas de Trocadero») es posible, y conviene subrayarlo porque muchas veces se pasa por alto, porque el canon literario cubano, en el momento en que la Revolución llegó al poder, estaba nítidamente definido, poseía para entonces una distribución jerárquica y una proyección discursiva claramente establecida, más allá de los habituales movimientos de ajuste o integración propios del sistema que conforma todo canon literario. El sistema tenía, por así decir, una configuración estable, y el Canon que contemplaba gravitaba sin conflictos mayores sobre todo el conjunto. Ese Canon, con mayúsculas, con algunas rápidas inclusiones que se avenían con su configuración (una configuración, e insisto desde ya sobre este punto, previa al cambio que supuso en todo el sistema crítico el nuevo discurso y las circunstancias cubanas a partir

---

tra poesía y la Revolución cubana» (26 de enero de 1959: 5), donde criticaba también el libro de Vitier, paradójicamente recuperado luego por el discurso oficial y él mismo artífice de la apropiación oficial de Orígenes. Sobre esa recuperación y la importancia que con respecto a ella haya tenido la figura de Vitier volveremos más adelante.

de los sesenta), fue en buena medida el Canon que por así decir se vio «congelado» tras el cambio en las expectativas críticas y el que, como he defendido en algunos artículos[6], sigue irradiando su influencia hasta hoy.

Dicho de otra manera: el sistema del canon previo a 1959 se topa con una imposibilidad histórica de existencia (sobre todo por la energía con que se arremete contra él desde los nuevos presupuestos críticos, que responden a la polarización ideológica del momento), y ese empeño, cubrir la visibilidad de los que hasta entonces habían sido sus centros, marcará buena parte de los vaivenes de la crítica y de la práctica cultural en Cuba hasta bien entrados los ochenta e inicios de los noventa, cuando precisamente las instituciones culturales cubanas intenten recuperar lo que ellas mismas habían enterrado u ordenado enterrar. Bastaba con barrer un poco, con escarbar otro tanto, porque el edificio seguía ahí, no intacto pero sí en pie.

Pero de todo eso nos ocuparemos en su momento. Se trata, ahora, de definir qué había antes del cambio que trajo aparejado el año 59, de ver cómo estaba construido aquel edificio que tan de prisa hizo falta enterrar.

Antes del cambio

El panorama cultural cubano de los años cuarenta y cincuenta, algo que puede seguirse bien en los textos de la época, es en efecto un territorio estable, más allá de las habituales escaramuzas críticas y de la existencia de cenáculos o grupos literarios relativa o aparentemente enfrentados. Hay un consenso, que se basa en la autoridad que dimana de un centro y en la relevancia –consensuada, lo menos en cuanto al qué, si bien no siempre el cuanto al cómo– de determinados rasgos o temas, de cierto conjunto de intereses temáticos o discursivos que tiene por eje la Nación o lo que es lo mismo, la indagación en la identidad. Tanto es así que incluso cuando algunos de sus actores pretenden impugnar el canon, recurren a los discursos que lo avalan como prueba de legitimidad, pretenden que su propuesta se «aviene» mejor con aquellos criterios de valor que sostienen aquello mismo que impugnan.

¿Cuáles serían, entonces, esos rasgos, y qué posición ocupan en la configuración de ese sistema estable sus diversos actores? Más que las obras o las figuras clave de ese panorama, interesa analizar aquí cuál sea el fondo común de ese

---

[6] Véase Pérez Cino 2000 y 2002b.

consenso, un fondo que posibilitó, a su vez, sobre todo en los años cuarenta y cincuenta, una dinámica de intercambio y sedimentación de influencias y discursos diversos, pero confluyentes, en la constitución del canon literario cubano.

Cualquier periodización corre el riesgo de la arbitrariedad, pero 1940 es una buena fecha para situar el momento que nos interesa: no sólo porque sea el año que da comienzo a la década, sino porque con la Constitución de 1940 se cerró una etapa, la de la primera República, cuyos rasgos, en lo que se refiere a la cuestión del canon, son bien diferentes a los del período que se abría a partir de entonces. La diferencia viene dada, precisamente, porque el panorama literario de las primeras décadas de la República si por algo se caracteriza es por la dispersión: salvo unos cuantos nombres aislados, salvo algunas tendencias más o menos subsumibles dentro de ciertas voluntades estéticas o políticas –la izquierda, la vanguardia, el afrocubanismo[7]– se echa de menos la cohesión, la presencia de un cuerpo intelectual coherente que actúe sobre lo propiamente literario, y de un ejercicio creativo y crítico que vindique una tradición literaria –que reclame o sienta como suya una herencia y se coloque a sí mismo con relación a ella, la alinee como parte suya, en tanto continuación o negación–. Curiosamente, si en alguna zona ocurre lo contrario –es decir, si puede apreciarse una cierta coherencia activa de conjunto, y un diálogo con el pasado–, es en el ámbito de lo que llamaríamos hoy las ciencias sociales y la reflexión política: hay una concentración de discursos sobre el devenir político de la república y sobre la continuidad que ésta supondría (o no) con respecto a la idea de revolución que animó las guerras de independencia, sobre el carácter nacional y sobre la idea de Cuba como sociedad que, a varios niveles y con distintos grados de dependencia de lo estrictamente político, atañen todos a la proyección pública del intelectual.

En este sentido, es imposible separar la obra de Enrique José Varona, Manuel Márquez Sterling, Ramiro Guerra o del primer Mañach de esa proyección

---

[7] Ese afrocubanismo, que siguió como presencia activa dentro del canon cubano (y que en diversos momentos ha actuado como contrapeso de una «excepcionalidad» cubana con respecto al Caribe y a las culturas no europeas), vino a constituirse como tendencia precisamente a partir de la década siguiente, la del cuarenta. Si bien es cierto que en los treinta la obra de Guillén (*Motivos de son* es de 1930), Ballagas, Acosta, Tallet o Carpentier tenía indudable presencia en el panorama cultural cubano, no lo es menos que constituía, en la distribución simbólica de ese repertorio, una suerte de desarrollo o indagación «criollista», más cercana a las investigaciones de un Ortiz que a un discurso propiamente literario o crítico. Sobre todo: un discurso sin tradición.

pública, de su participación como críticos o como actores del proyecto nacional, del mismo modo que es imposible ver, y esto me interesa subrayarlo, en sus reflexiones un campo de actuación propiamente literario o dirigido a lo literario, a la creación. Lo que prima, con respecto a lo literario, es más bien la percepción de un vacío. Y de esa percepción de vacío, de ausencia, arranca en buena medida el esfuerzo de construcción de mitos nacionales asociados a lo poético, a la creación misma, que se desarrollará sobre todo en los cuarenta y cincuenta y que tendrá en el discurso origenista su centro.

Porque lo que no es distinto, en cambio, con relación a esa línea divisoria que marca la Constitución del cuarenta, es la permanencia de un malestar asociado a la identidad: identidad que, por sí misma, se siente problemática, ya sea en su definición política (los discursos intelectuales de las primeras décadas de la república dan fe de esa frustración, ligada a la puesta en cuestión de la soberanía nacional), ya sea en su definición cultural o antropológica (las obras de Mañach, Fernando Ortiz y Lydia Cabrera, por sólo citar las de mayor peso, son una larga, educada respuesta a ese malestar, a esa ausencia de certeza sobre el ser nacional); ya sea, sobre todo, por la ausencia de una tradición nacional, de un acervo literario en el que mirarse y que devolviera la imagen de esa identidad en fuga, que de algún modo la fijase.

¿Se trata de un ausencia real, o de la percepción de una ausencia? Es imposible no coincidir con Rojas cuando sostiene que la literatura cubana del siglo XX padece la ansiedad del mito, vive sumida en el desasosiego provocado por la percepción de un vacío donde debería haber mitos fundacionales:

> Lo curioso es que esa sensación de levedad, de vacío histórico, lejos de aliviarse, se acentúa en los años 30 y 40, luego del impulso regenerador del Minorismo, la *Revista de Avance* y la Revolución de 1933. Es en verdad misterioso el nihilismo que se propaga en la literatura cubana, desde finales de los 30, a través de la obra del primer José Lezama Lima, Guy Pérez Cisneros, Virgilio Piñera, el propio Mañach y tantos otros escritores. Ese sentimiento de falta de mitos nacionales, después de toda la poesía del XIX, de dos guerras de independencia, de Martí, de las vanguardias de los 20 y de una revolución tan nacionalista como la del 33, reviste los síntomas de eso que Jacques Derrida llamaba «el mal de archivo»: una sensación de ausencia de acervo que, en muchas ocasiones, es provocada por la incapacidad de las élites para organizar la tradición que realmente poseen. (Rojas 2006: 56)

Pero no es menos cierto que, en el campo literario, esas presencias que atañen a lo político o a lo social, donde efectivamente configuraban un acervo y una mitología, aun cuando nuestro «mal de archivo» no nos dejara asimilarlas a cabalidad, tenían poco que hacer: podían llenar, o no, la percepción nacional de la identidad, podían constituirse o servir de caja de resonancia a los mitos nacionales[8], pero no podían de ninguna manera constituirse en textos, en literatura. No había tal literatura, ni manera de leerla: resolvían en participación o proyección pública lo que no podían cubrir bajo la forma de legado, en la resonancia de una tradición. Precisaban, a su vez, de una literatura que llenara las lagunas de sus propuestas, que les diera un fondo que, en buena medida, era el que echaban de menos. Esa literatura, la manera de leer los textos de modo que fueran elocuentes con respecto a ese malestar, de leerlos de modo que «hablaran» sobre la identidad cubana, no existía –y no estaba articulada en un sistema de legitimidad y valor–, no era visible en esa discusión cuyos testimonios comenta Rojas:

> En la cultura cubana de la primera mitad del siglo XX abundan los testimonios intelectuales de un malestar, provocado por una sensación de ausencia de mitos fundadores. Cuba, nacionalidad nueva, creada entre los siglos XVIII y XIX por africanos y mulatos, españoles y criollos, aparece en el discurso de sus propias élites poscoloniales como una cultura ingrávida, sin tradición firme ni legado discernible. Los grandes intelectuales de la República (1902-1959), Enrique José Varona, Fernando Ortiz, Jorge Mañach, José Lezama Lima..., al igual que sus predecesores decimonónicos (Félix Varela, Domingo del Monte, José Antonio Saco, José de la Luz y Caballero...), dudaron de la madurez espiritual de la isla para constituirse en una nación moderna occidental y equilibraron sus permanentes intervenciones cívicas con melancolía, zozobra y escepticismo. Esa duda los llevó a concebir la escritura como una restitución de mitos nacionales. (Rojas 2006: 51)

En efecto: pero el modo de esa restitución difiere de sentido, al punto de resultar en otra cosa, si comparamos la construcción de «un legado discernible»

---

[8] Rojas (2006) analiza en profundidad la constitución de los grandes mitos nacionales, asociados a la identidad, y que él básicamente identifica en dos fenómenos: el mito de la Revolución Inconclusa y el del regreso del Mesías martiano. El análisis de Rojas, con el que mayormente concuerdo, atañe a la constitución de un imaginario social y, en esa acepción precisa, ilumina muchos fenómenos de la historia cubana, pero no me parece extrapolable –no, al menos, extrapolable en pleno o sin numerosas salvedades– a la constitución de un imaginario cultural y de un sistema de legitimidad y valor propiamente literario. Sencillamente, se trata de ámbitos distintos, aun cuando muchos de sus elementos ejerzan una influencia efectiva y recíproca entre uno y otro.

a la que se aboca Orígenes –una restitución del pasado, acompañada de un orden crítico sobre qué tiene sentido leer y qué fuera literariamente legítimo y «cubano»–, con la proyección en presente o en el devenir político republicano de Varona, Ortiz o Mañach. Lo que vale aquí para un imaginario social (al que tampoco son indiferentes, por supuesto, ni el discurso origenista ni su mitología) no vale, en cambio, para un capital cultural como el que persigue el proyecto origenista. Y es por eso, precisamente, que la generación posterior –la de Orígenes, sobre todo, pero también la de intelectuales republicanos como Ortiz y Mañach, la de intelectuales comunistas como Portuondo o Marinello– centrará sus esfuerzos en la creación tanto de esa literatura como de una manera de leer, de constituir y recuperar –dotar de sentido– el cuerpo textual, literario, de la nación. Una recuperación que es, sobre todo, una invención, una pulsión que persigue llenar el vacío, y que busca, mediante la constitución de un canon nacional en buena medida hasta entonces inexistente, responder activamente a ese sentimiento de pérdida.

El desplazamiento de lo político (de la proyección pública del intelectual, asociada al devenir del proyecto cubano de república) hacia lo cultural, entendido como necesidad de llenar esa tradición necesaria y perdida, es uno de los síntomas más elocuentes y, curiosamente, menos visibles del proyecto origenista, del que se suele enfatizar la dimensión teleológica, la búsqueda de un destino del ser nacional, en detrimento de esa voluntad de recuperación y construcción permanente de una tradición, es decir, de un capital cultural propio que no sea mera arqueología o proyección social sino la restitución efectiva de mitos nacionales, de un cuerpo textual vivo.

Escribe Lezama, en una enumeración que dice tanto sobre ese sentimiento de pérdida como sobre la voluntad de restitución que animará el canon construido por Orígenes:

> En nuestra expresión lo mismo se pierde el rasguño de los primeros años que lo más rotundo y visible de lo inmediato. Lo mismo perdemos un anillo hecho por Darío Romano, nuestro primer platero en el siglo XVI, que se inutiliza por la humedad un baúl lleno de la letra de José Martí en el anteayer que viene sobre nosotros como una avalancha [...] Casi todo lo hemos perdido, los crucifijos tallados y el cuadro de la Santísima Trinidad, de Manuel del Socorro Rodríguez; las recetas médicas de Surí puestas en verso; las frutas pintadas por Rubalcava; las aporéticas joyas de Zequeira, pérdida en este caso más lamentable todavía puesto que nunca existieron; las pláticas sabatinas de Luz y Caballero; las cenizas de Heredia; la galería de retratos de capitanes generales, de Escobar;

alguna mancha de Plácido en el taller de Escobar; las pulseras, he visto una de hilos de seda que era un primor, y las peinetas de carey, de Plácido; una receta de manjar cubano hecho por Manzano; no conocemos siquiera un sermón de Tristán de Jesús Medina, brillante y sombrío como un faisán de Indias[9]; el recuerdo de alguna sobremesa de Martí niño con sus padres, donde tiene que estar el secreto de su cepa hispánica y de su brisa criolla, que une como una suprema sabiduría la madre y el caudal del río; sabemos que Julián del Casal hizo aprendizaje y algunos intentos de pintar, nadie ha visto una de sus telas de aficionado; en el Museo no hay un solo cuadro de Juana Borrero, sus *Negritos* son para mí la única pintura genial del siglo XIX nuestro. Todo lo hemos perdido, desconocemos qué es lo esencial cubano y vemos lo pasado como quien posee un diente, no de un monstruo o de un animal acariciado, sino de un fantasma para el que todavía no hemos inventado la guadaña que le corte las piernas. (Lezama Lima 1970: 159-160)

Vale la pena detenerse en el pasaje anterior, completo y no cómo suele citárselo –limitándolo a esa mención de «lo esencial cubano[10]»–, porque ilustra bien la acepción que tendrá, para Lezama y Orígenes, esa búsqueda de las esencias nacionales: nada menos que la constitución, la invención, de un imaginario cultural que supla una ausencia, de un legado discernible y legible. Es esa legibilidad la que marcará, precisamente, la invención de una tradición que le dé cuerpo a lo «esencial cubano», que corte las piernas del fantasma aparecido. Y una frase que refiere la pérdida como «más lamentable todavía puesto que nunca existieron» no es, ni mucho menos, irrelevante en cuanto se refiere a esa restitución, que será también invención y escolio de lo inexistente, construcción de sentido.

---

[9] Jorge Ferrer (2004) resolvió esa ausencia en *Tristán de Jesús Medina, Retrato de apóstata con fondo canónico. Artículos, ensayos, un sermón*.

[10] Con otra frase de Lezama, tan llevada y traída como la de lo «lo esencial cubano», ocurre algo similar: la omisión del contexto presta a la frase un solemnidad que no tenía, o por lo menos distorsiona su sentido (como si la defensa o el uso ulterior de ciertas ideas de Orígenes necesitara, al parecer, enrumbarse o reforzarse, ganar gravedad donde no la había). Me refiero a la carta de enero de 1939 a Vitier donde Lezama le propone empeñarse en una teleología insular: «Ya va siendo hora de que todos nos empeñemos en una Economía Astronómica, en una Meteorología habanera para uso de descarriados y poetas, en una Teleología Insular, en algo de veras grande y nutridor» (en Vitier 1984: 278).

Los años de Orígenes

El título de este epígrafe, por supuesto, es prestado y el préstamo supone, cómo no, cierta provocación: *Los años de Orígenes* (1979), el libro de Lorenzo García Vega[11], es quizá uno de los «relatos» más desencantados del orden origenista, una mirada por momentos ácida y por momentos excéntrica –fuera de ese centro de cohesión que comportaban los discursos del grupo– a la circunstancia, las prácticas culturales y las figuras emblemáticas de Orígenes. Pero en cuanto a lo que aquí interesa, más allá de una u otra lectura del ideario del grupo, es ineludible subrayar el peso que, en las dos décadas posteriores a 1940, tuvo Orígenes en la formación de ese canon literario cubano que el proyecto social de 1959 se daría primero a impugnar, lo menos en la figura de los autores del grupo, y luego a recuperar (lo menos en tanto imaginario simbólico congruente con el nuevo discurso nacionalista de las últimas décadas del siglo XX).

En esa medida y ese sentido preciso –el de la creación de una manera de leer la tradición recuperada por ellos mismos– esos veinte años pudieran llamarse con toda razón los años de Orígenes, sin merma para la importancia de los otros focos –de las otras «ciudades letradas»– que influyen o dialogan con el centro origenista, y sobre la sustancia de cuyos discursos se configurará en parte, por lo menos en el momento inicial, la reacción contra Orígenes de los primeros sesenta.

¿Cuáles son, en el momento en que el grupo comienza a hacerse visible –finales de los años treinta, la llamada entonces «generación del 37», y comienzos de los cuarenta–, los núcleos intelectuales del panorama cultural cubano? ¿Y qué tienen, si lo tienen, en común esos núcleos?

Como ya hemos comentado, hay un sustrato común, al que Orígenes –y en eso consiste, entiendo, su importancia en la constitución y la estabilización del canon literario con que se encontrarán los nuevos presupuestos críticos del año 59 en adelante– conseguirá darle una forma nueva. Ese sustrato común es la búsqueda obsesiva de identidad, la percepción de esa ausencia de legado,

---

[11] En la semblanza que le dedica en *El libro perdido de los origenistas*, Ponte lo presenta así: «Lorenzo García Vega es uno de los escritores del grupo Orígenes que, junto a Gastón Baquero y Justo Rodríguez Santos, no aparece en el Diccionario de la literatura cubana. Por la fecha en que fue publicado el diccionario, salir al exilio era dejar de existir como escritor cubano. Sin entrada propia allí, García Vega se menciona, sin embargo, como poeta de Orígenes. Resulta ser una de esas figuras que uno demora en reconocer en fotografías de grupo, alguien a punto de llamarse Sujeto sin Identificar» (Ponte 2004: 87).

de mitos fundacionales de la que hemos venido hablando hasta ahora. Las tres «políticas intelectuales del nacionalismo cubano a mediados del siglo XX», como las llama Rojas (2006: 106), la comunista, la liberal o republicana y la católica, confluyen en su búsqueda de la identidad nacional, pero a partir de 1940 «producirían ciudades letradas más orgánicas, como la católica –*Nadie parecía*, *Verbum*, *Espuela de Plata* y, sobre todo, *Orígenes* (1944-1956)–, la comunista –*Gaceta del Caribe* (1944) y *Nuestro tiempo* (1954-1959)– y la liberal: *Diario de la Marina*, *Bohemia* y, en cierta medida, *Ciclón* (1955-1959)» (106-107). La distancia que media entre esas «políticas intelectuales del nacionalismo» y su realización cultural no es, por supuesto, trivial; es tanta como para que pertenezcan a esferas distintas, si bien, obviamente, todas ellas estuvieron en alguna medida ancladas a su correlato ideológico. El pacto que en su vertiente cívica acogía el intercambio polémico dentro de las normas republicanas de convivencia se mantuvo hasta la intensificación del conflicto político durante la dictadura de Batista, y quedó roto del todo a partir de los primeros sesenta.

Ahora bien, en esas casi dos décadas, entre 1940 y 1957, el intercambio y la convivencia, no exentos de conflicto, entre esas ciudades letradas produjo, además de sus respectivas «políticas del nacionalismo» y su expresión en la esfera pública, una rearticulación completa del campo intelectual cubano. Es importante hacer notar que la distribución cultural del panorama es bastante distinta de su distribución ideológica, algo que a veces puede provocar confusiones diversas: por ejemplo, y a grandes rasgos, la crítica comunista que defendía una literatura comprometida, y que desde *Gaceta del Caribe* polemizaba con los que serían los futuros origenistas[12], no contó nunca con una expresión estética propia o, por así decir, del todo congruente con sus postulados (o no lo menos al modo militante en que cabría esperarlo o como tendría después de 1959, esto es, una literatura de corte marxista o *engagé*), si exceptuamos su apropiación del discurso afrocubano y comprometido de Guillén; sí produjo, en cambio, una abundante reflexión crítica –Marinello, Portuondo, Roa, Ángel Augier, Mirta Aguirre– sobre la literatura cubana que le era contemporánea,

---

[12] Rechazo frontal y que se remonta al editorial del primer número de *Gaceta del Caribe*: «Esta revista, que nace con ánimo polémico y creyendo en la eficacia saludable de ciertas controversias, combatirá sin excesos, pero sin descanso, a cuantos huyen a la hora de crear de todo contacto con el alma y la sangre del pueblo, de todo roce con las grandes cuestiones humanas, por temor a rebajar la categoría de su obra» («Primeras palabras», en *Gaceta del Caribe*, abril de 1944). El editorial en cuestión fue obra de Mirta Aguirre.

incluida, claro está, la de los origenistas[13]. Tanto *La Gaceta del Caribe* como sobre todo el *Magazine de Hoy*, el suplemento cultural de *Noticias de Hoy*, el periódico oficial del Partido Socialista Popular, acogían una retórica ideológica marxista que desplazaba su producción intelectual hacia el ámbito político[14].

La orientación liberal o republicana, salvo algunas incursiones en lo propiamente literario –fundamentalmente de Mañach, cuyo «no entiendo» que desembocó en polémica con Lezama es harto conocido[15], y de Lizaso[16]–, se ocupaba mayormente de una indagación en lo nacional por la vía de las ciencias sociales o de la reflexión política, más o menos explícita en tanto tal. Tiene, paradójicamente, en la figura de Martí –del Martí político– y en la discusión del destino nacional su mayor punto de confluencia con el discurso origenista y al mismo tiempo proviene de allí su mayor fricción, fricciones que resume bien la polémica entre Mañach y Lezama. La cercanía o ciertas prácticas afines a las vanguardias, lejos de acortar las diferencias, las agrandan.

Ahora bien, ¿cuál es la diferencia central entre esas orientaciones estéticas en lo que atañe a la constitución de esa tradición nacional, a la restitución de esos mitos nacionales?

Más allá de las diferencias más o menos obvias que atañen al volumen de la obra y la gravitación de cada uno de esos grupos en la cultura cubana, hay una que resulta esencial para lo que venimos tratando (y esencial, también, para entender ante qué reaccionaba el nuevo canon emergente, posterior a 1959).

---

[13] Curiosamente, algunos de los autores (de literatura, no de crítica) que aparecen en las páginas de *La Gaceta del Caribe* estarían mucho más cercanos a una orientación republicana: es el caso de Lino Novás Calvo, Enrique Labrador Ruiz o Carlos Montenegro.

[14] Rojas, refiriéndose al *Magazine de Hoy* y a *Orígenes*, respectivamente, señala: «La primera era [...] una publicación masiva situada en la sociedad política; la segunda, una publicación de élites localizada en la sociedad civil». Diferencia de ámbitos que, en abierta contradicción con lo anterior, intenta zanjar a continuación: «Pero ambas compartían un elemento cultural determinante: articulaban un discurso a partir de una jerga; la jerga poética neotomista de Orígenes y la jerga marxista-leninista del Partido Socialista Popular» (Rojas 2006: 123).

[15] El reproche de Mañach a la poesía de Orígenes es uno que recurre una y otra vez contra el grupo: el de la oscuridad, el «torremarfilismo» que los aislaría de la «vida real» de la nación, que los llevaría a vivir «al margen» de la historia. La conocida polémica de 1949 pone sobre el tapete las respectivas posiciones y puede seguirse también como una confrontación estratégica en torno a la posición de las respectivas ciudades letradas, la católica y la liberal, en el mapa cultural cubano del momento. Sobre la polémica con Mañach, véase Díaz Infante 2005: 107 y ss.

[16] *Ensayistas contemporáneos* (1938) y *Panorama de la cultura cubana* (1949), por ejemplo, buscan trazar miradas de conjunto, «panoramas culturales» como los que pretendían las antologías de Lezama y Vitier, si bien, previsiblemente, de otro signo.

La tradición republicana era esencialmente cívica, política: no tenía entonces un correlato literario definido, y fue, además, en buena medida asimilada a la propia construcción crítica de Orígenes: el ejemplo más claro es la lectura origenista de Martí, pero no es el único. Por lo demás, ni el caribeñismo ni la poesía negrista, ni la literatura comprometida que preconizaban los comunistas reivindicaban una tradición, un acervo, un legado con el que dialogar (ni mucho menos proponían o construían una). Reivindicaban una perspectiva ideológica –un rasero de valor– o una etnicidad. Reivindicaban, si acaso, rasgos que entendían propios de la identidad cubana –ya fuera a través del vínculo racial o de la identificación con el orbe caribeño, en el caso de la poesía negra y del caribeñismo–, o factores sociales que incidían o deberían incidir sobre la literatura cubana (en el caso de la literatura comprometida; en autores como Guillén, por ejemplo, ambos elementos se alimentan mutuamente a partir de cierto momento). El fondo común, el interés de consenso que compartían con Orígenes era, en efecto, el de la identidad nacional; pero a ese fondo, salvo una prédica determinada y referida al presente, tenían poco que agregar en cuanto acervo, en cuanto tradición literaria o estética. Lo que alienta tras la conocida y polémica condena de Vitier hacia *La isla en peso* de Piñera[17] o en el antiafrocubanismo del grupo, más allá del esencialismo superficial de muchas posturas origenistas, es sobre todo el reproche a esa ausencia de tradición o de continuidad con la tradición que el canon origenista había propuesto, a lo que, en cabal coherencia desde el prisma de Orígenes, no puede sentirse sino como vacío.

En su libro sobre Orígenes, Duanel Díaz Infante dedica todo un capítulo (2005: 121-185) a analizar en extenso la posición de Vitier y los origenistas sobre Piñera y la remite, sobre todo, al esencialismo origenista sobre lo cubano y la poesía, aunado al catolicismo que permea su posición estética: «La irreligiosidad es, en última instancia, el origen del extravío que constituye *La isla en peso*» para Vitier, sostiene (127). Tal como lo veo, el núcleo duro de los reproches origenistas, lo menos los de Vitier, hay que buscarlos en esa ausencia de tradición de la que venimos hablando: la isla de Piñera se aparta de «lo cubano»

---

[17] Sobre el anatema vitieriano a Piñera, véase Ponte 2004: 54-58. Ponte apunta también, con razón, a ciertas razones de política literaria, de enfrentamientos cismáticos: comenta el cambio en la opinión de Vitier sobre la poesía de Piñera de un año a otro y se pregunta y contesta él mismo: «¿Qué ha sucedido entonces entre ese artículo de 1956 y la conferencia de 1957 para que Cintio Vitier variara tanto su trato con los mismos poemas? La respuesta debe estar en las hemerotecas que atesoran los números de *Ciclón*» (2004: 54).

en la medida en que se aleja –ni asume ni propone como propio– de cualquier legado literario o cultural reconocible, en la medida en que no es congruente con esa tradición propuesta por los origenistas y que avala la identidad, una visión ontológica de la identidad, del ser cubano. Algo que apunta Díaz Infante al inicio del capítulo, si bien se decanta luego por otros derroteros:

> Creo que los reparos que pone Vitier a Piñera, en particular a su poema más célebre, reflejan de manera elocuente, más allá de conflictos personales o prejuicios cristianos, el ideario del autor de *Lo cubano en la poesía*. Sin que se encuentren exentos de cristianismo, homofobia o desavenencia personal, constituyen un *juicio* que revela los límites de la poética origenista. Para Vitier la confirmación de la no correspondencia del poema de Piñera con la tradición nacional se encuentra precisamente en las trece lecciones leídas antes de abordar, en la décimocuarta, a Gaztelu, Piñera y Baquero. La exclusión de *La isla en peso*, arbitraria desde la perspectiva de los críticos de Vitier, resulta absolutamente necesaria desde *Lo cubano en la poesía*. ¿No podría leerse todo el curso dictado en el Lyceum en el último trimestre de 1957 como un argumento destinado a legitimar la «excomunión» del poema de Piñera? (2005: 124)

Es esa «no correspondencia con la tradición nacional», a mi juicio, la que mayor peso tendría aquí, y en general en la posición de Orígenes con respecto a las otras orientaciones ideológicas y estéticas de las que fue contemporáneo: realizaciones literarias como las de Piñera o como las del afrocubanismo no «encajaban», esto es, no se avenían ni había manera de incluirlas, no al menos en ilación de continuidad, con una tradición literaria y una manera de leer la literatura que la conformaba construida, en gran medida, por los propios origenistas. Tradición y lectura éstas que, como en cualquier canon literario, establecían pautas de legitimidad y de exclusión, de valor y censura. La isla rodeada de agua de Piñera «nos antillaniza» del mismo modo que el negrismo o el afrocubanismo: en tanto flota desligada de cualquier vínculo con una tradición previa, con un legado que es la expresión, en la perspectiva y la práctica origenista, de lo cubano, de la identidad.

Seguir la manera en que Vitier aborda la poesía negrista en *Lo cubano en la poesía* resulta ilustrativo del proceder crítico origenista. Es significativo que antes de llegar al juicio de exclusión –«esta poesía produce el efecto que *nos antillaniza*, en el peor sentido de la palabra. Lo cubano aquí pierde su individualidad, su perfil, para sumergirnos en una especie de difuso pintoresquismo antillano, que lo falsea todo» (Vitier 1970: 419)– Vitier la sitúe con respecto a una tradición, establezca las claves de lectura de esa tradición «entre nosotros», recurra a esa tradición que él mismo expone para situarla luego en tanto «moda». Cito en extenso, porque es ilustrativo de la diferencia que me interesa precisar aquí entre la práctica crítica de Orígenes y la de sus contemporáneos:

> El cubismo puso de moda el negrismo en Europa. Hacia 1906 Picasso pinta sus primeros lienzos cubistas de tema negro, entre los que se destaca *Les demoiselles d'Avignon*. Ramón Gómez de la Serna refiere cómo en uno de sus viajes a París durante la guerra del 14, encontró la ciudad inundada de ídolos negros. La moda crece con los trabajos de Cendras y Frobenius, y con la llegada del jazz a Europa al término de la guerra. Por otra parte Langston Hughes, en su interesantísima autobiografía *El inmenso mar*, evoca los años del Renacimiento Negro de Manhattan en la década del 20, que se inicia con la revista musical *Schuffle Along*, el «charleston» y *El emperador Jones*. Todo ese movimiento negrista halla un campo abonado entre nosotros. Aparte la tradición de poemas sobre el drama de la esclavitud, a que ya nos hemos referido, y los textos precursores inmediatos —*La comparsa* de Felipe Pichardo Moya, *El grito abuelo* de José Manuel Poveda, *Canción de cuna de la negra esclava* de Regino E. Boti y *Los negros esclavos en la zafra* de Acosta—, había también desde el XVIII una veta, paralela a la décima campesina, de poesía popular, anónima, de tema negro, según lo ejemplifican Ramón Guirao en su *Órbita de la poesía afrocubana* y Roberto Fernández Retamar en la citada tesis, donde reproduce pasajes de una colección de *Guarachas cubanas* publicada en 1882, que muestran ya gran afinidad con el nuevo brote de este género en nuestro siglo. (Vitier 1970: 414)

«Tradición» es palabra que se repite una y otra vez, y no de manera casual, en *Lo cubano en la poesía* de Vitier o en los ensayos de Lezama. Que ese legado haya sido construido y propuesto por Orígenes de una determinada manera, que la selección origenista estuviera previsiblemente ligada al catolicismo del grupo y a la alta cultura europea, o que en buena medida negara la legitimidad de las vanguardias en tanto veía en ellas un apartamiento del ser, «mera literatura» y no «poesía[18]», es, en última instancia, secundario con respecto al hecho de que los otros focos culturales que convivieron con Orígenes no habían propuesto su propia tradición *literaria* para calzar sus discursos sobre la identidad cubana. No tenían ni proponían un pasado que pudiera identificarse con una tradición

---

[18] Uno de los centros del libro de Díaz Infante (2005) es precisamente la oposición que establecen los origenistas, y en especial Vitier, entre auténtica poesía, de un lado, y «mera literatura», del otro.

propiamente estética, literaria, textual; un pasado que pudiera mostrarse en tanto *obra*. Más bien, en uno u otro sentido, se identificaban con el borrón y cuenta nueva de las vanguardias, negaban cualquier tradición porque no veían auténtico sino el «arte nuevo» que preconizaban.

Orígenes, en cambio, había construido minuciosamente un pasado literario, una lectura de la literatura cubana; había anclado ese pasado a la alta cultura europea y había formulado, a partir de esa ecuación, un sentido para el ser nacional. Esa construcción cultural de Orígenes llega a ser también, en su propio decursar, una idea del canon literario cubano, en la medida en que no sólo propone una determinada manera de leer la literatura de la isla, sino que construye y articula también una tradición literaria y estética –una «biblioteca», por así decir– inexistente hasta entonces, por lo menos en tanto propuesta articulada, como discurso de legitimidad y valor. Que la construcción origenista conviviera y que, al menos durante esas dos décadas en las que fue activamente construida, se viera convalidada en el diálogo y la confrontación con otras tendencias ideológicas y estéticas en el marco del pacto cívico republicano, no hizo más que afianzarla. El consenso de las varias ciudades letradas en torno a la identidad nacional como núcleo de interés, por un lado, y rasero de valor crítico, por otro, no podía sino facilitar la empresa.

En ese sentido, los origenistas no sólo articulan un canon crítico, sino que proponen un corpus –su trabajo crítico sobre la poesía cubana del XIX y del XVIII es más que elocuente al respecto– y un Canon; construyen, casi *ex nihilo*, una tradición que colme la angustia por la ausencia de legado, que restañe las heridas del «mal de archivo». La fascinación de Lezama por los sistemas poéticos –descabellados a veces, brillantes en algunos momentos– vendría a tener en sistema tan trabado como el del canon literario que construyó el grupo su mejor realización y también la más inasible, la más difícil de fijar en un texto o una historia literaria.

La inclusión, a su vez, de la propia obra del grupo en ese canon cuya tradición y legitimidad debemos en buena parte a Orígenes tiene dos momentos: el primero, más o menos contemporáneo del grupo, es decir, de la revista, obra por ósmosis: aquellos que descubren, comentan, reflexionan, critican la tradición hasta entonces inexistente devienen sin mayor esfuerzo ellos mismos sus albaceas. *Orígenes*, la revista, si bien tenía una muy escasa circulación real[19], se

---

[19] La tirada de *Orígenes*, costeada por Rodríguez Feo e impresa en Úcar y García, era de 500 ejemplares y aparecía trimestralmente.

convirtió muy pronto en una de las revistas más importantes del idioma, con *Sur*[20]; la recepción crítica, obviamente, contribuyó también a fijar la importancia del grupo como repertorio de referencia. Como bien hace notar Ponte, la práctica crítica de Orígenes resulta también en una ordenación, y quienes en buena medida han construido ese canon crítico se leen a sí mismos con relación a él:

> El ensayo lezamiano sobre Julián del Casal es de 1941. Ocho años más tarde, Cintio Vitier ordenará la antología *Diez poetas cubanos 1937-1947*. Será el primer intento suyo por ordenar Orígenes. [...]
>
> *Diez poetas cubanos 1937-1947* muestra al grupo, la siguiente antología vitieriana, *Cincuenta años de poesía cubana (1902-1952)*, ubica al grupo en en el panorama de los años de la República. Esos cincuenta años son los cincuenta años de existencia que la República Cubana conmemora. Lorenzo García Vega, uno de los poetas antologados por Vitier, escribe en su diario de esa fecha: «Hablar del Cincuentenario es como hablar de Martí, como hablar de nuestra inmediatez. Hay un equívoco, un espejismo en todo ello. En el fondo, un poco de vergüenza y de culpa en todos nosotros». Con su antología de poemas, Vitier ha conseguido que esos cincuenta años parezcan encaminarse hacia Orígenes, que parezcan cobrar sentido porque Orígenes existe. Los poetas que aparecieran en una antología anterior, en esta otra coronan, justifican los años republicanos. (Ponte 2004: 107-108)

El segundo momento, posterior al triunfo revolucionario de 1959, será una recuperación o un rescate, y se debe mayormente a la obra crítica de Cintio Vitier, que consiguió «adaptar» —casi treinta años después de los primeros ataques ideológicos a Orígenes, a finales de los años ochenta— a las necesidades ideológicas del discurso de la identidad buena parte del ideario origenista, o al menos aquellos rasgos que entroncasen, casi bajo demanda, con el vacío simbólico que dejaba la desaparición paulatina del discurso marxista. Pero de eso nos ocuparemos en su momento.

Volviendo a lo anterior: la paradoja, tan grata como figura a la poética origenista, terminó por englobarlos a ellos mismos. Construyendo ese legado que

---

[20] Sobre las relaciones —sin duda, diálogo oblicuo— de *Orígenes* y *Sur* y su circulación crítica en el contexto hispanoamericano véase Calomarde 2010. El libro dedica particular atención al rol de Piñera como «mediador» de ese diálogo, un aspecto poco estudiado —y que matiza en alguna medida la perspectiva que suele tenerse de su relación con Orígenes. Puede seguírselo también en la reciente edición de su correspondencia (Piñera 2011).

antes no existía, Orígenes garantizó su propia centralidad en el canon literario cubano, cuyas líneas de fuerza, lo menos en cuanto se refiere a la tradición y a la manera de leer esa tradición, a ese legado sobre el que se sostendrán mal que bien los mitos nacionales de la identidad, en buena medida construyó durante esas dos décadas, los años cuarenta y cincuenta. Por así decir, el siglo XIX origenista garantizó el XX de Orígenes.

Después de *Ciclón*, y sobre todo a partir de 1959, con *Lunes* y el nuevo canon crítico que preconizará la revolución –*Lunes,* y la reacción de los primeros sesenta contra el canon entonces existente, son una reacción netamente antiorigenista, tanto como lo es *Ciclón* o los reparos a Orígenes desde la «literatura comprometida»–, el canon literario cubano se construirá en buena medida contra Orígenes, o reivindicando Orígenes, o recuperando o distorsionando Orígenes, o buscando incluso, cuando la tradición literaria del grupo se vea restaurada a principios de los noventa, «olvidar Orígenes[21]». Sobre todo, porque al sustituirse abruptamente el canon crítico –una manera de leer fundada en la identidad y avalada por la legitimidad de un Canon y un corpus– y construirse un nuevo corpus que buscaba reemplazar los que hasta entonces habían sido los núcleos fundamentales del panorama cultural cubano, el Canon que Orígenes había construido en su mayor parte entre 1940 y 1957 quedó congelado, fuera de juego. Sin influencia positiva o directa sobre el sistema hasta pasadas unas décadas, pero irradiando –e imantando– la recepción y creación de literatura, siquiera sea bajo la forma de ese estímulo a reacciones contra, hacia, más allá de Orígenes.

Es sintomático que fueran precisamente los discursos de los polos más críticos hacia Orígenes, el de los comunistas y el de la vanguardia –sobre todo en su versión más cercana a *Ciclón*–, los que confluyeran en *Lunes de Revolución*. No son de extrañar, por eso, reacciones tan tempranas como las que comentábamos al inicio del capítulo: buscaban, cuando todavía no se había creado el nuevo canon literario que trajo aparejada la Revolución, un reacomodo retrospectivo del que ya conocían, una negociación más o menos violenta de sus centros.

---

[21] En artículo que lleva ese título Sánchez Mejías alude, precisamente, a la irradiación de Orígenes en tanto tradición, al conflicto que supuso su instrumentalización ideológica en los noventa. Véase Sánchez Mejías 1997.

Los años del entusiasmo y la reconfiguración del canon (1959-1971)

El período que comprende la primera década de la Revolución, que como hemos estado viendo hasta ahora resulta central para lo que nos ocupa aquí, ha sido probablemente el que más atención haya recibido por parte de intelectuales, pensadores y estudiosos del tema cubano e incluso, no pocas veces, por parte de sus propios actores.

Lo que podría parecer una paradoja –que siendo los años del proceso revolucionario cubano de los que más se ha tratado haya aún tantas lagunas en lo que concierne al desarrollo de los criterios de legitimidad y valor con que leemos los textos– en el fondo no lo es, sino que obedece, entre otras razones, precisamente a ese «entusiasmo crítico»: una parte importantísima, de hecho la mayor, de los textos que se ocupan de esos años lo hacen, de manera más o menos activa, desde una posición de compromiso, asumiéndose a sí mismos como discurso y posicionándose con respecto al proceso mismo del que pretenden dar cuenta.

Me refiero con ello tanto a textos evidentemente «participativos», ya sea contemporáneos o retrospectivos, en una gama tan amplia que incluye desde los escritos de Sartre (*Huracán sobre el azúcar*[22] vendría a ser el paradigma de ese entusiasmo participativo) o de algunos autores del *boom* sobre la Revolución cubana, pasando por las memorias de autores cubanos o de autores vinculados directamente al proceso cubano –*Mea Cuba* y el póstumo *Mapa dibujado por un espía* (2013), de Cabrera Infante, o *Persona non grata*, de Jorge Edwards, son ejemplos ilustrativos de ese tipo de obras que más que analizar revisitan o relatan *participativamente* aquellos años–, hasta textos propiamente críticos o académicos que, ya sea a pesar de esa condición, ya sea porque se centran en los aspectos históricos, políticos o sociológicos del asunto, ajustan cuentas con la historia desde una perspectiva política o ética.

De estos últimos los ejemplos son numerosos, y aunque los más obvios son aquellos que asumen una posición «militante» en un sentido o en otro, son mayoría los que leen, desde esa óptica de compromiso, la posición de los

---

[22] Pero no es el único, y los textos en esa misma línea abundan. Desde la izquierda norteamericana un buen equivalente del texto de Sartre sería el «retrato» de la Revolución cubana que realizó Waldo Frank, y que tras algunos imprevistos editoriales ligados a su condición de encargo –Beacon Press rechazó el texto al conocer que Frank había sido contratado por La Habana–, apareció finalmente en Marzani & Munsell bajo el título *Cuba. The Prophetic Island* (1961). Sobre ese peregrinaje político participativo, véase también Hernández 2013.

intelectuales con relación a la política cultural o a la circunstancia cubana. Basta comparar, en este sentido, dos textos tan recientes, incluso del mismo autor, como *Palabras del trasfondo* (2009) y *Límites del origenismo* (2005) de Duanel Díaz, y se entenderá mejor a qué me refiero: la diferencia entre ambos, no sólo de alcance sino también de intenciones, resulta patente. Pareciera, si uno revisa todo lo escrito sobre la década, como si sobre ese discurso del compromiso que se instauró entonces sólo se pudiera hablar, inevitablemente, en los mismos términos, reproduciendo –aun cuando la intención y el signo sean otros– aquello mismo que se busca describir, esto es, el privilegio de lo ideológico como rasero valorativo.

Nada más lejos de mi intención, por supuesto, que menospreciar esos acercamientos «comprometidos». Al contrario: lo que tienen de denominador común, su condición esencial de documentos, resulta tremendamente valioso a la hora de analizar el período. Lo que hay de rescate de una memoria perdida en los textos más recientes resulta no sólo necesario sino que además dice mucho y dice bien, desde una perspectiva ética, sobre las posibilidades de reconstrucción de la esfera pública cubana. Ahora bien, lo que conviene subrayar, en cualquier caso, con respecto a lo que nos ocupa aquí: aun cuando contamos, con relación a esos años, con un número abrumadoramente mayor de documentos que para cualquier período posterior de la historia cubana reciente, ese «archivo» ha permanecido en buena medida desatendido en lo que concierne a la reconfiguración del canon literario cubano que tuvo lugar entonces, a los cambios que se operaron en esos años y marcaron –marcan hasta hoy– su devenir ulterior.

Tenemos, sí, el Archivo, y tenemos, sobre todo, la literatura que se escribió entonces, a pesar o siguiendo la corriente que imponía esa reconfiguración del canon literario. Pero lo que sigue escaseando hasta ahora, salvo alguna excepción, es una puesta en relación de los elementos que lo integran que atienda, sobre todo, a su dinámica de conjunto, y que preste atención a los textos y las expectativas críticas con la que se los leyó, que los condicionaron y cómo.

Por supuesto, ello supone indagar también en esas relaciones entre cultura y poder, pero desde dentro, es decir: desde la construcción crítica, ideológica, literaria, que organiza las expectativas de valor con respecto a la creación y a la recepción de literatura. De ahí que sea preciso ocuparse no solamente de cómo se ha leído lo que se ha leído en Cuba, y de qué se ha leído y se lee, qué se escribió y cómo, sino también de los criterios de valor que articularon el discurso crítico y que redundan aún en el sistema de legitimidad y valor a través del cual percibimos los textos, y en consecuencia, en la propia generación de los textos.

Y aquí importa, además de *qué* elementos condicionan esa lectura, *qué* elementos y *cómo* se disponen en esos textos (o en torno a ellos) previendo su destinatario: algo que atañe tanto a los autores y las obras como a la circunstancia que les resulta propicia o adversa, y de manera mediata, al canon en que se inscribió y a un tiempo alimentó esa literatura, y la hizo posible.

De modo que será ésa la tónica del recorrido que sigue: por un lado, evitar en la medida de lo posible el «discurso sobre el discurso», sin por ello soslayar lo ideológico; del otro, intentar organizar y leer ese «archivo», interpretarlo, no limitarse a añadirle un documento nuevo que lo glose o recuente.

Autores e instituciones

A partir de 1959 y hasta el final de la década de los sesenta, la relación de los intelectuales y la Revolución conocerá, a ritmo muy rápido, momentos diversos. Ahora bien, antes de seguir esa evolución conviene precisar dos movimientos que harán posible, desde el principio mismo, todo lo demás.

El primero de ellos es, por así decir, estadístico: hay una eclosión sin precedentes de nuevos autores en ese momento, la mayoría jóvenes o muy jóvenes, y en medio del proceso que está viviendo el país sus textos –fundamentalmente en la prensa periódica y las revistas, pero también, muy pronto, a través de tiradas masivas y diversos empeños editoriales– cobran una visibilidad también sin precedentes. Si tuviéramos que precisarle una dirección a ese movimiento, es un movimiento que va del campo intelectual hacia los centros de poder: la Revolución, como bien hace notar Díaz Infante (2009: 27), «no había sido sólo la "oportunidad del pueblo"; parecía también la oportunidad de los escritores». Y a esa oportunidad se entregaron, en un rango que va del entusiasmo participativo al interés gremial o personal, la mayoría de los autores cubanos, muchos de ellos con una obra en ciernes o con una obra que no había encontrado reconocimiento suficiente en esa construcción del canon que tenía por centro a Orígenes. Díaz Infante cita a Piñera («Ahora este escritor cubano se encuentra como nacido otra vez –decía Rodríguez Feo–. Ahora vive un momento histórico que nunca soñó. Ahora siente que por primera vez se le llama a contribuir a la causa de la Revolución. Queremos creer que ahora para este escritor cubano existe la posibilidad de compartir la tarea de formar una Cuba nueva, de sembrar la semilla de una cultura auténtica, de forjar una sociedad revolucionaria donde su voz será oída y respetada[23]») para añadir a continuación:

> Quien repase los periódicos y revistas cubanos en los primeros meses de 1959 encontrará muchas declaraciones semejantes. Legitimándose como gremio, los escritores cubanos le ofrecían a la revolución su colaboración a cambio de apoyo material y reconocimiento social. Ese era el contrato y, ciertamente, el gobierno revolucionario cumplió: Piñera tuvo columna en *Revolución* y colaboró regularmente en *Lunes*; *El gordo y el flaco*, su última obra, se representó en 1960, su *Teatro completo* se publicó en ese año; Sarduy y Nivaria Tejera recibieron, por su parte, sendas becas para estudiar en París, de donde nunca regresaron. (Díaz Infante 2009: 29)

En efecto. Y no sólo el poder político «cumplió» de esa manera, sino que supo aprovechar en su beneficio ese entusiasmo.

El segundo movimiento al que me refería sigue la dirección inversa, y va de los centros de poder hacia el campo intelectual: esa eclosión sin precedentes de autores dispuestos a poner su obra al servicio de «una Cuba nueva» se vio acompañada del rápido surgimiento de instituciones de diversa índole, que hacían posible la difusión de un mensaje que apoyaba el proceso revolucionario y que garantizaban, por tanto, la visibilidad necesaria tanto para los escritores como para el discurso que defendían.

Ya en el primer semestre de 1959 –la rapidez y la condensación de los acontecimientos no deja de asombrar– se crearon algunas de las instituciones más importantes y de mayor peso para el rumbo que tomarían las relaciones entre los intelectuales y el poder en Cuba. En marzo de 1959 fue creado el Instituto Cubano del Arte e Industria Cinematográficos (ICAIC), bajo la dirección de Alfredo Guevara y cuyas principales figuras provenían, como el propio Guevara, del Partido Socialista Popular (PSP) –o sea, que estuvo desde el primer momento ligado a los comunistas ortodoxos[24] y en consecuencia, enfrentado a los «liberales» de *Lunes*–. El ICAIC tenía como objetivo principal la difusión de la obra de la Revolución mediante noticieros y documentales;

---

[23] Las palabras de Piñera provienen de una mesa redonda en televisión, «Posición del escritor en Cuba», en la que participaron también Rodríguez Feo, Severo Sarduy y Nivaria Tejera. Para más detalles, véase Díaz Infante 2009: 27 y ss.

[24] La mayoría de sus miembros habían formado parte de la sociedad cultural *Nuestro tiempo* y de la revista homónima, publicada entre 1954 y 1959, ligadas ambas al PSP.

la importancia que desde un primer momento concedió el régimen al cine (y la televisión, en el caso cubano) como vehículo de propaganda es comparable a la que le prestaron los soviéticos o el nacionalsocialismo alemán[25]. El periódico *Revolución* circuló en tiradas cada vez mayores desde el mismo primero de enero, y su suplemento cultural, *Lunes de Revolución*, de cuya importancia nos ocuparemos en detalle en este mismo capítulo, apareció también en marzo de 1959. Casa de las Américas, cuya influencia cultural e ideológica rebasó con creces el ámbito cubano para extenderse a América Latina, fue fundada sólo un mes después, el 28 de abril de 1959, y el primer número de la revista homónima apareció en julio de 1960[26]. Ese proceso de creación de instituciones que garantizaban tanto la visibilidad del discurso revolucionario como la de los autores que lo sostenían se vio amplificado, además, con la desaparición en 1960 de la prensa independiente (el *Diario de la Marina* publicó su último número el 12 de mayo de ese año), y con una inversión editorial que a través de la Imprenta Nacional, bajo la dirección de Alejo Carpentier, y de Ediciones R, ligada al diario *Revolución* y dirigida primero por Cabrera Infante y luego

---

[25] Y fue, de hecho, una disputa por el control institucional del cine la que estuvo detrás del escándalo *PM*, que desembocaría en las reuniones donde se pronunciaron las «Palabras a los intelectuales» de Castro. Sobre la relevancia del cine y la televisión como vehículo ideológico, puntualiza Castro: «entre las manifestaciones de tipo intelectual o artístico, hay algunas que tienen una importancia en cuanto a la educación del pueblo o a la formación ideológica del pueblo, superior a otros tipos de manifestaciones artísticas. Y no creo que nadie pueda discutir que uno de esos medios fundamentales e importantísimos es el cine como lo es la televisión» (Castro 1961: en línea). En Cuba no hubo obras cinematográficas de propaganda que combinaran ideología y excelencia estética al modo de *El acorazado Potemkin* (1925) de Eisenstein o de *El triunfo de la voluntad* (1934) y *Olimpia* (1938) de Leni Riefenstahl, si exceptuamos el largometraje *Soy Cuba* (1964), con actores cubanos y filmado en Cuba por el director ruso Mijaíl Kalatozov, con fotografía de Serguei Urusevsky y guión de Enrique Pineda Barnet y Evgueni Evtushenko (que no gozó, por demás, de buena acogida oficial ni en La Habana ni en Moscú). El noticiero ICAIC, de Santiago Álvarez, es lo más parecido que hubo en la década a esa confluencia de excelencia estética y propaganda. En los años sesenta y setenta el ICAIC optaba más bien por una suerte de neorrealismo a la italiana, en la cuerda de Zavatini o De Sicca, cuya influencia es visible sobre todo en el trabajo de Gutiérrez Alea, mientras que los «liberales» de *Lunes* se sentían más inclinados por un realismo crítico vinculado al *free cinema* inglés o al *Cinema Verité* francés, más al estilo de Cassavetes o de los hermanos Maysles (veáse Cabrera Infante 1992: 68 y ss.).

[26] Sobre *Casa de las Américas*, véase Lie 1996 y Morejón Arnaiz 2010.

coordinada por Piñera[27], produjo y distribuyó masivamente tiradas inmensas a precios populares.

De esos dos movimientos, el del campo intelectual hacia el poder y el del poder que crea instituciones para un campo intelectual que difundiera la buena nueva de la Revolución, resultó rápidamente –sobre la marcha, por así decir– un diálogo, un ajuste ineludible, entonces más o menos abierto pero ya comprometido, sobre los intereses de ambas partes. Y el tema de ese diálogo no podía ser otro que el papel del intelectual en el momento histórico de la Revolución, una suerte de negociación sobre qué y cuánto le debía quién a quién. Una vez que esos dos movimientos se pusieron en marcha, la discusión sobre el papel del intelectual y, muy especialmente, sobre los límites de ese papel y de la libertad creativa, se imponía por su propio peso, al tiempo que iba desplazando cada vez más hacia lo ideológico –hacia el discurso y la adecuación de su contenido al papel del intelectual en la Revolución– los raseros de la crítica para evaluar los textos. Pasó muy poco tiempo para que esa forma de leer terminara por ocupar un lugar central en la nueva configuración del canon literario.

Muchos de los cambios con respecto a ese papel que imponía –o que hacía poner en cuestión– la nueva realidad del país a los autores que formaban parte del nuevo corpus emergente estuvieron sobre la mesa, como discusión más o menos pública, en los primeros años de la Revolución, durante esa breve etapa feliz, de luna de miel, entre los intelectuales y el régimen, regida todavía por las adhesiones o los entusiasmos espontáneos.

Ahora bien, no hay que perder de vista que se trató de una luna de miel que fue cosa tan breve como par de años: ya a partir de 1961, con el *affaire PM*, el cierre de *Lunes de Revolución* y el discurso de Fidel Castro conocido como «Palabras a los intelectuales», toda espontaneidad –en caso de haberla habido– quedaba inscrita, siquiera fuera como excepción, dentro de un juego con normas no escritas pero contextualmente muy visibles, y se veía limitada, lo menos en tanto proyección pública, al acuerdo tácito –si explícito mucho mejor– con la Revolución[28]. Tampoco hay que olvidar, en este sentido, que los

---

[27] Ediciones R estuvo, previsiblemente, ligada al grupo de *Lunes de Revolución*, pero tuvo una vida algo más larga que la revista. Piñera se ocupó de la dirección editorial entre 1961 y 1964, luego del cierre de *Lunes*.

[28] Volveremos varias veces sobre los períodos más o menos visibles que jalonan la política cultural cubana y las relaciones entre ideología, cultura y poder en Cuba. Un buen resumen panorámico puede seguirse en Serrano 1999, de quien tomo prestado la denominación de «luna de miel» para esos meses previos al caso *PM* y el cierre de *Lunes de Revolución*.

sesenta cubanos están lejos de constituir un período homogéneo, con características estables, sino todo lo contrario: como bien recuerda Jaime Sarusky,

> aquí nunca fue lo mismo 1960 que 1961 o 1962 o 1968. A la atmósfera de júbilo y exaltación de los cubanos en 1959 y 1960 le siguieron períodos muy tensos y decisivos para el destino de la nación, como los de Girón y la Crisis de Octubre, y otros ríspidos y feos como los del sectarismo y la microfracción, que antecedieron o coincidieron con los de la ofensiva revolucionaria y la Zafra del 70 (Garrandés 2008: 321).

Y aquí conviene detenerse sobre un aspecto que, sumándose a esa cierta posición en uno u otro sentido «militante» de la mayor parte de los textos que revisan el período, contribuye no poco a oscurecer –a restar claridad– a la visión que se ha dado y aún se tiene, a veces con tintes nostálgicos, de los sesenta cubanos. Me refiero a su presunta condición de «época dorada», de etapa feliz donde todo era posible, una imagen que, por contraste con la era soviética y los años grises que sobrevinieron después del Primer Congreso Nacional de Educación y Cultura, en 1971, tiende a prevalecer hasta hoy –sobre todo para la generación que vivió su juventud por esos años– y a la que se recurre a menudo con mayor o menor intención (es también, lo menos en parte, la imagen sobre la que se sostiene la contraposición entre heterodoxia cubana y ortodoxia soviética, por ejemplo). Hay mucha más razón de lo que parece a primera vista cuando Reynaldo González previene, al contestar algunas preguntas sobre los sesenta cubanos que le formula Alberto Garrandés, que las responderá «sabiendo que me lanzaré de cabeza a la década siguiente: un chaparrón doctrinario donde esforzados colosos burlaron todas las previsiones. Será inevitable porque la apreciación que se tiene de los sesenta viene dada por la circunstancia predominante a partir de los setenta» (Garrandés 2008: 305). Es precisamente esa apreciación por contraste la que puede, y así lo ha hecho en ocasiones, dar la impresión de un margen de libertad que nunca existió entonces o que, aun si existió en algún grado, para ser entendido a cabalidad debe leerse desde el contexto en que tuvo lugar y no a través de una proyección retrospectiva donde, por decirlo en cubano, guatemala termina pareciendo el edén de guatepeor si se contraponen el entusiasmo de los sesenta a la grisura de los años soviéticos.

Otro elemento a tomar en cuenta al analizar la discusión sobre el papel del intelectual en la Revolución atañe, como no podía ser menos, a los límites de lo permisible y de lo no permisible –que son los que intentarán trazar discrecionalmente las «Palabras a los intelectuales»– y su incidencia sobre la posibilidad misma de la discusión: el tabú mayor de cualquier censura es, precisamente, su propio objeto, aquello que constituye su campo de aplicación, su contenido mismo. De ahí que, bajo la censura o en condiciones donde lo que se discute es precisamente lo permisible o no permisible según una premisa dada, el autor deba prever de antemano qué es aceptable y qué no para el poder que ejerce el control sobre sus textos; ejercer él mismo, de alguna manera, el papel del censor. Obligado a pensar por sí mismo y por el orden que lo niega, se ve precisado a «burlar» (o acatar) ese orden previendo –y en alguna medida, construyendo con él– precisamente las reglas que le son impuestas[29]. Una vez que lo que se discute es el papel del intelectual en la Revolución y los límites de la libertad creativa al servicio de la Revolución, inevitablemente el intelectual que participa como interlocutor en ese diálogo asume, de antemano, además de las premisas, las limitaciones (reales o imaginarias) que cabe suponer objeto de censura –esto es, no permisibles– y ejerce él mismo una forma de autocensura que puede que llegue a ser, tal vez, más eficaz que cualquier limitación explícita impuesta desde fuera.

Como es sabido, la lápida que vino a sellar las relaciones entre los intelectuales y el poder en Cuba –«dentro de la Revolución todo, contra la Revolución nada[30]»– se mantuvo inamovible durante décadas, aun cuando la circunstancia cubana y la propia política cultural se movieran en uno u otro sentido. Ahora bien, esa lápida era, ni más ni menos, una respuesta al tema que impusieron como central, desde el principio y sobre la marcha, esos dos movimientos recíprocos y de dirección inversa que hemos descrito someramente hasta aquí.

¿Cómo se articuló, mientras fue diálogo, esa discusión sobre el papel del intelectual?

---

[29] Sobre la censura y en particular sobre la dialéctica censor-autor que obra en la autocensura, veáse Coetzee 1996.

[30] Similitud casual o no, la frase de Fidel Castro (Castro 1961) es una paráfrasis o un calco de la de Mussolini: «La nostra formula è questa: tutto nello Stato, niente al di fuori dello Stato, nulla contro lo Stato». Aparecida por primera vez en su discurso del 28 de octubre de 1925 en la Scala de Milán («Il discorso dell'Ascensione», 26 maggio 1927. *Scritti e Discorsi*, vol. VI: 76), recurre luego (como ocurre con la fórmula de Castro) en otros discursos del dictador italiano; la de Mussolini, al parecer, resulta de una reformulación del «Extra Ecclesiam nulla salus» de San Cipriano.

El papel del intelectual en la Revolución

Lo anterior equivale a preguntarse, también, cómo fue posible que un tal «ajuste» de intereses deviniera el centro del canon crítico que entonces surgía. Cómo se pasó de la vehemencia de la discusión sobre un tema –importante, sí, incluso ineludible dados esos dos movimientos que se estuvieron produciendo desde el mismo enero del 59, pero tema coyuntural al fin y al cabo– al establecimiento de ese tema como rasero valorativo con el que juzgar no sólo la oportunidad o la conveniencia, sino incluso la calidad misma de una obra y su legitimidad estética.

Gran parte de la discusión –y en buena medida, la deriva que seguirá ese ajuste– está marcada por las diferencias de criterio y de identidad generacional de, por lo menos, tres generaciones distintas de intelectuales. A su vez, a esas diferencias habría que agregar la defensa, por unos y otros, de intereses propios en la ciudad letrada cubana. Rojas (2006: 170) describe así el fenómeno:

> A la caída del dictador Fulgencio Batista, en 1959, tres generaciones de intelectuales aplaudieron la victoria del Ejército Rebelde y ofrecieron sus servicios al joven gobierno revolucionario: la generación de los años 30, con sus alas comunista y reformista claramente delineadas desde los tiempos de la *Revista de Avance*; la de los 40, cuyo proyecto cultural más significativo fue la revista *Orígenes*; y la de los 50, que podría asociarse en cierta medida con las plataformas estéticas de la Sociedad Nuestro Tiempo y la revista *Ciclón*. La primera y la tercera generación estaban integradas por intelectuales públicos, que se movían dentro de las referencias culturales de una política moderna. Los poetas de Orígenes, en cambio, habían articulado un profundo imaginario nacional al margen de los debates de la modernidad cubana.

Los intelectuales de Orígenes quedaron muy pronto fuera del juego, quizá por una razón más primaria que la que sostiene Rojas[31]: si se trataba de cambiar el canon, de redistribuir los lugares en él, Orígenes sencillamente estaba de

---

[31] La razón de la exclusión, según Rojas, vendría dada por ese «estar al margen» de los ejercicios públicos de «una política moderna», de los «debates de la modernidad cubana». Añade a continuación: «Esto explica, de alguna manera, que la confrontación de los años 60 estuviera protagonizada, fundamentalmente, por los escritores de los años 30 y 50, aunque incluso José Lezama Lima y los poetas católicos de *Orígenes*, en algún momento, fueran emplazados por los jóvenes intelectuales de *Lunes de Revolución* y, luego, tras el caso Padilla y el Congreso Nacional de Educación y Cultura de 1971, sufrieran un ostracismo propiciado por el régimen» (Rojas 2006: 170). ¿Hasta qué punto era ésa la causa real, o la única, de la exclusión de los origenistas,

sobra. Molestaba a unos y a otros; todas las otras tendencias, por una u otra razón, convenían en que el «torremarfilismo» origenista tenía poco que hacer en los nuevos tiempos, de modo que actualizaron sus reproches de siempre, ahora mejor avalados que nunca desde la autoridad que les confería el pacto presente con la Revolución.

Lo que está claro, entonces, es que al calor de esa discusión sobre el papel del intelectual hay dos discursos que se asientan muy pronto –y establecen entre ellos un productivo intercambio de rasgos– en el repertorio de valor de la crítica. Uno de ellos había estado siempre, en un segundo plano, durante la República, y pasaba a ocupar ahora roles cada vez más protagónicos, un prioritario rol de «orden»: me refiero al discurso de los comunistas, que veía en el materialismo histórico y sus herramientas de interpretación ideológicas y estéticas el único modo de encauzar la energía desbordante –e indisciplinada o irresponsable, desde esa óptica– del campo cultural con respecto a los nuevos poderes emergentes:

> Los comunistas cubanos de primera generación que aún vivían en 1959 (José Zacarías Tallet, Juan Marinello, Nicolás Guillén, Regino Pedroso, Alejo Carpentier) vieron la Revolución como el desenlace político del movimiento cultural vanguardista que ellos habían protagonizado tres décadas atrás. Este grupo contaba con un relevo de escritores y dirigentes que podían ofrecerle al gobierno revolucionario todo un programa de renovación cultural y educativa: Carlos Rafael Rodríguez, José Antonio Portuondo, Félix Pita Rodríguez, Blas Roca, Mirta Aguirre, Aníbal Escalante, Joaquín Ordoqui, Edith García Buchaca. Sin duda, esta corriente, afiliada al Partido Socialista Popular, era la de mayor consistencia ideológica en el momento del triunfo de la Revolución. De hecho, todos sus miembros eran intelectuales y, a la vez, políticos, es decir, eran intelectuales orgánicos de ese «Moderno Príncipe» nacido el 1º de enero de 1959. (Rojas 2006: 170-171)

El otro discurso, mucho menos definido y mucho más variopinto, formaba parte, precisamente, de esa energía por encauzar: lo constituía, en primer lugar, una semántica del compromiso social, del *engagement*, proveniente sobre todo de Sartre y de otras formulaciones de la izquierda europea occidental, en su mayor parte cercanas al existencialismo, a las vanguardias y al discurso anticolonial, que

---

y hasta qué punto su pretexto idóneo? Lo sostenido del emplazamiento y el ostracismo sugiere, más bien, que haya primado lo segundo.

vieron en los años iniciales de la Revolución cubana, ya fuera una vía singular de emancipación popular –la «Revolución sin ideología» sobre la que reflexiona Sartre–, ya fuera un socialismo distinto, «tropical» y participativo, de rostro humano y con perfiles propios, idiosincrásicos, ajenos al orbe soviético[32]. Desde las primeras líneas de «Ideología y Revolución», por ejemplo, Sartre establece la polarización entre acción e ideología de la que resultaría el mito de la «singularidad cubana». Nótese el énfasis en el carácter idiosincrásico del «proceso social» cubano, la prioridad que se concede a su carácter identitario:

> Hace unos días me hicieron en la Universidad una pregunta que me reprocho de haber respondido con demasiada brevedad: «¿Se puede hacer una Revolución sin ideología?» [...] Se adivina que no se trata de construir quién sabe qué teoría sobre las Revoluciones en general y sobre las nociones abstractas que las guían. Es Cuba la que está en causa: una característica muy particular del movimiento social que aquí se desarrolla, la constituye la naturaleza del lazo que une las acciones y las ideas. (1960: 1)

Leído a ojos de hoy, el texto de Sartre, si bien no hacía sino dar cuenta de una lógica de los acontecimientos que en gran medida se corresponde también con la que guió la definición del papel del intelectual en la Revolución, podría parecer premonitorio cuando viene a concluir lo que sigue:

> podemos comprender por qué el gobierno no se apura en formular declaraciones socialistas y liberales: lo que él hace día tras día bajo la presión extranjera, toma a sus ojos un sentido original y profundo. La socialización radical sería hoy un objetivo abstracto, y no se podría desearla más que en nombre de una ideología prefabricada, puesto que las necesidades objetivas no la exigen por el momento. Si algún día fuese necesario recurrir a ella, se hará primero, por ejemplo, para resistir al bloqueo y a título de economía de guerra. Pero, de todas formas, el fenómeno

---

[32] No deja de resultar curioso el hecho de que esa posición de «tercera vía», cuya formulación tanto contribuyó a la imagen positiva de la Revolución en el imaginario de la izquierda occidental, fuera precisamente la que defendieran como proyecto nacional deseable (en contraste con la que de hecho fue la deriva ideológica del régimen) intelectuales republicanos como Jorge Mañach, Mario Llerena, Agustín Tamargo, Andrés Valdespino y Lino Novás Calvo. Véase, por ejemplo, Valdespino 1960 o Mañach 1961. La defensa de esa «tercera vía» y la crítica posterior del rumbo ideológico del régimen, que no renunciaba en cambio al programa nacionalista de 1959, tuvo sus primeras formulaciones en las páginas de *Bohemia Libre* y partía de la premisa de la legitimidad histórica de la Revolución de 1959 contrapuesta a la ilegitimidad política del Socialismo de 1961. Al respecto, véase también Rojas 2006: 185-196.

aparecerá con la doble característica que encontramos en todas las medidas adoptadas por el gobierno revolucionario: será una re-acción, un contra-golpe, y si fuese preciso mantenerla, será la expresión del sentido auténtico de la Revolución Cubana y el término de su auto-radicalización. (Sartre 1960: 17)

La intelectualidad cubana que no estaba directamente vinculada a la corriente comunista, en ese primer momento, se nutría sobre todo de esas varias influencias y fundó su propia identidad en el vínculo con la vanguardia y su condición revolucionaria, no en una determinada adscripción ideológica ni, mucho menos, en la contraposición ideológica de la Guerra Fría; se sintió, con cierta razón, parte de una corriente de pensamiento mucho más amplia, una pertenencia que se vio refrendada por el interés o el apoyo directo que muchas de las figuras intelectuales del momento prestaron al proceso cubano. Ese apoyo inicial, como bien hace notar Rojas, para el final de la década resultaría en decepción, sobre todo a partir del punto de inflexión que significó el caso Padilla:

> la Revolución cubana se gana las simpatías de algunos escritores occidentales de gran prestigio, como Jean-Paul Sartre, Herbert Marcuse, Hans Magnus Enzensberger, Charles Wright Mills, Waldo Frank, Allen Ginsberg, y de casi toda la intelectualidad latinoamericana: Octavio Paz, Mario Vargas Llosa, Gabriel García Márquez, Julio Cortázar. Cuando el pacto entre los intelectuales y el poder se rompe, estos espectadores, salvo raras excepciones, le retiran su apoyo a la Revolución y se convierten en sus críticos más pertinaces. (Rojas 2006: 169-170)

Es en este sentido preciso que la visita de Sartre a Cuba de febrero a marzo de 1960 resultó inmensamente productiva para el imaginario ideológico de la época y selló, por así decir, la forma inicial que tomaría ese discurso en los primeros años de la Revolución, a la vez que amplificaba de manera exponencial la visibilidad del proceso político que tenía lugar en la isla. La propia nota de solapa de *Sartre visita a Cuba*, el libro donde Ediciones R recopiló casi inmediatamente los documentos asociados con esa visita, resulta curiosamente elocuente en su vindicación del valor propagandístico del «simple desplazamiento» y en la descripción, casi minuciosa y por momentos ideológicamente ambigua, del procedimiento y sus efectos:

> Por supuesto que Sartre sería de una inestimable ayuda a la causa revolucionaria, pero el provecho vendría dado por la propaganda –no publicidad: ese

artilugio capitalista: propaganda– que Sartre, con sus escritos, conseguiría nada más que por un simple desplazamiento. «Esa propaganda no se paga ni con un millón de pesos», declaraba otro escritor francés de paso por la Isla. ¿Qué había hecho Sartre? Había escrito una serie de artículos, un libro, primero; luego había decidido qué hacer con él. La forma de artículos periodísticos era la indicada, pero *L'Express* (donde colabora habitualmente) tenía una tirada semanal y limitada: Sartre decidió, todavía en Cuba, cambiarse para *France Soir*, un diario con una tirada millonaria. Así, *Huracán sobre el ázucar* fue leído por millones de franceses y traducido inmediatamente al italiano, al portugués, al ruso: desde Leningrado hasta São Paulo las reflexiones sociológicas disfrazadas hábilmente de prosa descriptiva traían su mensaje oportuno: Cuba es una isla, antes era una azucarera, hoy un huracán revolucionario levanta el fino y dulce polvo para decubrir la miseria que ocultaba y exterminarla. Junto con *Huracán sobre el azúcar* aparece una conversación de Sartre con la mayoría de los escritores revolucionarios cubanos y un ensayo penetrante, lúcido: *Ideología y Revolución*. Todo es el fruto de una visita de un mes a nuestra tierra.

La «mayoría de los escritores revolucionarios cubanos», dice la solapa: en efecto, una vez comprometidos con el proceso social cubano, la mayoría de los autores cubanos no podía sino definirse a través de ese sintagma que, en apropiación circular, establecía sus propios límites al tiempo que negociaba su alcance.

Es frecuente que se identifique, a raíz de la oposición entre comunistas y no comunistas, a los últimos con un perfil nacionalista. La identificación es fruto de asimilar el apoyo político a la Revolución o el mero entusiasmo participativo de los primeros años con una política intelectual y si tiene algún sentido es únicamente desde ese punto de vista, pero lo cierto es que lejos de aclarar las cosas tiende a soslayar la diversidad de posiciones del campo cultural cubano del momento. Que efectivamente, ofreció sus servicios a la Revolución, y que mayormente se definía (y era legitimado, a cambio, por las instituciones) como revolucionario, y que en efecto recurría a lo identitario a la hora de tratar con lo ideológico («Es Cuba la que está en causa», como diría Sartre) en sus discursos. No hay que confundir, sin embargo, el valor apelativo de la identidad y, por ende, de lo nacional, como punto de acuerdo –un lugar de consenso que es previo a 1959 y que zanjaba ya buena parte de las polémicas intelectuales de la República– con el perfil ideológico de los intelectuales no comunistas, que de «nacionalista» propiamente dicho tenía poco o nada, si entendemos por nacionalismo algo más que «autores cubanos». Rojas, por ejemplo[33], resume así la situación:

> Haciendo una economía sociológica de aquel largo debate de los 60 podría decirse que los antagonistas eran el Intelectual Nacionalista Revolucionario y el Intelectual Comunista Revolucionario. En la flamante *nomenklatura* de la isla el primer arquetipo sería encarnado por Carlos Franqui, director del periódico *Revolución*, Haydée Santamaría, directora de la Casa de las Américas, Alfredo Guevara, director del Instituto Cubano de Arte e Industrias Cinematográficos (ICAIC), y Armando Hart, ministro de Educación. El segundo, en cambio, sería el modelo intelectual de los cinco célebres sobrevivientes del Partido Socialista Popular: Blas Roca, Juan Marinello, Carlos Rafael Rodríguez, Mirta Aguirre y José Antonio Portuondo. (Rojas 2006: 173)

Se trata, una vez más, de una extrapolación de orden político: la dicotomía comunismo *versus* nacionalismo puede tener un valor claro sólo en el ámbito estrictamente político –referida a las élites políticas: los nombres que cita Rojas ilustran bien qué se solapa en el equívoco[34]– o en el ámbito geopolítico –referida a la posición de Cuba en el contexto de la Guerra Fría–, pero es de poca utilidad y, en el fondo, resulta poco exacta para describir el perfil intelectual de una de las posiciones que tomaba parte en ese diálogo. Y que era, además, la posición más amplia y la más diversa: todos aquellos intelectuales revolucionarios no comunistas equivalía, en los primeros sesenta, a referirse a la inmensa mayoría de la intelectualidad cubana, con excepción, claro está, de los decididamente comunistas. Como veremos algo más adelante, es sobre esa cesura que actúa, precisamente, la retórica inclusiva-exclusiva de «Palabras a los intelectuales». Pero no está de más subrayar que el «nacionalismo» no era ni mucho menos un perfil propio, una entidad intelectual bien definida (como sí lo era la de los

---

[33] No es el único. El equívoco resultante de esa identificación entre perfil intelectual y consenso sobre lo identitario aparece también, más o menos matizado, en otros textos recientes que se ocupan del período. Véase, por ejemplo, Díaz Infante 2009, Gallardo Saborido 2009 y Quintero-Herencia 2002.

[34] Que la extrapolación es de orden político (y que no se corresponde con el contexto cubano, donde a fin de cuentas los comunistas eran más nacionalistas que los presuntos «nacionalistas») queda aun más claro en la remisión que hace Rojas a los bandos, estos sí enfrentados, que combatieron en la guerra civil española y la china: «El conflicto entre dos ideologías originariamente tan incompatibles, como el nacionalismo y el comunismo, se había dirimido, unos años atrás, al fragor de guerras civiles en España y en China» (2006: 176).

comunistas), sino más bien un punto de consenso que prestaba legitimidad al propio discurso y cuya presencia y eficacia, tanto en el ámbito cultural cubano como en el canon literario propiamente, se remonta cuando menos a los primeros años de la República y cuaja del todo, como vimos en el capítulo anterior, ya con el canon literario origenista.

De hecho, la no equivalencia de entidad entre esas dos posiciones –una totalmente definida, la de los comunistas, otra que sólo se puede definir de manera negativa, los no-comunistas– se advierte bien en el propio texto de Rojas, cuando par de páginas más adelante apunta lo que sigue, y subsume a una de esas categorías en la otra:

> La mayor dificultad del poder residía en que si bien todos los comunistas eran nacionalistas –en el estricto sentido antinorteamericano que tiene el nacionalismo en Cuba–, ningún nacionalista era propiamente comunista y algunos eran francamente anticomunistas. (Rojas 2006: 175)

Dentro del conjunto de los intelectuales no comunistas había un espectro muy amplio de posiciones, poco o nada cercanas al nacionalismo, que a su vez adoptaban uno u otro color –uno u otro margen de independencia– según su mayor o menor cercanía con el poder político. Los intelectuales públicos de la República, como Mañach u Ortiz, y los intelectuales católicos vinculados a Orígenes, por otra parte, habían quedado, muy pronto, fuera del diálogo sobre el papel del intelectual; fueron, como hemos visto, sencillamente el blanco más fácil del reajuste del canon literario que estaba teniendo lugar, porque su concepción de la literatura o bien se veía como no comprometida (Orígenes) o bien sus posturas políticas no se avenían con el cambio de régimen (aquellos intelectuales cívicos cuyo paradigma sería Mañach). Ahora bien, aun descartando a esos dos grupos, el perfil del intelectual que sostiene desde un primer momento un discurso de compromiso y asume el pacto con la Revolución en los cauces del «escritor revolucionario», y que, una vez cumplida esa condición necesaria, participa en de los debates y progresivos ajustes sobre el papel del intelectual en la Revolución, es cualquier cosa menos unívoco.

Es comprensible que la identidad –como definición o indagación o afirmación de lo nacional, revestido ahora de una cierta carga mesiánica– apareciera en el discurso de los intelectuales no comunistas: por un lado, el lado más instrumental pero no por eso el de menor peso en aquellos momentos, legitimaba sus posiciones frente a las instituciones y frente a sus interlocutores marxistas –la profesión de cubanía constituía, al mismo tiempo, una oportuna *captatio benevolentiae* y una declaración de fe equiparable a la militancia. Por otro lado, recurrir a lo identitario era la consecuencia natural de una herencia que se remontaba a los fundamentos mismos de la cultura cubana y que había tenido, hasta 1959, un cuerpo estable en la configuración del canon literario cubano que había cuajado con Orígenes. Es por eso que, de los elementos que conforman ese discurso en los primeros sesenta, el que mayor alcance y vigencia posterior tendrá –porque recurre una y otra vez en la conformación del canon, por un lado, y en los discursos legitimantes de la política cultural, por el otro– es el que está asociado a la búsqueda de la identidad; éste, a su vez, es también de los más permeables a adoptar formas distintas, y el que entroncaba directamente con la configuración anterior del canon, que tenía en el discurso identitario martiano y origenista muchas de sus señas más acusadas (y probablemente sea el elemento identitario, además, el que explique la relativa rapidez de su sedimentación ulterior). Sobre esto habrá que volver más adelante, a propósito de los cambios de polaridad que tendrán lugar en los discursos sobre la identidad y el carácter nacional; de momento, conviene no perder de vista este elemento en tanto solución de continuidad que propiciaba la fijación de esos discursos intelectuales y el relativo consenso –una suerte de pacto atemporal, por así decir, que conciliaba las tendencias enfrentadas– en torno a ella.

Hablando de la identidad cultural se estaba hablando, a fin de cuentas, del gran tema cubano desde las guerras de independencia, del motivo que atraviesa toda la obra de Martí y recorre en medida mayor o menor toda la reflexión intelectual cubana durante la República; con el discurso origenista, vivo, activo hasta hacía muy poco, toda una reflexión sobre la identidad como centro y como destino nacional había alcanzado en las décadas precedentes una de sus formas más complejas pero también, a pesar o justamente por la complejidad que adoptaba en la cosmovisión de Orígenes, una de las formas más susceptibles a simplificaciones de cariz finalista –la tan llevada y traída «teleología insular» lezamiana era, y de hecho como tal se la propuso luego por Vitier, susceptible de asimilarse al triunfo revolucionario de modo que éste resultara, en el mejor de los casos, una suerte de culminación del destino nacional; en el peor, una consecuencia inevitable de una necesidad de la nación, cuyo cometido habría de ser, justamente, redefinir, ahora sí de verdad –y prescindiendo, por tanto, del «arte por el arte» que podía impugnarse a la visión origenista–, el destino cubano. Una forma susceptible de simplificaciones «positivas», que permitieran a los nuevos presupuestos críticos insertarse en una tradición preexistente, y sobre todo, como fue el caso, susceptible de simplificaciones descalificatorias que allanaran el camino a otra visión de lo literario, profundamente ligada a esa noción de compromiso que se construye sobre el papel del intelectual en la Revolución y que comenzará a valorar los textos en función de su valor de incidencia en lo real, de cuánto reflejen o expresen el devenir histórico de la isla –el «anatema de una *doxa* histórico-materialista que con las etiquetas de "torremarfilismo", "hermetismo" y "apoliticismo" colocó una década después a Orígenes en el sótano de las antigüedades inservibles» (Díaz Infante 2005: 9)[35] no hacía, a fin de cuentas, más que repetir, avalándolos con su propio discurso, las impugnaciones que había conocido Orígenes desde sus inicios, provenientes de casi todas partes.

El «compromiso absoluto con la poesía» de los miembros de Orígenes

> los colocaba, desde luego, en las antípodas de los intelectuales «comprometidos», nucleados en revistas comunistas como *Mediodía*, *Gaceta del Caribe* y el suplemento literario del periódico *Hoy*. Entre la poesía como servicio y la poesía como absoluto el abismo era insalvable. Los «militantes» veían simple evasión donde Lezama afirmaba «conocimiento de salvación». Denunciaban esteticismo y purismo donde los de Orígenes veían un «saber poético» medianero entre el alma y el espíritu; desapego de la realidad cubana en una búsqueda de los «orígenes» que habría de conducir, para sus gestores, a una poesía más esencial que epidérmicamente cubana, en la que lo nacional y lo universal estuvieran tan estrechamente fundidos que separarlos resultara imposible. (Díaz Infante 2005: 10)

A su vez, no hay que pasar por alto que con respecto a la visión de la literatura que preconizaba Orígenes la «militancia» tendría a partir de 1959 un

---

[35] *Los límites del origenismo* es probablemente uno de los textos más lúcidos sobre Orígenes y su peso en el canon literario cubano, a pesar de que pueda discreparse con muchas de sus afirmaciones. Posee, además, una innegable virtud frente a muchos de los textos que se ocupan de Orígenes, a saber, que no cae en la trampa de mimetizar su discurso con el discurso origenista. Muy recomendables también, en este mismo sentido, las páginas que dedica Emma Álvarez-Tabío a Orígenes en su *Invención de La Habana* (2000: 191-256), y el análisis de la «restauración» origenista de los ochenta y noventa que hace Antonio José Ponte en *El libro perdido de los origenistas* (2004). En Basile & Calomarde 2013 puede encontrarse un panorama de conjunto –y una puesta al día– de los rumbos que ha seguido la crítica al abordar el lugar de Orígenes en el canon cubano.

interés adicional, nada despreciable en términos de motivación, y era el mero hecho de que una nueva generación de autores se veía a sí misma legitimada, en términos de aceptación y autoridad, en virtud de ese compromiso. Era fácil, y fue de hecho lo que ocurrió, con todas las herramientas a su alcance y avalados por el discurso ideológico que entonces comenzaba a constituirse, que esos nuevos autores intentaran «deshacerse» del peso de la tradición, constituirse ellos en fundadores de una tradición propia que partía, por así decir, de borrón y cuenta nueva. Y que a falta de otra cosa, tenía entonces a la mano el que en efecto devino el nuevo centro del canon: la medida en que un texto se ajustase, o no, al papel que se esperaba del intelectual en la Revolución. Ése era el nuevo «punto de partida». Ahora bien, el único elemento que podía quedar a salvo en ese borrón y cuenta nueva, y que a su vez resultaba tremendamente útil en el contexto de los primeros sesenta para esa gran mayoría de intelectuales no comunistas sobre los que pesaba, además, cierto sentimiento de culpa por su poca participación en la lucha con Batista, era precisamente el elemento identitario, la afirmación de un compromiso con el destino nacional.

Los años de *Lunes*

Quizá donde mejor pueda seguirse en su momento inicial ese discurso *engagé*, pero crítico del marxismo o situado en las antípodas de la ortodoxia de partido, a la vez que vinculado a las vanguardias europeas y comprometido con el proceso social cubano, es en *Lunes de Revolución*, que fue a su vez heredero de *Ciclón* y de cierta vanguardia heterodoxa, a veces más a la izquierda que los comunistas, tal como ellos mismos se definían en su primer editorial. *Lunes* fue el suplemento cultural de *Revolución*, que estaba bajo la dirección de Carlos Franqui[36]; a su vez,

> *Revolución* había sido la voz que desde las catacumbas de las clandestinidad exponía los puntos del vista del Movimiento 26 de Julio, la organización que llevó

---

[36] «*Lunes de Revolución*, la visita de Sartre, el Salón de Mayo, el Congreso Cultural de La Habana y buena parte de la audaz política editorial de los años 60 se debieron a la persuasiva interlocución de Franqui con los nuevos políticos profesionales. Todavía en 1972, recién exiliado, en un texto para la revista *Libre*, Franqui, por su acendrado antisovietismo, no podía declararse leal al Partido Comunista de Cuba y, en cambio, era capaz de mostrar adhesión a la figura de Fidel Castro, a la del Che Guevara y simpatizar con todos los socialismos independientes de

a Fidel Castro al poder y no la insignificante guerrilla como Castro hizo creer a todos. A la luz del día, *Revolución* se convirtió en un periódico de intolerable influencia: el primero de Cuba y el único en tener acceso a lo más recóndito del poder en el Gobierno y en la vida política cubana en general. Además, tenía, para Cuba (entonces un país de unos siete millones de habitantes) una circulación enorme. *Lunes* se aprovechó de todo ello y se convirtió en la primera revista literaria en español de América, o de España, que podía presumir de una tirada cada lunes de casi doscientos mil ejemplares. *Lunes* mandaba mucha fuerza –y no solamente literaria. (Cabrera Infante 1992: 93)

La tirada de *Lunes*, de hecho, llegó a equipararse a la del diario, y en unos dos años y medio (desde el 23 de marzo de 1959 hasta el 6 de noviembre de 1961) había pasado de sus doce páginas iniciales a las cuarenta y ocho de sus últimas entregas (Luis 2003: 21; Gallardo Saborido 2009: 64). *Lunes* estuvo desde su nacimiento hasta su desaparición dirigido por Guillermo Cabrera Infante, y contaba en su equipo de redacción con Pablo Armando Fernández como director adjunto, Virgilio Piñera, Heberto Padilla y José Álvarez Baragaño, pero incluyó en su núcleo más próximo, entre otros, a Calvert Casey, Edmundo Desnoes, Antón Arrufat, Rine Leal, Rolando Escardó, César López o Ambrosio Fornet.

¿Se puede decir que fueran «nacionalistas» los del grupo de *Lunes*? No. Muchos de ellos venían de estancias más o menos prolongadas en Europa o Estados Unidos, y traían consigo una amplia gama de referentes culturales que los acercaban, más bien, a la tradición de la vanguardia internacional de la posguerra. El breve recuento de Pablo Armando Fernández, por ejemplo, resulta ilustrativo al respecto:

En 1959, Fayad Jamís, Jaime Sarusky y otros estaban en París. Todavía por Nueva York andábamos Heberto Padilla, Edmundo Desnoes y yo. Roberto Fernández Retamar regresó en el 58 a Cuba y Antón Arrufat también. En Caracas estaba Pedro Oraá y Escardó en México. César López que estaba en España con Pepe Triana y Ambrosio Fornet. Verás ahí muchos de los Premios Nacionales de Literatura de este país. (Fernández Sosa 2009: en línea)

En buena medida herederos de *Ciclón*, los de *Lunes* compartían con ellos un cierto *Zeitgeist* que, a la luz de la Revolución, cobraba nuevos ímpetus. El último

---

Moscú, desde el chino y el vietnamita hasta el yugoslavo y el rumano» (Rojas 2006: 174-175).

número que se publicó de *Ciclón*, en marzo de 1959 –una suerte de «número especial», porque la publicación había dejado de existir ya dos años antes– da fe de un espíritu muy similar: en primer lugar, como pasó con los de *Lunes*, una clara voluntad de hacer *tabula rasa* con el pasado, de «limpiar los establos del auge literario cubano, recurriendo a la escoba política para asear la casa de las letras» (Cabrera Infante 1992: 93), que en el caso de ese número de *Ciclón*, además de una decidida política antiorigenista (que establecía estratégicamente la «Refutación a Vitier» de Fernández Bonilla) incluía también una suerte de llamado a la depuración intelectual, en forma de editorial firmado por Rodríguez Feo y que, bajo el título de «La neutralidad de los escritores», transplantaba la semántica de la *épuration* francesa de la inmediata posguerra al contexto cubano, con términos como «colaboracionismo», «culpa» o «abstención» (en el texto, chocante a los ojos de hoy, diríase que falta poco para que su autor saque a relucir la *collaboration horizontale* o proponga un desfile de *tondues* en plena Rampa):

> si los congresistas de la oposición han sido depurados por prestarse a las farsas electorales de 1954 y 1958 y ocupar un escaño en el Congreso, ¿cómo eximir de culpa a los intelectuales que honraron con su colaboración escrita y oral los programas culturales del gobierno de Batista? ¿No era una forma de apoyo incondicional el formar parte del organismo oficial de la cultura de Batista? [...] queremos señalar bien claro que a los escritores sólo les quedaban dos caminos a seguir: ir a la lucha con un fusil en la mano o abstenerse de toda forma de colaboración con la dictadura [...] En estos momentos en que estamos enjuiciando y revalorizando el pasado, es imprescindible que los falsos demagogos de la cultura sepan distinguir entre los que estuvieron, y los que no, comprometidos con la labor cultural de Batista. (Rodríguez Feo 1959: 1-3)

Más allá de esa voluntad afirmativa de compromiso, que era compartida por los de *Lunes* y que respondía a los nuevos tiempos, el sustrato común era más o menos el mismo: una cierta «voluntad» revolucionaria, ligada a las vanguardias y en particular al existencialismo y el surrealismo. Cabrera Infante se refiere así –yuxtaponiendo esos dos elementos, la voluntad de *tabula rasa* y los referentes culturales o ideológicos del grupo– a sus años como director de *Lunes*. Vale la pena reproducir el pasaje en extenso porque condensa en unas cuantas líneas los ingredientes de ese «cóctel embriagador» y algunas de sus prácticas críticas:

> Mi primer error como director de *Lunes* fue intentar limpiar los establos del auge literario cubano, recurriendo a la escoba política para asear la casa de las

letras. Esto se llama también inquisición y puede ocasionar que muchos escritores se paralicen por el terror. La revista, al contar con el aplastante poder de la Revolución (y el Gobierno) detrás suyo, más el prestigio político del Movimiento 26 de Julio, fue como un huracán que literalmente arrasó con muchos escritores enraizados y los arrojó al olvido. Teníamos el credo surrealista por catecismo y en cuanto estética, el trotskismo, mezclados, con malas metáforas o como un cóctel embriagador. Desde esta posición de fuerza máxima nos dedicamos a la tarea de aniquilar a respetados escritores del pasado. Como Lezama Lima, tal vez porque tuvo la audacia de combinar en sus poemas las ideologías anacrónicas de Góngora y Mallarmé, articuladas en La Habana de entonces para producir violentos versos de un catolicismo magnífico y oscuro –y reaccionario. Pero lo que hicimos en realidad fue tratar de asesinar la reputación de Lezama. (Cabrera Infante 1992: 93-94).

El editorial que apareció en el primer número de *Lunes* no prometía como línea de trabajo asesinatos de reputación, pero sí establece claramente –y de hecho, establece explícitamente esa necesidad de claridad– los cauces de un discurso («Una posición», se titula acertadamente) que combina voluntad de compromiso, ciertos referentes culturales claros e incluye una decidida crítica a lo nacional («no se puede decir que exista una verdadera cultura cubana») que se combina con una suerte de «proyecto ilustrado» que apoya, a su vez, al sentimiento de «punto de partida», de borrón y cuenta nueva. En su penúltimo párrafo, esa posición se condensa de manera elocuente:

Lunes quiere antes de dar paso a la lectura aclarar todavía más, porque en estas cosas nunca se será demasiado claro. Nosotros no formamos un grupo, ni literario ni artístico, sino que simplemente somos amigos y gente de la misma edad más o menos. No tenemos una decidida filosofía política, aunque no rechazamos ciertos sistemas de acercamiento a la realidad –y cuando hablamos de sistema nos referimos, por ejemplo, a la dialéctica materialista o al psicoanálisis o al existencialismo. Sin embargo, creemos que la literatura –y el arte– por supuesto deben acercarse más a la vida y acercarse más a la vida es, para nosotros, acercarse más a los fenómenos políticos, sociales y económicos de la sociedad en que vive. Creemos también que el sentimiento de punto de partida sigue presente en nuestro ánimo, porque no se puede decir que exista una verdadera cultura cubana, mucho menos que estemos dentro de la corriente de la cultura española, también en trance de revisiones y reparaciones. Sabemos que la cultura hispana toda no es autosuficiente y que si Marcel Proust –sin saber otro idioma que francés– podía ser un hombre verdaderamente culto en Francia, esto no es remotamente posible en España, ni en Argentina ni en Cuba. Por eso dedicaremos buena parte del magazine a divulgar todo el pensamiento contemporáneo que nos interesa y nos toca, y ver si es posible, en la pequeña medida que nos es dada, realizar para Cuba la labor divulgatoria que hiciera en España una vez la *Revista de Occidente*.

Si se lee con atención, bien lejos de una vindicación nacionalista encontramos, más bien, una legitimación del «sentimiento de punto de partida» que se justifica por la inexistencia efectiva, o la no autosuficiencia, de una auténtica cultura cubana, carencias estas —nótese el salto argumentativo que define a su vez una toma de posición— que sólo podrán paliar la divulgación del pensamiento contemporáneo, la apertura cultural a otras lenguas y a otros horizontes culturales. Además de una poética y de un deslinde de posiciones, que también lo es, se trata de la enunciación de un proyecto ilustrado que tiene por base el discurso de la modernidad.

La toma de posición de *Lunes* va acompañada, en la primera página del suplemento, tal como ocurre con el *Ciclón* de 1959, de un artículo que ataca frontalmente a Orígenes y que en parte ya hemos comentado en el capítulo anterior («Un cubano en la poesía. Comentario a un libro de Cintio Vitier», de Enrique Berros). La crítica de Berros, además del habitual torremarfilismo que se achaca a Orígenes, se sustenta, precisamente, en una crítica de lo nacional, o incluso de lo que se podría entender, desde la óptica de Berros / *Lunes*, como «nacionalismo». De hecho, Berros engarza retóricamente torremarfilismo y nacionalismo: «Esta actitud de torre de marfil hace que el señor Vitier parta de un supuesto que si no es enteramente falso es posiblemente fácil de poner en duda: la existencia de una tradición poética en nuestra isla». Al señor Vitier, dice Berros, se le escapan hechos evidentes «porque para él la poesía no es un producto histórico. Si la considerase así ya hubiera advertido que resulta punto menos que imposible que se mantenga una tradición poética en un país que carece de tradición nacional». Y algo más adelante: «Este hecho de nuestra frustración como nacionalidad no puede ser borrado de un plumazo». Y por si fuera poco: «El señor Vitier habla copiosamente del "yo" esencialmente cubano de Martí. Al parecer ha olvidado —o ha querido olvidar— que ése yo enorme se encuentra en la poesía de Walt Whitmann que Martí conoció y estudió durante su exilio en los Estados Unidos». Y por último, siempre a propósito del nacionalismo de Vitier, pero ahora imbricándolo, en su discurso, con la elucidación de «una posición» que resulta, también, en una declaración con valor de manifiesto —nótese cómo, en idéntico procedimiento retórico que en el editorial, se explicita aquí también la necesidad de esa aclaración, se procede a enunciarla antes de hacerla:

Quiero hacer una pausa en este punto para hacer una aclaración antes de continuar. Es una aclaración que estimo necesaria sólo por la actitud de gran número de intelectuales del patio con respecto al pensamiento contemporáneo. Esta crítica no debe ser considerada una crítica marxista. Considero al marxismo como una de las grandes corrientes del pensamiento actual y no tengo frente a él la actitud despectiva de los intelectuales de torre de marfil y de los «demócratas» que pululan en nuestro horizonte cultural y político. El situar la cultura dentro del marco más amplio de la historia, atacando los problemas que plantea a través de consideraciones económicas, sociales y políticas, no es privilegio de la doctrina marxista. Dentro de las corrientes filosóficas que un marxista llamaría burguesas el mismo tipo de concepción y de crítica es común. Solamente en Cuba y países por el estilo se considera a la cultura en el sentido idealista y se habla, como lo hace Vitier, de «categorías del ser cubano» y cosas por el estilo. El que se tenga este tipo de actitud y se parta de estos principios filosóficos es difícilmente compatible con las citas de Heidegger que aparecen ocasionalmente en el texto de Vitier. Quizá sea el caso de que «Ha oído campanas pero no sabe dónde». (Berros 1959: 1)

«Una posición», el editorial con el que comparte página en ese primer número del magazine, y el propio texto de Berros ponen de manifiesto, de manera que más que ilustrativa llega a ser elocuente, el perfil de los intelectuales de *Lunes* –que se corresponde, *grosso modo*, con el perfil de los intelectuales no comunistas, si excluimos precisamente a aquellos que Berros saca del diálogo de un plumazo, esto es, los que no se ajustan a lo que se discute y viene ya dado como premisa, el papel del intelectual revolucionario en el nuevo contexto histórico, con relación al momento de «punto de partida» que vive el país. Una vez que queda claro que «los intelectuales de torre de marfil» y los «demócratas» –léase Orígenes y los intelectuales republicanos– no pueden o no deben ser interlocutores válidos en ese debate, Berros pasa a establecer su posición para el diálogo con respecto al otro discurso en juego, el de los comunistas, situando con meticulosa especificidad sus afinidades y rechazos y haciendo, por así decir, cuentas claras. Nada en contra del marxismo, necesita aclarar Berros, para añadir inmediatamente que no hay que pretender que sea ni mucho menos la única metodología válida y que no detenta el privilegio de un acercamiento objetivo y revolucionario a la realidad o a la literatura. Ésas «aclaraciones» y la percepción de su necesidad resumen bien el perfil intelectual de los de *Lunes*.

Con respecto al grado de libertad en que esas posiciones podían sostenerse por lo menos antes de las reuniones en la Biblioteca Nacional que concluyeron con las «Palabras a los intelectuales», parece claro que la percepción desde el campo intelectual no estaba aún tamizada por la comprensible suspicacia hacia el poder que se instaló después. Cuando relatan los años de *Lunes*, autores de evolución política tan diametralmente opuesta como Pablo Armando Fernández y Guillermo Cabrera Infante sostienen básicamente lo mismo. Según el primero,

> Nosotros nunca tuvimos una mano opresora o nadie que nos dirigiera. Nosotros hacíamos lo que queríamos. Éramos un grupo grande. La clave del éxito está en hacer lo que se quiere, cuando se quiere con amor. Tuvimos detrás de nosotros el gesto más importante de la historia de este continente con la Revolución Cubana y estábamos aquí por ella. (en Fernández Sosa 2009: en línea)

Y Cabrera Infante, refiriéndose a los momentos previos al conflicto que generó el secuestro de *PM*:

> La censura no existía para nosotros. Igual que en la revista, éramos nuestros propios amos. Después de todo éramos el fruto dorado de Revolución, el periódico de la Revolución, la voz del pueblo, la voz de Dios. En fin, éramos, como quien dice, omnipotentes. Sin saberlo, éramos también esclavos. (Cabrera Infante 1992: 98-99)

Por supuesto, hubo autores o grupos emergentes que no gozaron de tanta visibilidad o apoyo institucional, y cuyas posiciones y discursos pudieron haber sido, en consecuencia, menos «seguras» o participativas (por sólo poner un ejemplo, los autores nucleados en torno a la editorial El puente, cuyos libros no fueron nunca reseñados en *Lunes* y sobre quienes pesó siempre la suspicacia política). No obstante esas diferencias de grado, a grandes rasgos el caso de *Lunes* ilustra bien no sólo ese perfil de intelectual revolucionario emergente – ni comunista ni propiamente «nacionalista[37]»– sino también la posición desde la que la mayoría de los intelectuales cubanos no vinculados al marxismo abordó su participación en el proceso social de 1959: esa combinación de apoyo ins-

---

[37] No se trata sólo, como ya se observó, que la oposición comunistas *versus* nacionalistas desvirtúe la realidad del momento, sino también del hecho de que el nacionalismo, en tanto práctica literaria que tenía su centro en la afirmación nacional, era más bien patrimonio de autores comunistas, como Guillén (quien no por gusto sería proclamado luego como Poeta Nacional), o se correspondía con una visión como la que critica Berros en Vitier o con la actitud de los intelectuales «demócratas» que él mismo entrecomilla (o sea: con aquellos con los que, precisamente, no comulgaban los intelectuales revolucionarios no comunistas).

titucional, de legitimidad validada por ese apoyo y de autolegitimación como clase[38] y como corpus, de confianza más o menos sincera en que se podía hablar con libertad y en que sus voces serían escuchadas; todo ello sumado a la percepción de «punto de partida» del que ellos eran a la vez el centro y el arranque define, creo, el tono de una subjetividad y de una actitud participativa hacia la Revolución. Ese discurso del compromiso, de hecho, tardó muy poco o nada en sedimentarse, a pesar de la amplitud o la diversidad de sus fuentes, en un magma con señas de identidad propias capaz de generar sus propios códigos de valor, y de proyectarlos sobre la creación literaria y la percepción crítica, si bien la confianza inicial que era parte constitutiva de esa posición quedaría pronto quebrada tras las reuniones en la Biblioteca Nacional que siguieron al conflicto de *PM*, que enfrentó frontalmente a los grupos en pugna y donde ya desde el poder se comenzó a llevar a ese actor a una posición «al límite moral de su subjetividad, dispuesto a soportar cualquier castigo a cambio de la equívoca gloria de ser considerado un "buen revolucionario"» (Rojas 2006: 166).

No obstante, a pesar del *engagement à la rigueur* que sentó el *dictum* de 1961, fue esa posición de compromiso inicial la que fue confluyendo paulatinamente con la teoría crítica marxista, a través de una serie de decantaciones o ajustes –y en muchos casos, auténticas depuraciones– que tienen lugar a partir de ese diálogo sobre el rol del intelectual en la Revolución. Es también la que funcionará luego como base aglutinante para un amplio espectro de influencias que, si bien en un primer momento todavía evitaba o hacía rodeos en torno a la ortodoxia soviética (por contraste con la que aparecía, entonces, como saludable heterodoxia de la vía cubana), asimilaba un variado conjunto de prácticas críticas y posturas políticas afines o colindantes con el marxismo, de Lukács a Fanon (la «organicidad» del intelectual, su «responsabilidad», recurrirán una y otra vez en el discurso cultural del momento, con especiales connotaciones –pero con resonancias continentales– en el caso cubano).

---

[38] Esa autolegitimación como clase se desarrollará a medida que evolucionan o cambian los términos del pacto entre los intelectuales y el poder, pero aparece ya desde los primeros meses de 1959. En ese mismo último número de *Ciclón* que venimos comentando, Piñera, por ejemplo, declara que «Como tenemos fe en esta Revolución pensamos que ella no es niveladora de un plano único, y que las cosas, en el literario, se pondrán en su punto. El buen escritor es, por lo menos, tan eficaz para la Revolución como el soldado, el obrero o el campesino» (Piñera 1959: 11), en una formulación en cierto sentido *avant la lettre* de la idea de «el arte como arma de la Revolución».

Ese discurso del compromiso —de la participación: es así cómo entronca inicialmente con el discurso previo de la identidad, como participación en la gesta revolucionaria, construcción de la «nueva Cuba»—, si bien irá adoptando formas distintas hasta la institucionalización soviética en los setenta, mantendrá sus rasgos de fondo durante toda la década y se mantendrá latente, en un segundo plano siempre visible del que se echará mano una y otra vez según las circunstancias, más o menos hasta hoy. Es también a él al que se recurre, en una selección en mayor o menor medida consciente de algunos de sus rasgos más heterodoxos, cuando se piensan o añoran los sesenta como época dorada, como feliz luna de miel donde todo parecía posible. Imbricado raigalmente con el aparato ideológico del régimen y en buena medida inseparables, porque nació en ese ajuste inicial de derechos y deberes entre los intelectuales y el poder y se amoldó finalmente a éste, ese discurso puede a primera vista parecer ajeno al poder político o dar la impresión de que se moviera en márgenes de relativa independencia: en parte porque muchas veces estuvo sinceramente en boca de la «mayoría de los escritores revolucionarios cubanos» —es por ejemplo el caso de muchos de los autores de *Lunes* o del propio Padilla— y en parte sencillamente porque reproducía y se alimentaba, como hemos visto, de otros discursos afines, que pertenecían a la coyuntura histórica del momento y cuya legitimidad era, en buena medida, ajena a la circunstancia cubana y al ajuste que se venía produciendo en Cuba entre los intelectuales y el poder.

Dentro de la Revolución todo, contra la Revolución nada

Las circunstancias de superficie que llevaron al discurso que estableció las líneas de la política cultural cubana son de sobra conocidas y tienen su origen en las peripecias de un corto de cine documental, *PM*, realizado por Sabá Cabrera y un jovencísimo Orlando Jímenez. De unos 13 minutos de duración, «la peliculita culpable» muestra escenas de la vida nocturna habanera al estilo del *free cinema* inglés de los hermanos Maysles —y más precisamente, según Cabrera Infante, al estilo de *Primary* (1960), que habría sido su fuente de inspiración directa[39]. Cabrera Infante la describe como

> una suerte de documental político, sin aparente línea argumental, que recoge las maneras de divertirse de un grupo de habaneros un día de fines de 1960. Es

---

[39] *Primary* había sido «exhibida por los Maysles en Cuba, privadamente, con el objeto de

decir, se trata de un mural cinemático sobre el fin de una época. En la película se ven cubanos bailando, bebiendo y, en un momento de la peregrinación por bares y cabarets de «mala muerte», una pelea. Comienza temprano en la noche en Prado y Neptuno y termina con la madrugada al otro lado de bahía, con el barquito regresando a La Habana de Regla.

Toda la película está llena de comentarios «naturalistas», grabados en los lugares de la acción, pero al final Vicentico Valdés canta su famosa *Una canción por la mañana*. De alguna manera, la imagen y esta canción consiguen en el espectador una perenne sensación de soledad y nostalgia. (1992: 68)

PM había contado con el apoyo de los de *Lunes*, y se exhibió sin problemas en el programa del canal 2 «Lunes en televisión», pero sorprendentemente la cinta fue confiscada por la Comisión de Estudio y Clasificación de Películas cuando sus autores intentaron proyectarla en el cine. La Comisión entendía que la cinta, si bien interesante formalmente, «ofrecía una pintura parcial de la vida nocturna habanera que, lejos de dar al espectador una correcta visión de la existencia del pueblo cubano en esta etapa revolucionaria, la empobrecía, desfiguraba y desvirtuaba»: así reza la comunicación enviada por el ICAIC a la UNEAC el 30 de mayo de 1961 (en Luis 2003: 224). La reacción de los de *Lunes* no se hizo esperar, y tras una conversación de Franqui con Alfredo Guevara, aunque no se levantó el veto a la exhibición pública, se acordó una proyección de la película –sólo para intelectuales y artistas invitados– en la sede de Casa de las Américas, el 31 de mayo. El conflicto comenzó a crecer cual bola de nieve cuesta abajo: al pase de la película en Casa de las Américas siguió un enconado debate que se extendió por 17 horas, y que, en cierto sentido, venía por fin a poner el dedo en la llaga al desnudar algunas cuestiones hasta entonces no explícitas: ya aquí no se trataba únicamente de discutir en teoría el papel del intelectual en la Revolución o su mayor o menor grado de compromiso, sino de calibrar, en la práctica y refiriéndose a un material concreto, los límites de la libertad creativa y el derecho de las instituciones del poder político a ejercer

---

conseguir hacer una película sobre las veinticuatro horas de un día en la vida de Fidel Castro» (Cabrera Infante 1992: 68), lo cual nunca consiguieron. La cinta que inspiró *PM* había marcado un hito en el cine documental por su excelencia estética. El documental, innovador por el uso de cámaras móviles capaces de seguir a los candidatos entre la multitud, sigue las elecciones primarias del Partido Demócrata que enfrentaban a John F. Kennedy y Hubert Humphrey como candidatos para la Casa Blanca. Producido por Robert Drew, filmado por Richard Leacock y Albert Maysles y editado por D. A. Pennebaker, *Primary* sentó las bases estilísticas de lo que sería el reportaje documental a partir de entonces.

la censura sobre aquellas obras que no ofrecieran una «correcta visión» de la realidad revolucionaria.

Esas cuestiones –y tensiones– habrían surgido más temprano que tarde y probablemente *PM* no haya sido más que un chivo expiatorio, pero el caso cierto es que, además, el corto de Sabá Cabrera resultaba sin dudas una buena entrada para aquella discusión: no hay que perder de vista que, más que reprochársele a la película aquello que efectivamente mostraba (unos cuantos negros bailando, al decir de Armando Hart), sobre todo se le estaba reprochando lo que *no* mostraba (milicianos con las armas en la mano, obreros trabajando, concentraciones multitudinarias) o la «incorrección» o la osadía de no mostrarlo. Por consiguiente, y conviene subrayarlo porque la importancia de ese punto se suele soslayar, aquí no se estaba hablando únicamente de libertad creativa y de censura, sino que además aparecía clara y directamente sobre la mesa, como tema, el de una prescriptiva: más allá de qué *podía* o no mostrarse, ahora la cuestión pasaba a ser qué *debía ser* mostrado para que se ajustara a las expectativas ideológicas del momento. Y la forma en la que aparecía la cuestión, además, ligaba inevitablemente ambos puntos, establecía una dialéctica, imposible de pasar por alto en el debate, entre censura y prescripción: lo que se estaba debatiendo, más allá de enfrentamientos de poder o de orientaciones ideológicas, era la legitimidad de censurar no sólo aquello que no fuera correcto o resultara indeseable, sino sobre todo la legitimidad de censurar aquello que no se ajustara a un deber ser, que no mostrara lo que *debía ser* mostrado.

El salto es sustantivo, e involucra la subjetividad misma del intelectual frente al poder –lo conduce sin remedio a ese límite moral de su subjetividad del que hablábamos–: no es lo mismo impedir (mediante la censura o cualquier otro medio coercitivo, incluidas premisas como la del «intelectual revolucionario») que alguien diga o haga algo, que obligarlo a hacer o decir aquello que no quiere hacer o decir; no es lo mismo no poder hacer o decir algo, que no poder no hacerlo porque un deber ser lo prescribe a tal punto que una película o un texto viene a resultar censurable por aquello que *no* muestra[40].

Por otra parte, ya en el debate a puertas cerradas de Casa de las Américas aparecía, *in nuce*, el que devendría muy pronto el núcleo del canon crítico

---

[40] Esa doble sujeción, que impone tanto qué *no puede* ser mostrado como qué *debe* serlo, debe leerse en el sentido que precisa Agamben en *Nudities*: «Deleuze once defined the operation of power as a separation of humans from what they can do, that is, from their potentiality.

cubano: la mayor o menor adecuación de una obra a aquello que debe ser dicho o mostrado se toma como rasero valorativo, y se privilegia, por consiguiente, el discurso sobre cualquier otro criterio de valor.

Tras el debate, la prohibición se mantuvo. La copia que había sido incautada fue devuelta a los realizadores, pero vista la imposibilidad de llegar a un acuerdo, los de *Lunes* promovieron un documento de protesta por la prohibición y en apoyo de *PM*. Franqui, en un intento de resolver el conflicto, recurrió a Castro, quien aceptó intervenir. Las reuniones posteriores en la Biblioteca Nacional, que se desarrollaron en sábados sucesivos los días 16, 23 y 30 de junio de 1961, vendrían a poner los puntos sobre las íes.

Tras los dos primeros encuentros, que pusieron de manifiesto que lejos de lo que esperaban los de *Lunes* –una suerte de reunión amistosa para resolver el conflicto de *PM*– se trataba más bien de una puesta en orden que encauzara lo que se veía, en el mejor de los casos, como la indisciplinada energía de los creadores, el tercero terminó con el tan llevado y traído discurso de Fidel Castro. La lógica simbólica del orden, de punto final a la discusión y de cierre de un pacto, estuvo apoyada desde el inicio por la presencia de la plana superior de la intelectualidad comunista, afín al PSP: la presidían Carlos Rafael Rodríguez, influyente dirigente comunista, Edith García Buchaca, por entonces su esposa y encargada de los asuntos culturales, y Alfredo Guevara, que tenía a su cargo el ICAIC. Además, en el estrado se hallaban Fidel Castro, el presidente Dorticós, el entonces ministro de Educación, Armando Hart (que lo sería luego de Cultura), Haydée Santamaría, presidenta de Casa de las Américas, y Vicentina Antuña, directora del Consejo Nacional de Cultura. La misma disposición de la sala y el protocolo que debía seguirse para tomar la palabra enfatizaba lo que de juicio tuvo el encuentro: la única manera en que se podía hablar, refiere Cabrera Infante (1992: 103-104) era de pie. Ya en la primera reunión, que comenzó con una invitación a que los presentes expresaran libremente sus opiniones, resultaba evidente para muchos que se trataba de una confrontación, y no de un acuerdo, entre los intelectuales

---

Active forces are impeded from being put into practice either because they are deprived of the material condition that make them possible or because a prohibition makes them formally impossible. In both cases power –and this is its most opressive and brutal form– separates human beings from their potentiality and, in this way, renders them impotent. There is, nevertheless, another and more insidious operation of power that does not inmediately affect what humans can do –their potentiality– but rather their "impotentiality", that is, what they cannot do, or better, can not do» (Agamben 2010a: 43).

y el poder. La intervención de Virgilio Piñera, que se mantuvo circulando *sotto voce* como una especie de mito oral con distintas versiones hasta que se publicó la transcripción de la primera de las sesiones[41], resumía bien el sentimiento de los presentes: Yo no sé bien lo que pasa aquí pero lo que sé es que tengo miedo, era aproximadamente la frase que reproducía la leyenda. Así lo refiere Cabrera Infante en *Mea Cuba*:

> Todos nos hallábamos atados de pies y manos y amordazados ante tal despliegue de poder político. Súbitamente, de la masa avergonzada surgió un tímido hombrecito de pelo pajizo, de tímidos modales, sospechoso ya por su aspecto de marica militante a pesar de sus denodados esfuerzos por parecer varonil, o si no, fino, y dijo con voz apocada, apagada que quería hablar. Era Virgilio Piñera. Confesó que estaba terriblemente asustado, que no sabía por qué o de qué, pero que estaba realmente alarmado, casi al borde del pánico. Luego agregó: «Me parece que se debe a todo esto» –y dio la impresión que incluía a la Revolución como uno de los causantes de su miedo. (1992: 103)

Piñera, cuyas palabras entonces habían sido mucho más precisas[42], sencillamente ponía de manifiesto la distancia que mediaba ya entre la seguridad que habían sentido por ejemplo los de *Lunes*, arropados en ese «cóctel embriagador» de compromiso y apoyo institucional, y lo que ahora, tras las acusaciones contra el suplemento y *PM*, se sentía más bien como mera indefensión. Cabrera Infante, que en parte reduce al conflicto con los de *Lunes* lo que se dirimía en la Biblioteca Nacional, lo resume así:

> De pronto se hizo patente a todos (acusados, acusador, jurado, juez y testigos) que se estaba ante un juicio público realizado en privado: no era sólo *PM* sino *Lunes* (y con el magazine todo lo que representaba éste para la cultura cubana) quien también estaba en el banquillo de los acusados. (1992: 104)

---

[41] En un especial publicado en *Encuentro de la cultura cubana* 43, 2006/2007.

[42] Lo que realmente había dicho Piñera fue lo siguiente: «Como Carlos Rafael [Rodríguez] ha pedido que se diga todo, hay un miedo que podríamos calificar de virtual que corre en todos los círculos literarios de La Habana, y artísticos en general, sobre que el Gobierno va a dirigir la cultura. Yo no sé qué cosa es cultura dirigida, pero supongo que ustedes lo sabrán. La cultura es nada más que una, un elemento... Pero que esa especie de ola corre por toda La Habana, de que el 26 de Julio se va a declarar por unas declaraciones la cultura dirigida, entonces...» (en *Encuentro de la cultura cubana* 43: 163).

La escenificación simbólica del poder, que tiene en la famosa pistola sobre la mesa de Castro[43] su metáfora más incisiva, preludiaba el documento que a partir de entonces iba a regir las relaciones entre los intelectuales y el poder en Cuba –una relación que, más que a la pistola de Goebbels, remite la cuestión al pistoletazo de Stendhal, por seguir en el ámbito de las metáforas percusivas. Interesa sobremanera seguir la lógica que conduce a la conocida fórmula de «dentro de la Revolución, todo; contra la Revolución nada», porque involucra al menos dos divisiones que atañen tanto a la definición del intelectual en la Revolución como a la legitimidad de la creación artística, y que van a determinar inevitablemente la configuración tanto del canon crítico cubano como del canon literario en su conjunto. Tras una introducción donde repasa brevemente los temas que se han tratado en las reuniones anteriores, Castro pasa casi inmediatamente a situar el centro del tema sobre el que se «discute» –«el problema fundamental que flotaba aquí en el ambiente era el problema de la libertad para la creación artística»– y quiénes son los interlocutores legítimos en esa discusión. Dicho de otra manera: establece cuál es el destinatario natural de su discurso, y establece cuál es el emisor simbólico de ese discurso. En el segundo de los casos la identificación es más fácil y se realiza casi desde el principio: la primera aparición de ese emisor ubica la palabra en un «nosotros, los hombres de Gobierno» («Desde luego que en este tipo de discusión no somos nosotros, los hombres de Gobierno, los más aventajados para opinar sobre cuestiones en las cuales ustedes se han especializado») para ya en la segunda, que viene a continuación, introducir una agencia: «El hecho de ser hombres de Gobierno y agentes de esta Revolución no quiere decir que estamos obligados (aunque acaso lo estemos) a ser peritos en todas las materias». Las dos menciones de ese nosotros, ambas en una suerte de *captatio benevolentiae* inicial, conducen, ya en la tercera, a una identificación directa con la Revolución: «Nosotros hemos sido agentes de esta Revolución, de la Revolución económico-social que está teniendo lugar en Cuba. A su vez esa Revolución económica y social tiene que producir inevitablemente también una Revolución cultural[44] en nuestro País».

---

[43] «Finalmente fue Fidel Castro en persona quien habló. Como es habitual, tuvo la última palabra. Como introito se deshizo de su perenne Browning de 9 mm., que lleva siempre a la cintura (con lo que daba un referente real a la metáfora acuñada de Goebbels: "Cada vez que oigo la palabra cultura echo mano a mi pistola") y pronunció uno de sus más famosos discursos» (Cabrera Infante 1992: 105).

[44] El vínculo connotativo con la Revolución china ya se había establecido antes: «en cierto sentido estas cuestiones nos agarraron un poco desprevenidos. Nosotros no tuvimos nuestra

A partir de este momento, el emisor del discurso queda fijado: por boca de Fidel Castro habla nada más y nada menos que la Revolución. Y es la Revolución la que ha de ser, puntualiza una y otra vez Castro, en esas repeticiones tan típicas de su estilo oratorio, la primera preocupación de todos[45].

Una vez que se ha fijado esa premisa, y en un hábil tránsito, vuelve a la cuestión de qué se discute: «El problema que aquí se ha estado discutiendo y vamos a abordar, es el problema de la libertad de los escritores y de los artistas para expresarse». Y es a partir de ahí que el discurso pasa a establecer, en una suerte de cesura paulina, un destinatario para la normativa implícita en el «Dentro de la Revolución todo; contra la Revolución nada». Véamoslo en detalle.

¿A quiénes *no* está dirigido el *dictum* «dentro, todo; contra, nada»? Pues como en relación a la libertad formal no hay dudas, establece Castro, se llega

conferencia de Yenan con los artistas y escritores cubanos durante la Revolución. En realidad esta es una revolución que se gestó y llegó al Poder en un tiempo, puede decirse "record". Al revés de otras revoluciones, no tenía todos los principales problemas resueltos» (Castro 1961: en línea). Si bien lo que conocemos como «Revolución Cultural» no tuvo lugar hasta 1968 (el mismo año de la «Ofensiva Revolucionaria» en Cuba), las que serían sus líneas principales ya venían gestándose desde las reuniones de Yenan, en 1942, donde Mao realizó las conocidas luego como «Intervenciones sobre arte y literatura». El paralelo entre las reuniones de Yenan en mayo del 42 y las de La Habana en 1961 no es sólo retórico (Mao plantea de forma similar los «problemas» a resolver) sino de fondo (las cuestiones que se abordan son las mismas y se las articula de modo similar): el valor político o ideológico del arte y su valor «formal» deben resolverse en síntesis que priorice su valor de uso. El «primer problema», según Mao: «¿A quién deben servir nuestro arte y nuestra literatura?» (1972: 74), debe conducir a «un arte y una literatura que de verdad estén al servicio de los obreros, campesinos y soldados, un arte y una literatura verdaderamente proletarios» (1972: 77)–, cuya legitimidad sólo puede refrendarse por su contenido ideológico, que será el que determine en última instancia lo que es bueno o malo, la posibilidad de todo o nada: «es bueno todo lo que favorece la unidad y la resistencia al Japón, estimula a las masas a proceder con una sola voluntad o se opone al retroceso e impulsa el progreso; en cambio, es malo todo cuanto daña la unidad y la resistencia al Japón, fomenta entre las masas disensiones y discordias o se opone al progreso y arrastra a la gente hacia atrás» (Tse-tung 1972: 87). No deja de resultar ilustrativo de esa mezcla de influencias de la que hemos hablado que inmediatamente antes de la mención al foro de Yenan y refiriéndose al «problema de la libertad para la creación artística», Castro se refiera a Sartre y a Wright Mills: ambos le habrían planteado «estas cuestiones [que] nos agarraron un poco desprevenidos» (1961: en línea).

[45] La idea que se repite es la siguiente, que se da como premisa: «nosotros creemos que nuestro primer pensamiento y nuestra primera preocupación deben ser: ¿qué hacemos para que la Revolución salga victoriosa? Porque lo primero es eso: lo primero es la Revolución misma y después, entonces, preocuparnos por las demás cuestiones» (Castro 1961: en línea).

al «punto esencial de la discusión cuando se trata de la libertad de contenido». Ahora bien, este punto no puede plantear dudas (dudas, o miedo a que la Revolución vaya a asfixiar su espíritu creador) a un auténtico revolucionario: «Y cabe preguntarse si un revolucionario verdadero, si un artista o intelectual que sienta la Revolución y que esté seguro de que es capaz de servir a la Revolución, puede plantearse este problema; es decir, el si la duda cabe para los escritores y artistas verdaderamente revolucionarios». Para ellos no haría falta poner límites, porque «el revolucionario pone algo por encima de todas las demás cuestiones; el revolucionario pone algo por encima aun de su propio espíritu creador: pone la Revolución por encima de todo lo demás y el artista más revolucionario sería aquel que estuviera dispuesto a sacrificar hasta su propia vocación artística por la Revolución».

Ahora bien, tampoco está dirigido a los intelectuales claramente contrarrevolucionarios: el «mercenario», el contrarrevolucionario «sabe lo que tiene que hacer, ese sabe lo que le interesa, ese sabe hacia dónde tiene que marchar».

Entonces, ¿cuál es el destinatario de la doble normativa de «Palabras a los intelectuales»? ¿A quién está dirigido?

Pues, precisamente, a esa «mayoría de los escritores revolucionarios cubanos» que mencionaba la solapa de *Sartre visita a Cuba*: a un destinatario con, más o menos, ese perfil que hemos descrito a través del grupo de *Lunes*. Ese resto, que resulta de resolver la oposición que habíamos venido comentando entre intelectuales comunistas y no comunistas —aquí expresada como revolucionarios o no revolucionarios— mediante una lógica paulina que añade un tercer término, los no no revolucionarios, es el que debe asumir como norma el *dictum* «dentro de la Revolución todo; contra la Revolución nada».

El *dentro* mismo, a su vez, es significativo: al establecer un Sujeto a la vez distinto del revolucionario sin tacha y del contrarrevolucionario, Castro lo sitúa en una zona donde su inclusión supone, también, la posibilidad permanente de su exclusión: ese salto sustantivo que adelantaba ya el debate tras la proyección de *PM* en Casa de las Américas viene así a consumarse, y queda además sacralizado por la indeterminación de ese Sujeto intelectual, situado en el umbral entre ese ideal, el revolucionario sin tacha, y un Enemigo, alguien ajeno a la comunidad mesiánica que reproduce esa lógica (y por eso, ese Sujeto Intelectual y su obra se verán sometidos a juicio constante, precisado a demostrar que es un buen revolucionario o a tomar el camino del exilio). Ese intelectual no no revolucionario, que se corresponde en aquel momento con el perfil de la mayoría no comunista de la intelectualidad cubana[46], queda así doblemente sujeto a una norma (*dentro* de la Revolución: aquello que *debe ser* mostrado es lo que define su pertenencia al dentro) y a una prohibición (*contra* la Revolución nada: aquello que no puede ser mostrado lo excluye).

Si se la observa con un poco de detenimiento, la alternancia dentro/contra responde a una síntesis similar, pero no idéntica, a la que crea ese Sujeto Intelectual no no revolucionario: de algún modo, la reproduce simétricamente. El antónimo de «contra» sería «a favor», y no «dentro»: pero ya hemos visto que el revolucionario sin tacha, el auténtico revolucionario, estará dispuesto a renunciar a todo por la Revolución, o sea, que para ese revolucionario que siempre escribirá «a favor» la normativa está de sobra. Del mismo modo, el antónimo de «dentro» sería «fuera»: es allí donde quedan los decididamente contrarrevolucionarios, que saben lo que tienen que hacer, marcharse fuera, y a quienes tampoco, como vimos, está dirigida la normativa de «Palabras a los intelectuales». Bajo «dentro» subyace «a favor» del mismo modo que bajo «fuera» aparece «contra» y la exclusión de derecho asociada a él («contra la Revolución, ningún derecho»).

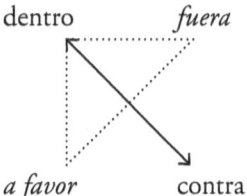

La diagonal que en el discurso une los dos extremos presentes en el enunciado («dentro», «contra») es la misma que activa esa relación asociativa inmediata con aquellos elementos no presentes que conforman la oposición, o dicho en términos semiológicos, donde el eje sistémico que atraviesa, y hace posible por eso, ese enunciado sintágmático, se actualiza en forma de una prescripción: para conseguir estar dentro hay que hallar un lugar propicio entre «a favor» y «fuera» en un triángulo cuyo único otro vértice es, precisamente, «dentro».

---

[46] Y que, al mismo tiempo, la trasciende: una excesiva fidelidad al Partido podía excluir, naturalmente, a intelectuales o políticos comunistas del barco de la Revolución: fue el caso de Joaquín Ordoqui y Aníbal Escalante, por ejemplo. Véase, sobre esa «lealtad bifronte», referida allí a las élites, Rojas 2006: 176.

Los dos términos elididos —«a favor» y «fuera»— se sustituyen por los que efectivamente aparecen en el enunciado, pero siguen presentes en la síntesis (dentro, todo; contra, nada) que posibilita esa doble sujeción, a un deber ser y a una interdicción.

Si me he detenido tanto en la lógica que subyace aquí es porque las consecuencias naturales de esa doble sujeción resultan cruciales para el tema que nos ocupa. Tanto la prohibición (contra la Revolución, nada) como el ajuste a la norma (dentro de la Revolución, todo) requieren, a la hora de evaluar si las obras se adecúan a ellas, un rasero de valor contenidista que las juzgue, a ellas y a su autor, según su discurso cumpla o no con determinadas expectativas ideológicas hasta cierto punto previsibles, mas no explícitas (la discrecionalidad de la norma, en este caso, potencia el control sobre el discurso de los textos al mismo tiempo que hace todavía más necesario, si cabe, un rasero valorativo centrado en él: será preciso centrarse en el discurso si es éste la medida de la validez de la norma). Las garantías o el «consenso» sobre la libertad formal, aun cuando se «declaran» en «Palabras a los intelectuales» y figuran en esa lógica, no tienen ya ningún peso, o el que tienen es peso muerto: ¿a quién podrá importarle ya la forma de una manera central, si la obra va a ser legítima sólo en tanto su discurso —su contenido— se inscriba *dentro* de la Revolución?

Ahora bien, ¿supone lo anterior una abolición de lo estético a favor de lo político o lo ideológico? No exactamente, y sin dudas, no taxativamente: la cuestión es algo más compleja. La sustitución de lo literario por el simple y llano panfleto político supondría, sencillamente, esa «renuncia» última de «su propia vocación artística» que Castro ejemplifica en ese revolucionario sin tacha a quien, como hemos visto, no está dirigida la normativa implícita en «Palabras a los intelectuales». Lejos de eso, lo anterior supone, más bien, una estética ideologizante, cuyo *desideratum* crítico vendría a ser aquella obra que tuviera como correlato de su valor discursivo un equivalente valor formal —obras que fueran al contexto cubano, por volver sobre aquellos ejemplos extremos, lo que *El triunfo de la voluntad* o *El acorazado Potemkim* habían sido al alemán o al soviético—. Lo cual, lejos de simplificar las cosas, vendría a complicarlas sustancialmente una vez que se tratara de pensar la legitimidad doblemente estética e ideológica de esa literatura *por hacer*, ahora atrapada en una definición apriorística de sí misma.

De ahí, directamente resultante de esa definición apriorística, la exacerbación programática que conocerá el canon crítico cubano en los años venideros, que vendría a resultar en una desproporcionada reflexión en la literatura *por hacer* (que incluye, cómo no, juzgar las obras según se ajusten a lo que se espera de esa literatura venidera), en detrimento de cualquier reflexión sobre la literatura *ya hecha*, o de la puesta en relación de las obras con la tradición precedente.

En términos prácticos, que hablando de literatura quiere decir en términos críticos o en términos de creación, lo que está de fondo no es sólo una exclusión abierta (contra la Revolución nada) sino también, o sobre todo, una prescriptiva[47], y es únicamente el ajuste con respecto a ella lo que garantizará el «dentro de la Revolución» y, en consecuencia, la legitimidad de la obra. No cumplir con esa prescriptiva conlleva una exclusión implícita: el caso de aquellos textos que, si bien no pueden ser descritos como textos *contra* la Revolución, tampoco llegan a estar *dentro* (y quedan, por tanto, fuera del corpus que es reconocido o atendido por ese canon crítico). Novelas como *El plano inclinado* (1968), de Noel Navarro, *Los animales sagrados* (1967) de Humberto Arenal o *Siempre la muerte, su paso breve* (1968), de Reynaldo González, por sólo poner algunos ejemplos, no eran, a todas luces, textos *contra* la Revolución, pero al alejarse radicalmente de las perspectivas entonces consensuales –del camino *a seguir*, conviene subrayar esa remisión a futuro–, difícilmente podían ser considerados por la crítica o establecer algún diálogo con otros textos que sí estaban dentro de la Revolución porque se ajustaban a esos parámetros de análisis crítico basados en el discurso[48].

Dicho de otro modo: ¿qué tendrá que considerar la crítica para evaluar la pertenencia o no pertenencia a ese «dentro de la Revolución»? La respuesta es obvia: el discurso presente en el texto, no su lenguaje. Por tanto, será el discurso –un determinado deber ser discursivo– el que devenga criterio de valor privilegiado. De ese modo la legitimidad ideológica, el valor con respecto a la Revolución de una obra, pasaba a ser, también, rasero de legitimidad estética.

---

[47] Que, dado el carácter discrecional del «dentro de la Revolución», es susceptible de variaciones coyunturales. Quizá sería mejor decir que esa exclusión abierta es la premisa mediante la cual se establece la permanente posibilidad de una prescriptiva.

[48] O incluso, que resultaban «fuera» o peligrosamente afines al «contra» precisamente por la misma razón: porque, *en términos de discurso*, violentaban las expectativas ideológicas del momento, porque eran legibles para la crítica según un rasero contenidista. Esa crítica que privilegia el discurso puede ignorar novelas como ésas (y lo hace precisamente porque no puede juzgarlas en términos de discurso), pero no podía ignorar, por ejemplo, *Fuera de juego* (1968) de Padilla o *Condenados de condado* (1968) de Norberto Fuentes.

Una literatura «por hacer»

En la articulación de esa literatura «por hacer» y su relación con las expectativas críticas consiguientes intervienen también, además de lo que hemos venido analizando hasta ahora, otros factores –la oportunidad o la inmediatez temática, la resonancia social de ciertas referencias, la mera circunstancia u oportunidad histórica– que como mejor pueden entenderse es a través de un repaso al corpus narrativo de los primeros sesenta y a su recepción crítica. Tanto ese corpus como esa recepción irán modificándose paulatina y recíprocamente, en una progresión que, ya a partir de la mitad de la década, supondrá una fractura irreparable con la tradición anterior y que, para finales de los sesenta, con el advenimiento de la institucionalización soviética, terminará excluyendo (o relegando a los estrechos márgenes de visibilidad de lo privado, de la nostalgia por la luna de miel inicial) incluso muchos de sus rasgos iniciales para sustituirlos con la ortodoxia marxista-leninista. Lo que dice aquí Rojas es aplicable no sólo a la opción de «un humanismo occidental descolonizador», sino a la mayoría de los rasgos que, provenientes de ese intelectual revolucionario no-comunista, habían nutrido inicialmente la discusión sobre el papel del intelectual en la Revolución y el discurso del compromiso:

> Entre 1968 y 1971, esa opción, la de un humanismo occidental descolonizador, sería cancelada en Cuba por la inserción de la isla en el bloque soviético de la Guerra Fría. Desarrollarse y descolonizarse implicará, entonces, romper con el humanismo occidental y con la izquierda democrática del Primer Mundo. Cuando en 1971 –año del encarcelamiento de Heberto Padilla y del Primer Congreso Nacional de Educación y Cultura, en el que los líderes de la Revolución rechazaron públicamente aquella izquierda occidental– Roberto Fernández Retamar escribe *Calibán* ya aquella relocalización geopolítica de la isla ha sido consumada. (Rojas 2009: 53)

Ahora bien, entretanto, ¿qué formas iba adoptando esa literatura «por hacer», y qué factores inciden tanto en ella como en su relación con la crítica y las instituciones?

El primero de esos factores puede verse mejor a la luz de lo que ya se reprochaba a *PM*: recuérdese que la prohibición no venía dada por lo que efectivamente mostraba la cinta, sino porque *no mostraba* determinados aspectos de la realidad. El salto sustantivo que va de no poder hacer o decir algo (una interdicción) a no poder no hacerlo (una prescriptiva), que fue el que en esa doble sujeción del intelectual al poder venían a sellar las «Palabras a los intelectuales», requiere ser llenado de alguna manera, más allá del signo ideológico que se espera del discurso: ¿cuáles serán, entonces, esos aspectos cuya tematización narrativa constituye ese deber ser, cuál el ámbito referencial que la crítica espera de los textos? ¿Qué era, a fin de cuentas, aquello que no mostraba o tematizaba *PM*?

La cuestión es importante porque no sólo involucra lo ideológico, sino que acarrea también un número considerable de respuestas propiamente formales, una estética que, aun cuando esté del todo condicionada por lo ideológico, seguirá sus propios cauces –cauces que limitará a su vez, de nuevo, el dique de lo ideológico–. En un texto de 1971[49] –una reseña entusiasta de *Sacchario*, novela de Miguel Cossío que obtuvo en 1970 el premio Casa de las Américas– Ambrosio Fornet decía lo siguiente:

> Hasta ahora, la Historia misma había aportado el núcleo conflictivo de la novelística cubana. El cataclismo social que hundía la vieja sociedad proporcionaba el contenido y el diseño estructural de la novela: el protagonista, en pugna con el pasado, lo negaba y reconocía así como superiores los valores de la sociedad revolucionaria. Pero en esa negación negaba una parte de sí mismo, y de ahí su desgarramiento. El tema del ajuste de cuentas (con el pasado), la toma de consciencia (del presente) y la purificación o el cambio de piel (para el futuro) ha sido el tema dominante, si no el único, de las novelas cubanas de la década del sesenta. (Fornet 1995: 49-50)

«Yo estoy aquí para contar la historia»; con ese exergo de Neruda comienza *Los años duros* (1966) de Jesús Díaz, uno de los títulos emblemáticos de la década –y de la que se dio en llamar «narrativa de la violencia»– y también premio Casa de las Américas. En ambos casos, en efecto, puede leerse limpiamente la clave de aquello que venía a llenar, como contenido temático deseable, la prescriptiva implícita en el «Dentro de la Revolución»: lo referencial, lo testimonial, la crónica del presente, aquello que diera fe de la realidad histórica inmediata siempre y cuando incluyera a su vez, claro está, una posición favorable al proceso revolucionario. La inmediatez, como veremos, es aquí un elemento nada despreciable: la rápida sucesión de acontecimientos que se vivía en el país va a imponer, desde el principio, una voluntad casi periodística,

---

[49] «A propósito de *Sacchario*», aparecido originalmente en *Casa de las Américas* 11 (64): 183-186, y recogido luego en Fornet 1995.

presente en gran parte de las obras que alienta el nuevo canon crítico. Además de un rasero de valor ideológico, contenidista, que privilegia el discurso y lo referencial sobre cualquier otra cosa, esa prescriptiva proveía incesantemente nuevos temas a partir de los cuales se irá creando un repertorio, una *topica* de personajes y conflictos, cuyo tratamiento más o menos matizado o «audaz» deviene, por sí mismo, criterio comparativo (el «mejor» cuento de Girón, la «mejor» historia sobre «bandidos», etcétera). La disponibilidad de esos temas emergentes, como bien hacer notar Garrandés, va a marcar consecuentemente la narrativa del período:

> los asuntos emergentes de la Revolución son aquellos que la Revolución ayudó a crear en tanto trasfondo creativo y en tanto *añadidura de realidades a lo real*, un acontecimiento tan sencillo que parece baladí. Por ejemplo, la Crisis de Octubre, la lucha contra las bandas contrarrevolucionarias o Lucha Contra Bandidos, Playa Girón, las llamadas Zafras del Pueblo, la Campaña de Alfabetización y otros fenómenos y sus personajes devienen asuntos de máxima congruencia con lo inmediato o el recuerdo (contrastado) de lo mediato, y poseían, desde luego, un poder de seducción tan enérgico como inevitable. (Garrandés 2008: 18)

Una tópica que, en cuanto adición a lo real, no sólo va a condicionar el contenido inmediato de la narrativa y de su recepción crítica, sino que, en un segundo nivel de influencia, también tendrá efecto sobre las formas narrativas mismas, y es esto último lo que me interesa subrayar. Así, por ejemplo, esa misma urgencia de inmediatez –y la posición de un autor con respecto a ella– va a provocar sin remedio, tanto en la crítica como en el corpus, la falsa escisión entre una literatura que se sostendría por su valor como documento –su eficacia «social» inmediata– y una literatura que, aun cuando estuviera en sintonía con el nuevo canon crítico y sus raseros valorativos, o que incluso abordara directamente esa *topica* revolucionaria, lo hiciera únicamente desde presupuestos «estéticos».

Garrandés mismo, al abordar el asunto con todas las precisiones del caso –su libro es sin duda una de las lecturas más atentas al corpus de la década–, no deja de reproducir hasta cierto punto el fenómeno que describe:

> Había un despliegue notable de *ficciones de realización social inmediata*, y otro despliegue, paralelo, de ficciones sin pretensión alguna salvo la de constituirse nada menos que en *pesquisas estéticas* comprometidas con el yo, las realidades imaginarias y las realidades de un pretérito nítido/difuso. Las alineaciones se

habían producido ya, de manera que el «combate» (o, simplemente, el conjunto de los roces más enérgicos, que animaron excepcionalmente el juego de la ficción en aquella época) estaba a punto de comenzar. (Garrandés 2008: 21)

La dicotomía, con todo lo que tiene de maniquea, no sólo se impuso en ese momento –tan urgido de militancias varias, y donde hubo, de hecho, un trabado ajuste de expectativas entre el canon crítico y la literatura «comprometida»– sino que en buena medida sigue permeando, hasta hoy, el ejercicio crítico sobre la literatura cubana, la contemporánea y la de entonces. En el fondo, no es sino consecuencia última de la reconfiguración del canon literario que tuvo lugar en esos años, y lo cierto es que resulta difícil no catalogar los textos según hayan respondido, o no, a esas expectativas: no es que hubiera, ni entonces ni ahora, dos literaturas enfrentadas, sino que la que había, en su poca o mucha diversidad, se evalúa –y es ése el poso de verdad que sostiene la dicotomía– siguiendo (o tomando en cuenta el peso que tuvo) una concepción del texto como cristal transparente de un discurso sobre la realidad, y en la mayoría de los casos, la realidad inscrita o explicada o cuestionada *desde* o *a través* de la Historia. La aparente dualidad, en última instancia, resulta únicamente de ajustarse (o no) a esos presupuestos críticos, de su pertinencia o no pertinencia con relación a ciertos textos.

Ahora bien, ¿qué forma adoptaron esas «ficciones de realización social inmediata»? Desde el mismo 1959, y a ritmo creciente según se hace más intenso el intercambio de influencias entre el corpus y el canon crítico, la presencia de esa inmediatez y la importancia que se le atribuye irá creando ciertas bolsas temáticas. Libros tan alejados estilísticamente como *Bertillón 166* (1959), de José Soler Puig, *El sol a plomo* (1959), de Humberto Arenal, y *Así en la paz como en la guerra* (1960), de Guillermo Cabrera Infante, inauguran la tematización literaria del pasado inmediato –ese «ajuste de cuentas con el pasado» que decía Fornet– y adelantan la que será luego conocida como «narrativa de la violencia». La violencia urbana de la lucha armada contra Batista, los conflictos éticos de personajes enfrentados a la posibilidad de la tortura o la muerte, la representación –con tintes cercanos a cierto expresionismo– del vértigo político y el coste personal de la violencia tienen, en esos títulos, visos de autenticidad que, más allá de las diferencias entre uno u otro, son innegables. Algo que, una vez que ese ámbito referencial se haya codificado, se empezará a echar de menos. Así, por sólo poner algunos ejemplos, los relatos de *Miel sobre hojuelas* (1964), de Reynaldo González, reproducen no sólo los temas o motivos de *Así en la paz como en la guerra* sino también su estructura narrativa, incluido el recurso a las viñetas intercaladas; la figura del antiguo policía batistiano que sobrevive en la locura o la vejez atraviesa, como un fantasma, un número considerable de relatos hasta sus últimas apariciones en el «realismo socialista» de los setenta; o las remisiones «críticas» a la miseria de la vida rural anterior a 1959, que se contraponen ahora al progreso revolucionario.

La inmediatez más urgente –la de la «toma de consciencia del presente» y la crónica testimonial– anima títulos como *Gente de Playa Girón* (1962, premio Casa de las Américas), de Raúl González de Cascorro, un volumen de cuentos que intenta sortear narrativamente, a través del punto de vista de varios personajes, lo meramente testimonial. Lo que comenta Garrandés a propósito del libro de González de Cascorro ilustra muy bien el que fue «conflicto» de muchos autores entre lo literario y lo periodístico:

> Suponemos que se ha planteado el dilema de hablar de Playa Girón sin hacer una crónica, o un testimonio cuajado de reportes plurívocos. Quiere escribir un libro de cuentos y, sin embargo, intuye que no han de ser cuentos al uso, al cabo en peligro de ser absorbidos por la ciénaga de la testificación. Ya en los días posteriores a la victoria de los milicianos la testificación se convirtió en una práctica de cada minuto. El testimonio halló en la historia de aquel momento, y de otros momentos que vendrían luego, una especie de germinación floreciente. Era el género revolucionario por antonomasia y no había nada que hacer al respecto. (Garrandés 2008: 49-50)[50]

La recurrencia a esos hitos de la Revolución, que tuvo en efecto en cierto periodismo literario muchos de sus primeros desarrollos por así decir «monográficos» –piénsese en libros como *Con las milicias* (1962), de César Leante, o *Cuba: ZDA* (1963), de Lisandro Otero, significativamente el primer título de Ediciones R– derivó pronto hacia territorios narrativos bien delimitados, conservando la misma voluntad testimonial y muchas de sus influencias, oriundas de la práctica periodística. Otero mismo, por ejemplo, menciona algunas de esas influencias cuando se refiere en sus memorias a *Cuba: ZDA*, al tiempo que describe la voluntad testifical que lo animaba. Interesa reproducir el pasaje, porque en unas pocas líneas se traslucen la amalgama de intenciones, el tipo reconocible de influencias e incluso, también, las formas de estilo que vendrían dadas por esa inmediatez:

---

[50] Sobre *Gente de Playa Girón*, veáse Garrandés 2008: 47-51.

Dialogué con sacerdotes, campesinos, soldados rebeldes, obreros, burgueses y profesores, visité palacetes y bohíos: la nación entera se levantaba en un torbellino de trabajo entusiasta: todo lo que había estado mal hecho hasta entonces debía ser enmendado en breve y el país se expandía a un ritmo sorprendente. Decidí que aquel instante de ebullición debía ser recordado en un libro y comencé a escribir *Cuba: ZDA*. El título se refería a las Zonas de desarrollo agrario, en que estaba dividido entonces el país. En cierta medida me lo había inspirado un título de Ilia Ehrenburg: *Citroën 10 H.P.* De los grandes maestros del periodismo que había leído hasta entonces –John Gunther, Ergon Erwin Kisch, Tibor Mende, John Reed, Raymond Cartier– ninguno me había impresionado tanto como Ehrenburg y de él, *España, República de Trabajadores* me marcó con un modelo de prosa periodística por su estilo cortante, seco, telegráfico, impresionista: una pauta que decidí seguir en la escritura de mi reportaje. (Otero 1999: 77-78)

Ese estilo conciso y seco, «duro», es también el de los reportajes de Norberto Fuentes publicados entre 1963 y 1969 y que serían recogidos luego en *Cazabandidos* (1970), o el de *Condenados de Condado* (1968, premio Casa de las Américas: los textos, avisa la edición, fueron escritos entre marzo de 1963 y octubre de 1967), el libro de cuentos donde Fuentes abordaba «monográficamente» el mismo tema, la campaña de contrainsurgencia en el Escambray. Algo similar, si bien con algo menos de «dureza», ocurre –el tema esta vez es Playa Girón– con los relatos de *La guerra tuvo seis nombres* (1968) y de *Los pasos en la hierba* (1970), de Eduardo Heras León. Sobre todo en el caso de Fuentes, él mismo epítome del escritor orgánico, la «dureza» del estilo se corresponde con una complacencia en todo aquello vinculado al campo semántico de la muerte y el poder (que resultan, a fin de cuentas, intercambiables en esa perspectiva): bajo la máscara de la inmediatez y de la «realización social inmediata» subyace una construcción ideológica que recurre a los elementos más sórdidos de cierta identidad de guerra –la camaradería masculina, sobre todo; la retórica del odio, el desprecio por la vida– para legitimar, más bien imponer, tanto su valía como su «verosimilitud» épica. Duanel Díaz ha hecho notar, en el plano temático, esas connotaciones de la prosa de Fuentes:

Si a Heras León le interesaba la debilidad y la cobardía, a Fuentes le interesa justo lo contrario: la crudeza de la campaña como espacio para probar la hombría. Un soldado nuevo dice, en una de las viñetas, que está «sediento de la sangre del bandido», y que «al bandido hay que matarlo en combate y entonces probar su sangre como hacían los hombres de Pánfilov». Hay en los cuentos y crónicas de Fuentes una ostensible fascinación por la violencia que toma, en escritos posteriores como «Adiós a las armas», la forma de la nostalgia por aquellos tiempos en que los combatientes hablaban de mujeres, se «cagaban en Dios» y se reían «del bandido muerto, de la cara de susto frente al pelotón de fusilamiento». Se trata aquí, evidentemente, de una comunidad masculina donde los valores tradicionales de la hombría prevalecen por momentos sobre la identificación ideológica. (Díaz Infante 2009: 102)

Los referentes textuales que operan sobre ese registro hay que ir a buscarlos en el realismo machista-leninista de libros como *Caballería Roja*, de Isaac Babel, *Los hombres de Panfilov*, de Alexander Beck, o ciertas crónicas de guerra de Ehrenburg o Hemingway, pero su tono depende menos de influencias literarias bien o mal asimiladas que de la expresión complaciente y afirmativa, en una suerte de priapismo ideológico perenne, de esa comunidad masculina de hombres duros[51] que tanto parece fascinarlo –Babel o Beck o el Hemingway de la guerra civil española tienen menos de autores tutelares, en el caso de Fuentes, que de camaradas en circunstancias similares. Hernández Busto señala también ese vínculo entre estilo, ideología y circunstancia:

> Tras la prosa de Fuentes hay dos divinidades tutelares, Babel y Hemingway, cuyos ecos resuenan en cualquier párrafo de *Condenados...* Muchos de estos cuentos muestran una convincente economía de recursos aunque a veces arrastran torpemente al lector hacia un final cargado y efectista. Fuentes es el cronista por encargo de ese culto a la muerte que signa todas las revoluciones. Varios relatos («El capitán descalzo», «El honor limpiado», «Melo»…) nos descubren también las dotes de un narrador que sabe moverse en un ambiente de «hombres probados». (Hernández Busto 2005: 107-108)

Sería interesante releer muchos de esos títulos de los sesenta cubanos atendiendo a las relaciones entre ese estilo «conciso» y la pulsión totalitaria, a la luz de análisis como los de Klaus Theweleit (1977) o de Jonathan Littell (2008)

---

[51] Algunos críticos han subrayado el peso de ciertas posturas de género en las polémicas intelectuales de los sesenta. Abreu Arcia, por ejemplo, refiriéndose a los editoriales del primer número de *El caimán barbudo* y la recurrencia en ellos de la palabra «hombre» con una evidente carga ideológica, apunta: «A través de este acento podemos inferir el papel y el *status* que cobra el cuerpo masculino como ideal normativo de la escritura y el lenguaje dentro de la nación. Por lo que resulta primordial atender a este momento de los años sesenta en que la masculinidad se torna en objeto de vigilancia como alegoría de la salud de la nación. Y se entrelaza con las luchas y estrategias por el poder simbólico» (Abreu Arcia 2007: 80).

sobre el fascismo, su imaginario simbólico y su «producción de realidad». Las páginas de *Cazabandidos* o de *Condenados de Condado* están mucho más cerca de la retórica fascista de León Degrelle en *La campagne de Russie*, que analiza Littell en *Le sec et l'humide*, o de las categorías psicológicas que sustentan el imaginario protonazi de los «hombres-soldado» de los *Freikorps*, estudiadas por Theweleit en *Männerphantasien*, que de su pretendido testimonialismo objetivo. Leídas a ojos de hoy, producen un malestar que resulta de contemplar esa identidad ideológica como un síntoma del autor o de la época, difícilmente como literatura, el malestar que ese buen lector que fue Bolaño comenta cuando dice, a propósito de Fuentes:

> Norberto Fuentes, sin embargo, fue un escritor de cierto talento y eso aún persiste, una sombra apenas de lo que fue o pudo ser, pero allí está. Y se nota. No pide perdón. Intenta justificarse. Adopta un aire cínico y nihilista, pero no pide perdón. La revolución cubana aparece en sus páginas tal como es: una película de gánsters rodada en el trópico. Y en esa película de gánsters Norberto Fuentes cree tener un papel importante, cuando en realidad sólo ha sido uno de los bufones del amo y nada más. El experto oficial en Hemingway intenta en su exilio norteamericano escribir como Hemingway, pero no lo consigue. Sus páginas hablan de la indignidad y la vergüenza y su escritura rezuma indignidad y vergüenza. Lejos están las fiestas y el poder. Lejos están los paseos por La Habana a bordo de su Lada soviético trucado.
> Norberto Fuentes ya no es un escritor, es un alma en pena. (Bolaño 2004: 159-160)

Se podrían añadir otros muchos ejemplos de ese testimonialismo «monográfico», pero los de Fuentes y Heras León (que junto con *Los años duros* de Díaz constituyen el núcleo de la narrativa de la violencia) son significativos también por otras razones: tanto *Condenados de Condado* como *Los pasos en la hierba* fueron textos que, aun tan volcados como estaban a «dar fe de la Historia», concordantes como eran, sin duda alguna, con las expectativas del nuevo canon crítico, fueron al mismo tiempo que atendidos –muy atendidos, incluso, en términos de visibilidad o reflexión crítica– rechazados o cuestionados por lo que se leyó, desde una perspectiva estrictamente ideológica, en sus respectivos discursos (y que le costó a Heras León[52], por ejemplo, ser

---

[52] Hoy por hoy, la biografía de Heras León que aparece en el sitio web Cubaliteraria dice lo siguiente con relación a los «resultados» de la polémica y la rehabilitación posterior: «En

enviado a redimir sus culpas como obrero metalúrgico durante cinco años, experiencia de la que salió su próximo libro de cuentos, publicado en 1977, *Acero*).

¿Qué es lo que explicaría, entonces, la paradoja del éxito y el rechazo? Aparte de algunas coyunturas meramente epocales, que por supuesto no hay que menospreciar —ambos libros son parte del fin de un ciclo: la aparición del libro de Heras León coincidió con el ambiente del caso Padilla y el inicio del llamado Quinquenio gris, el de Fuentes con la Ofensiva Revolucionaria del 68–, las razones de fondo tanto del éxito como del rechazo hacia libros como aquellos residen en la difícil intersección entre la prescriptiva estética e ideológica del nuevo canon crítico (en la que ambos se insertan de lleno) y unos límites que no han sido fijados desde dentro del canon hacia fuera, sino que vienen dados desde una exterioridad que marca las pautas del discurso, su contenido no ya sólo temático sino también su signo o su oportunidad política: límites, estos, que van a permanecer siempre, aun cuando el canon crítico los asimile, en cierto sentido ajenos a él.

El canon crítico podía asimilar –y de hecho, lo hizo al punto de constituirse a sí mismo con arreglo a ellos– raseros de valor centrados en lo discursivo, alentar formas estilísticas o temáticas que testimoniaran la épica revolucionaria, y la consecuente «legitimidad» y visibilidad que de por sí concedía a una obra el mero tratamiento de ciertos temas venía garantizada por ello; lo que no podía hacer, en cambio, era regular o controlar de manera absoluta el signo o las resonancias políticas de los discursos que sus presupuestos críticos «comprometidos» contribuían a producir.

Dicho de manera esquemática: ese canon crítico emergente podía promover o generar realismo testimonial, privilegiar críticamente esos textos y condicionar su evolución en tanto forma, pero no podía –no al menos en términos críticos– precisar los límites ideológicos con arreglo a los cuales esos textos o sus autores serían juzgados como «buenos» revolucionarios. Se trata, en efecto,

---

1970 obtuvo Mención única en el Concurso Casa de las Américas, en el género cuento, con su libro *Los pasos en la hierba*, cuya publicación cayó en el vórtice de una muy conocida polémica en el campo ideológico-cultural. Como resultado de esta polémica, abandonó las aulas universitarias y comenzó a trabajar en la Fábrica Vanguardia Socialista, fundición y forja de acero, donde ocupó cargos desde obrero-forjador y hornero, hasta maestro de todos los niveles, profesor de la Facultad Obrero-Campesina, Responsable de Capacitación y Jefe de Recursos Humanos. En la fábrica laboró hasta 1976, año en que reanudó sus estudios en la Universidad. [...] En 1976 comenzó a trabajar en la Editorial Arte y Literatura del Instituto Cubano del Libro (ICL), como redactor-editor, y en 1977 publica su libro de cuentos *Acero*» (en <http://www.cubaliteraria.cu/editor/eduardo_heras_leon/ehl_biografia.htm>).

de dos «monstruos», de dos esferas distintas de legitimidad a veces enfrentadas, por más que una haya estado del todo condicionada por la otra:

> Esa famosa «trilogía dura» confirma que la prosa de la Revolución cubana es un género atrapado entre dos monstruos: por un lado, la censura; por el otro, el realismo exigido por la magnitud del hecho revolucionario. (Hernández Busto 2005: 108)

Y aquí radica el nudo del conflicto entre esa literatura «por hacer» –en futuro– y el presente inevitable –cuya inmediatez intenta reproducir, seguir– en que será hecha: sus márgenes de permisibilidad están en otra parte, en ese limbo discrecional de «Palabras a los intelectuales» que es irreductible, en última instancia, a un sistema de legitimidad y valor estético, porque su fondo y su lógica última son políticas.

Es por eso que también libros que mostraban la épica de la Revolución –es decir, todo aquello que no mostraba *PM*– terminarán recibiendo el mismo anatema que el corto, el de ser «contrarrevolucionarios»: la dicotomía entre literatura comprometida y su crítica literaria, por una parte, y el ámbito de la «confrontación revolucionaria», por otro, se hace por ejemplo explícita en el artículo de Roberto Díaz que dio lugar al veto de *Los pasos en la hierba*, que como refiere Heras León, «se anunciaba como un material que "traspasa los límites de la simple crítica literaria para caer en el terreno de la crítica ideológica y la confrontación revolucionaria"». Y no deja de resultar curioso que el propio Heras León en 2007, cuando refiere los ataques de Díaz a su libro, reproduzca él mismo la distinción entre lo literario y lo político (las cursivas son mías):

> No voy, por supuesto a glosar todo el artículo, pues haría interminable esta conferencia, que por otra parte, *no es una charla de apreciación literaria*, y que puede ser consultado en el número 45 de la publicación, correspondiente a abril de 1971. Baste añadir que el señor Díaz afirma que «se nota en la lectura que hay una furiosa carrera contra el heroísmo, contra todo lo que huela a acto superior (...)»; le recomienda al autor ser más profundo, más riguroso en los trazados dramáticos, más informado en las experiencias vitales, más desprejuiciado, menos subjetivo, porque cuando se habla en términos históricos, «el subjetivismo puede ser alteración, realidad parcializada o en el peor de los casos, literatura del resentimiento, altoparlante de la mala intención». (Heras León 2007: en línea)

En ese mismo número de *El caimán barbudo* y a continuación del artículo de Roberto Díaz aparecía nada más y nada menos que una biografía del capitán

Octavio Toranzo Alberteriz[53], que figuraba como personaje en el libro de Heras y cuya imagen de revolucionario se habría visto, según Díaz, empañada en sus páginas. Nótese cómo, en ese «terreno de la crítica ideológica y la confrontación revolucionaria», la lectura del texto se desplaza, sencillamente, al ámbito de lo real: se hace preciso «limpiar» la imagen de Octavio Toranzo publicando, como prueba de integridad, su biografía. Esa contraposición tiene no sólo, como comenta Heras León, una «intención bien evidente», sino que es el síntoma y el producto natural de un estado de cosas: la consecuencia extrema, por así decir, de una relación entre lo literario y lo real marcada perentoriamente por una esfera, la de un deber ser ideológico, ajena tanto a lo uno como a lo otro y que imponía, también en la esfera de la lectura y prácticas afines, esas añadiduras implícitas de «realidades a lo real» (Garrandés 2008: 18). Como hace notar el propio Heras Léon:

> [Díaz] trata de contraponer al personaje real a cuya memoria va dedicado el cuento (hombre que había sido mi amigo personal, que había conversado mucho conmigo acerca de sus padecimientos nerviosos, y a quien admiraba sinceramente) diciendo que «es de esos hombres que no necesita ser defendido pues su vida es un argumento irrebatible». El resto del análisis de los cuentos era similar y la intención bien evidente: caracterizar al libro como un texto contrarrevolucionario, con toda la peligrosa carga que ese epíteto conllevaba. (Heras León 2007: en línea)

El «realismo exigido por el hecho revolucionario», aquello que no estaba en *PM* y fue motivo de su prohibición, venía ahora a recibir correctivos desde el otro «monstruo» que lo propició, cuya expresión más visible podía ser la censura pero cuyo verdadero rostro era el del poder político, el de la sujeción doble –y siempre actualizable, según la lógica soberana y discrecional del estado de excepción– a una interdicción y un deber ser ideológico, que tiene su sello más característico en la remisión al «papel» del intelectual en la Revolución, en la definición del «escritor revolucionario» que se valida *ad personam*. El procedimiento puede apreciarse bien en el siguiente número de *El caimán barbudo*, donde de objetar las «connotaciones» del libro se pasa directamente a lo que «debía reflejar» el autor, a su condición revolucionaria:

> un mes después, en el número 46, de mayo de 1971, en la página editorial del *Caimán*, aparecía una *Aclaración*, en la que el Consejo de Redacción decidía

---

[53] «Primer capitán Octavio Toranzo Alberteriz», en *El caimán barbudo* 45: 23.

separarme de la responsabilidad de miembro: «por las connotaciones de criticismo tendencioso, que, amparado en pretendidas posiciones revolucionarias, se evidencian en su libro. Opinamos correcto señalarnos no sólo contra el caso específico del libro de Heras, sino que, a partir de este ejemplo, sorpresivo por tratarse de un joven que debía reflejar contradicciones y posiciones de otra índole, pero dentro del afán constructivo de la Revolución, y no aquellas serviles y comunes a los enemigos de la misma, también proponemos definir límites más precisos al término escritor revolucionario». El texto terminaba exigiendo una revisión de los valores manejados por grupos «indefinidos» en nuestra intelectualidad artística joven y saludaba la declaración del Primer Congreso Nacional de Educación y Cultura. (Heras León 2007: en línea)

Pronto volveremos sobre el Congreso Nacional de Educación y Cultura y asuntos afines, como los avatares del caso Padilla y la «Declaración de la UNEAC» que acompañó *Fuera del juego* y *Los siete contra Tebas* de Antón Arrufat –que exhiben una retórica similar por parte de las instituciones y responden a la misma lógica–, pero creo que resulta ilustrativo haberse detenido en la «recepción» paradójica que tuvieron textos como los de Fuentes y sobre todo el de Heras León, tan afines a las propias expectativas de la narrativa de la Revolución: con respecto a ellos, el fenómeno se muestra, por así decir, más al desnudo, despojado de atenuantes o agravantes de otra índole.

Pero antes de hacerlo conviene terminar de precisar algunos elementos de esa estética, de la relación entre lo prescriptivo y los cauces formales que adopta en los sesenta. Si volvemos a ese recorrido que no quiere ser exhaustivo sino ilustrativo, encontramos que la codificación y el recurso a ciertas fórmulas referencialmente «eficaces» –de las que ofrecía ese repertorio de figuras tópicas– va a sostener títulos cuya forma narrativa se articula a través de una combinatoria temática, tópica, de motivos ya dados. Aunque conocerá variaciones, por lo general el expediente compositivo consiste en acompañar narrativamente a uno o varios personajes a través de una serie de hitos históricos, que suelen ir de los años de la lucha armada contra Batista y llegar hasta el presente más inmediato: es como si a alguien se le «preguntara» qué estuvo haciendo y dónde estaba cuando la lucha clandestina, la campaña de alfabetización, Girón, la crisis de los misiles, etcétera, y sus «respuestas» se constituyeran en materia y eje narrativos[54]. En cierto sentido, es ese mismo

---

[54] Según el discurso del canon crítico cubano, que ve el texto como cristal transparente de la realidad y legitima la realidad a representar en tanto trasunto de la Revolución (la sombra

procedimiento que acabo de describir el que pone de relieve, incorporándolo a su estructura narrativa, *Las iniciales de la tierra* (1987), de Jesús Díaz. La novela de Díaz, que fue motivo de polémica en su momento y sobre la que volveremos más adelante, organiza el relato vital del protagonista a través del contraste entre el presente de la narración (el prólogo y el epílogo, en los que Carlos se enfrenta a la planilla donde solicita su ingreso al Partido Comunista y luego a la Asamblea que juzgará su desempeño revolucionario, respectivamente) y los capítulos numerados que refieren su pasado –la vida que se narra, y que son los que idealmente *deberían* caber en ese formulario. Como bien observa Fornet, paradójicamente en el mismo artículo donde defiende la «naturalidad» del fenómeno:

> La planilla en blanco es, como suele decirse, un «desplazamiento metonímico» de las hojas en blanco en que se escribe la novela, o sea que el espacio vacío de la planilla es *también* el espacio ideal de la escritura que intenta responderla. De ahí que el pasado narrativo no pueda juzgarse con independencia del presente, o viceversa, porque la novela no es ni un tiempo ni el otro, sino la fusión y la fatal colisión de ambos tiempos. Así que podemos decir, simplificando, que la planilla es la clave tanto del asunto como del tema porque pone en marcha la historia, pero *–precisamente–* se trata de una historia que ninguna planilla puede contener, por la simple razón de que la vida no cabe en planillas, fórmulas ni esquemas. (Fornet 1995: 65)

Esa combinatoria de motivos, que intenta precisamente dar fe del devenir histórico pero que se sedimenta como fórmula, aparece rápidamente en los primeros sesenta y llega para quedarse –de hecho, se la encuentra luego en géneros menores como el policial, la novela de espionaje o las poco memorables

---

del debate de *PM* es larga, sí), eso no sería más que consecuencia «natural» de la participación colectiva en la Historia, de la que literatura sería reflejo espontáneo. Así, por ejemplo, resulta más que elocuente lo que sostiene Fornet al respecto cuando dice que «es sólo un trasunto de la más ordinaria realidad para los millones de cubanos que tenían entre quince y cincuenta años en esa época y que, por cierto, se habituaron a medir sus pulsaciones cotidianas al compás del tiempo colectivo, porque en aquel entonces la vida pública y la vida privada no se podían separar tajantemente. Así, uno se casó, a otro se le murió la abuela, a otro le nació el primer hijo, otro terminó de estudiar y otro conoció a la que ahora es su mujer "cuando la Alfabetización", "poco antes de Girón", "después de la Crisis de Octubre", "al volver del Escambray", "durante la Zafra del 70"... La gente hablaba y todavía habla así sin saber que con ello está dividiendo su vida en "secciones históricamente significativas" [...] o creando posibles estructuras novelescas» (Fornet 1995: 68).

realizaciones del realismo socialista a la cubana, pero también incorporada en obras de mucho mayor alcance, de las que un caso extremo sería *La consagración de la primavera* (1978) de Alejo Carpentier o, con signo muy distinto, las viñetas de *Vista del amanecer en el trópico* (1974), de Guillermo Cabrera Infante. Como tal, por sí mismo, el recurso a esa combinatoria no tendría por qué quitar ni añadir peso a la calidad de una obra: sencillamente, está allí a la mano, y es una manera fácil de dotar de contenido temático y de un valor discursivo referencial al texto literario, que es precisamente aquello que atiende el canon crítico entonces en boga –y aquello que impone la doble sujeción implícita en el «dentro» de «Palabras a los intelectuales». Algunos títulos de los sesenta que ilustran bien a qué me refiero, y que son de los primeros donde aparece esa suerte de *Bildungsroman* de la Revolución: en *Los años duros* (1966), de Jesús Díaz, la tematización de la violencia de la lucha clandestina convive con las peripecias de la llamada Lucha Contra Bandidos, las condiciones de vida en las unidades militares o en los cortes de caña, momentos engarzados hábilmente por medio de saltos temporales y focalizaciones en los mismos personajes; clandestinos, rebeldes, milicianos y bandidos pueblan las páginas de *Tigres en el Vedado* (1967), de Juan Luis Herrero[55]; tras *La situación* (1963) –la primera novela de la trilogía que componen también *En ciudad semejante* (1970) y *Árbol de la vida* (1990)– Lisandro Otero seguirá la peripecia vital de su personaje protagónico, Luis Dascal, desde los años previos al triunfo de 1959 (los que retrataba aquel primer volumen) hasta la crisis que supuso para Cuba la *perestroika* en el orbe soviético, en el último.

La mejor confirmación, si algo así puede decirse, de que la deriva temática y formal que tan bien ejemplifican los títulos anteriores no era en ningún caso «necesaria» o natural podemos encontrarla en títulos de los sesenta que abordan, desde una óptica o un tratamiento formal distinto, los mismos temas y motivos, ya sea en su forma «monográfica» o «combinada». Resultaría una simplificación, creo, pretender que títulos como los que hemos estado comentado hasta ahora se reducen al panfleto y estos otros, en cambio, son literatura sin más, o literatura auténtica, o «estética», contrapuesta a la inmediata referencialidad de aquellos. Sería más exacto decir, más bien, que en lo anterior –realismo testimonial, narrativa de la violencia, etcétera– hay una forma que responde de manera inmediata, directa, a las expectativas retórico e ideológicas del canon crítico del momento, al perfil «inmediato» de esa literatura

---

[55] Sobre el libro de relatos de Herrero, véase Garrandés 2008: 55-59.

«por hacer», mientras que en estos otros ese trastrueque de tiempos no se ha materializado siguiendo una forma previsible, o que esas fórmulas –esa *topica* de la Revolución– no se inmiscuye en ellos al punto de hacerlos parte de una serie. Lo que dice Garrandés sobre el tópico de la lucha clandestina y un libro como *Rebelión en la octava casa* (1967), de Jaime Sarusky, vale también para esos otros temas emergentes:

> Los registros visibles en el asunto de la lucha clandestina, uno de los más asediados por la narrativa cubana –tanto en los años sesenta como en momentos posteriores–, se mantuvieron de ordinario bastante lejos de la posibilidad de vulnerar, con eficacia, el automatismo que sus tópicos iban refrendando en la ficción. Dicho automatismo se explica porque existe una tipología del relato centrado en la lucha clandestina, una especie de fabulación representativa con personajes y actos representativos que, sólo en algunos libros, alcanzaron a entretejerse de modo distinto y emulsionarse hasta dar con una tonalidad y un relieve apartados de lo usual. (Garrandés 2008: 196-197)

La novela de Sarusky aborda lo referencial sin por ello renunciar a la dimensión interna del sujeto, o como también observa Garrandés, sin «supeditar la intimidad a la acción externa» sino invirtiendo el paradigma: «es más bien la acción externa la que se somete (como presunción y tanteo rápido de la urbe y sus criaturas) a esa intimidad de la casa y sus moradores, cuatro personajes tutelares y oscuros que acogen sin reserva, pero también sin prodigar el secreto de sus individualidades, a Agustín y Oscar, dos jóvenes que huyen de la represión policial» (2008: 197-198). El tono de la novela, que recuerda en cierto sentido *El acoso* de Carpentier, está mucho más cerca de lo existencial que de lo referencial. Es probable que Carpentier mismo, jurado del premio Casa de 1966 donde obtuvo mención la novela de Sarusky, haya notado esa semejanza de tono cuando decía de la novela que

> Transcurre durante la lucha en la clandestinidad y su planteamiento es de una notable originalidad, por cuanto el verdadero personaje protagónico es el peligro. Pero el peligro presentado bajo dos aspectos distintos: el real y el imaginario... Peligro, para los revolucionarios, de lo que significa la calle; pero también el peligro indefinido, misterioso, raro, astral, de lo que significa la casa a cuya protección se han acogido. Y llega un momento en que, en virtud de elementos que no tienen nada que ver con la realidad, el peligro de la casa se vuelve más angustioso que el de lo circundante. (en Garrandés 2008: 319)

Si bien *Rebelión en la octava casa* se reeditó luego dos veces, en 1979 y 2002, el silencio crítico sobre la novela en los años de su aparición contrasta con la atención que recibieron títulos como los que hemos estado comentando antes. El propio Sarusky, entrevistado por Alberto Garrandés en 2004, comenta que «en 1979, a raíz de publicarse la segunda edición de esa obra, Alex Fleites, en un artículo aparecido en *Juventud Rebelde*, se extrañaba del notorio silencio que se le había impuesto a esa novela y le atribuía al mismo razones extraliterarias» (en Garrandés 2008). Ese silencio obedece, más que a una reprobación explícita –la crítica, como hemos visto, podía atender y al mismo tiempo poner el grito en el cielo ante textos que pudieran ser leídos en términos de discurso–, más bien a lo poco que podía decirse ante textos cuya urdimbre narrativa no estuviera anclada a lo referencial y lo inmediato, a lo discursivo; se debe a la falta de sintonía, en última instancia, entre ciertos textos y los raseros de lectura del canon crítico. A *Rebelión en la octava casa* no podía reprochársele ni lo que a Heras o a Fuentes, ni lo que a *PM* (porque revolucionarios en fuga, haberlos había) ni mucho menos torremarfilismo *à la* Orígenes: lo que explicaría el notorio silencio es sencillamente que no había nada o muy poco, si se la leía en términos de discurso, que aplaudir o reprochar, y en esa medida, la novela resultaba «invisible» porque hacía metodológicamente «improductivo» –y de resultas, poco interesante– cualquier acercamiento que se atuviera al modelo crítico en boga.

Otro buen ejemplo de lo mismo es *Siempre la muerte, su paso breve* (1968), de Reynaldo González. Y el caso es interesante, aquí, por el contraste añadido entre la recepción que tuvo *Miel sobre hojuelas*, el libro de cuentos de González que sí encajaba en alguna medida con los modelos de la época, y la atención que recibió –o más bien, la que no recibió– la novela. Dice González:

> La manera en que se valoraba un libro de cuentos era publicándolo por partes en revistas y suplementos, como anuncio de su existencia. Eso tuvo *Miel sobre hojuelas*. Debí darme con un canto en el pecho. El «caso» *Siempre la muerte, su paso breve* tuvo sus bemoles. Salió en 1968, año frontera de una situación cenagosa, donde unos balbucientes juegos «teóricos» definieron un bombardeo desde un solo frente. Publicada en la colección Premio de Casa de las Américas, ni la revista de esa institución osó criticarla. Había chocado contra la mole del larguísimo período negro de la década de los setenta, que se adelantó dos años. En aquella atmósfera mal encajamos mi novela y yo, ignorados con drástica alevosía. Me dosificaron diez años de silencio. Recibí de buen grado una sorpresiva exaltación externa: *Les Lettres Françaises* y prestigiosos críticos de nuestro continente elogiaron la novela.

La publicó Gallimard, en París, seguida por editoriales socialistas de Polonia y Alemania, a las que desde mi ostracismo no tenía acceso. Era la reafirmación que mi país me negaba. (en Garrandés 2008: 306-307)

Más allá de la coyuntura epocal sobre la que González hace énfasis (cuando probablemente en ese mismo 1968 *Miel sobre hojuelas* hubiera sido tan bien recibido como lo fue antes[56]), lo cierto es que su novela podía hacer decir bien poco a una crítica que esperaba otra cosa: sostenida enteramente sobre apuestas formales que tienen en la técnica narrativa su mayor baza –sobre todo en el uso de un narrador en segunda persona, ese complejísimo «usted» a través del cual se construye un espacio imaginario, Ciego del Ánima, y desde el que cualquier univocidad queda en solfa[57]–, centrada en el conflicto interior de sus personajes y en la relación de influencia y deseo entre ellos, incorporando –¡además!– de manera lateral los conflictos referenciales del momento, y con un resuelto énfasis en la búsqueda interior de sus protagonistas, la materia narrativa que la constituye habrá provocado entonces más estupor que cualquier otra cosa a sus posibles críticos: un estupor que consistiría, sobre todo, en no saber qué hacerse con ella ni cómo abordar críticamente textos como ése. Si a ello se suma la condición homosexual de Silvestre y la fascinación intermitente que el Rubio siente por él y por Moisés, quien encarna el modelo «revolucionario» –y por quien finalmente se va a la guerra, porque no puede o no quiere romper los vínculos que lo atan a él– la casi imposibilidad de una lectura fácil en términos ideológicos o referenciales estaba servida. Aunque visto así pudiera parecer únicamente que la «drástica alevosía» quedase en mera imposibilidad técnica o en el desinterés resultante, más bien se trata de que en ese constructo crítico una y otra se alimentan –se alientan– recíprocamente: dada la una, siempre cabe recurrir a la otra.

---

[56] Curiosamente, para la edición de Letras Cubanas en 1982 –cuesta no pensar en algún tipo de cálculo de legitimación del uno por el otro– ambos títulos se integraron en un único volumen.

[57] Sobre el uso de la segunda persona (que incluye también la variante del «tú» con relación al personaje protagónico) en *Siempre la muerte, su paso breve* no existe, que yo sepa, ningún estudio monográfico. La novela de González compartía (con ésa y otras soluciones composicionales) algunas de las audacias narrativas de la novela del *boom*. En *Aura*, de Carlos Fuentes, o en ciertos pasajes de *La casa verde* o *Conversación en la catedral* de Vargas Llosa pueden encontrarse, en este sentido preciso, paralelos estilísticos.

No por gusto hablar de «indigencia crítica» se ha convertido en otro lugar común de la crítica cubana.

Un punto importante con relación a todo esto es el elemento temporal, ese trastrueque de tiempos del que ya hemos hablado antes, y con relación a ello la recepción de la novela de Reynaldo González también resulta ilustrativa. *En su día* no fue atendida por la crítica, pero luego –más de una década después– fue reeditada, recibió una relativa atención crítica y su autor es, desde hace tiempo, una figura reconocida en el panorama literario cubano. Mejor tarde que nunca, por supuesto, pero lo que me importa subrayar es precisamente esa suspensión del juicio crítico en presente –ahogado, como estuvo, por el vislumbre de una literatura «por hacer», futura–, y las implicaciones que tuvo para la circulación natural de influencias en el sistema del canon literario.

Esos libros que no «existían» para la crítica no pudieron, en virtud de esa invisibilidad, ejercer influencia en presente sobre otros textos del corpus entonces emergente; los posibles modelos narrativos que proponían, al no interactuar con el juicio crítico o verse «descartados» como propuestas válidas, no pudieron seguir *en su día* el que hubiera sido su desarrollo natural (un desarrollo que, por contraste, se vio hipertrofiado en el caso de la narrativa de la violencia o de la narrativa que se acogía a esas fórmulas temáticas y estilísticas del realismo testimonial); y por último, algo que es menos evidente pero quizá lo más importante, no tuvieron la oportunidad de ejercer algún tipo de influencia –permear en algún sentido sus raseros valorativos o metodológicos, influir en la medida en que abrieran nuevas perspectivas o lecturas– sobre el mismo canon crítico que les era contemporáneo y que, por así decir, los había desestimado de antemano. No sólo el Canon –el Canon origenista, anterior a 1959– había quedado fuera de juego, sin influencia activa sobre el sistema, sino que incluso «nuevos» modelos narrativos que hubieran podido tener un desarrollo natural se vieron anulados por esa máquina del tiempo que imponía la literatura «por hacer». Podría decirse que estos nuevos modelos narrativos quedaron, incluso, más huérfanos de resonancia, porque no tenían detrás (o no activaban) el peso de una tradición, de un Canon –como sí lo harán, en cambio, las grandes novelas cubanas de los sesenta, todas, como veremos en detalle, continuación o extensión del canon literario anterior al 59–. La pertinencia activa de esos modelos «nuevos» era posible sólo *entonces*, y su rescate arqueológico no puede devolverles retroactivamente la influencia que entonces no tuvieron: puede, únicamente, hacer pensar en contrafactuales, del tipo qué hubiera pasado si tal o más cual libro se hubiera publicado en

Cuba, pero no puede reparar la disfuncionalidad que desde entonces ha venido padeciendo el canon literario cubano. Garrandés se refiere varias veces al fenómeno, si bien con otros términos, a lo largo de su libro sobre la narrativa cubana de los sesenta:

> Los libros *ajustadores* del canon en los sesenta traían, a la narrativa cubana de entonces, modos y preocupaciones que no tuvieron después un metabolismo *normal*, para decirlo en términos biológicos. A fines de los sesenta la política cultural cubana se encargó, indirectamente, de dirimir (intervenir en) la querella de la prosa realista con la prosa imaginativa (estas terminologías son defectuosas, pero el lector sabe, creo, lo que quiero expresar con ellas) y tuvo lugar una especie de coartada dualista en favor del realismo social. Un realismo utopista, complaciente y que tenía la *misión* de redramatizar la historia y desdramatizar la inmediatez, envuelta entonces en un *epos* denso y suficiente. La narrativa de la imaginación no desapareció, pero sí empezó a avanzar por un sendero accidentado, periférico, situado en las afueras del campo cultural *deseable*. (Garrandés 2008: 17-18)

Ejemplos similares –textos cuya visibilidad e influencia fue entonces escasa porque no se avenían con las expectativas, aun cuando abordaran algunos de los temas emergentes de la Revolución– podrían ser también novelas como *Adire y el tiempo roto* (1967), de Manuel Granados –uno de los tratamientos más singulares de la problemática individual del negro en Cuba– o *El plano inclinado* (1968), de Noel Navarro –una narración que adopta una suerte de extraterritorialidad para narrar la peripecia existencial de un cubano en París, desde donde asiste, paisaje remoto, al triunfo revolucionario–. Estilísticamente muy diferentes, ambas novelas comparten como eje el interés en lo individual: el Julián de *Adire y el tiempo roto* participa activamente de la lucha clandestina y muere, finalmente, con las milicias en El Escambray, pero esos sucesos no son, ni mucho menos, los que lo definen como personaje, del mismo modo que para el Roberto de *El plano inclinado* la isla es una circunstancia remota desde su cotidiano parisino. Es, sobre todo, la definición de lo real y de la relación interior del sujeto con el presente lo que discurre por ambos libros, y en esa medida la presencia de lo erótico y de las identidades que construyen sus registros, en la intimidad y con respecto a los otros, deviene el núcleo narrativo de las dos novelas. Algo similar podría decirse de *Los animales sagrados* (1967), de Humberto Arenal, y quizá no esté de más subrayar que novelas tan distintas entre sí como estas tres tienen por denominador común lo contrario de lo que, como se ha visto, privilegiaba el canon crítico: no se trata en ellas del individuo inmerso en la Historia ni de un *Bildungsroman* que tiene en la circunstancia referencial e inmediata sus claves y su centro, sino de indagaciones narrativas en el sujeto y lo individual en las que la Historia, si aparece, lo hace con minúsculas, como coyuntura o mera circunstancia existencial, pero nunca como una épica que «moldea» a sus personajes.

La tematización crítica de la Historia y de la relación del individuo con el presente, en cambio, resultará central de una manera muy distinta en algunos textos de la década –significativamente, en algunos de los textos de mayor peso en la narrativa cubana, en esas novelas canónicas de los sesenta que, lejos de comulgar con el nuevo canon crítico, se construyen en la estela del canon literario origenista: es imposible separarla de la obra de Cabrera Infante, de Arenas o de Sarduy, del Carpentier de *El siglo de las luces* o incluso, en suerte de reverso atemporal, de *Paradiso*.

De la centralidad que cobran la Historia y lo mesiánico en el Canon cubano nos ocuparemos en extenso en el capítulo siguiente. Ahora bien, ¿qué ocurre cuando desde ese nuevo corpus –en diálogo con los presupuestos críticos del compromiso y la participación inmediata– se tematiza críticamente la relación con la Historia? O lo que es lo mismo, ¿qué ocurre cuando el contenido de esos discursos sobre la realidad inmediata sigue derroteros de signo distinto al previsto?

La «Declaración de la UNEAC» que en 1968 acompañó la publicación de *Fuera del juego* de Heberto Padilla y de *Los siete contra Tebas* de Antón Arrufat –y por extensión, la polémica en torno a esos dos libros y todo el caso Padilla, que terminó con la «autocrítica» pública de 1971– es probablemente el ejemplo más claro de qué podía ocurrir y sin duda el que más repercusiones políticas y simbólicas tuvo. Ciñéndonos de momento a 1968 y a la lectura de ambos libros que promueve la «Declaración», tenemos no sólo las claves de una fractura sino también las de los límites que, en la estricta frontera de lo ideológico, venían implícitos en la normativa y la preceptiva de «Palabras a los intelectuales».

Si a *PM* se le reprochaba lo que no mostraba, esto es, la Historia en marcha, la épica colectiva, y a Heras y a Fuentes atreverse a mostrar «demasiado» de la Historia inmediata, ¿qué es lo que se le reprocha a estos dos libros, tan denostados y por eso, precisamente, tan visibles? La «Declaración de la UNEAC» se centra, precisamente, en su relación crítica con la Historia. Después de introducir lo que llama la «ambigüedad» de Padilla, en un párrafo que parte de premisas policiales con respecto a la culpabilidad[58], pasa directamente al meollo del asunto:

> Aparte de la ambigüedad ya mencionada, el autor mantiene dos actitudes básicas: una criticista y otra antihistórica. Su criticismo se ejerce desde un distanciamiento que no es el compromiso activo que caracteriza a los revolucionarios. Este criticismo se ejerce además prescindiendo de todo juicio de valor sobre los objetivos finales de la Revolución y efectuando transposiciones de problemas que no encajan dentro de nuestra realidad. Su antihistoricismo se expresa por medio de la exaltación del individualismo frente a las demandas colectivas del pueblo en desarrollo histórico y manifestando su idea del tiempo como un círculo que se repite y no como una línea ascendente. (en Padilla 1968: 8)

Antihistoricismo, distanciamiento e individualismo frente al desarrollo histórico; incluso, y así lo enfatiza la «Declaración», una visión del tiempo que no es la de una línea ascendente. Trufado de adjetivos, el discurso contra *Fuera del juego* vuelve una y otra vez sobre ese centro:

> Al hablar de la historia «como el golpe que debes aprender a resistir», al afirmar que «ya tengo el horror / y hasta el remordimiento de pasado mañana» y en otro texto: «sabemos que en el día de hoy está el error / que alguien habrá de condenar mañana» ve la historia como un enemigo, como un juez que va a castigar. Un revolucionario no teme a la historia, la ve, por el contrario, como la confirmación de su confianza en la transformación de la vida. (en Padilla 1968: 10)

Y luego de imputar a la persona misma de Padilla faltas diversas[59], y de comentar más brevemente *Los siete contra Tebas*, la «Declaración» resume de

---

[58] El poeta, dice, «mantiene en sus páginas una ambigüedad mediante la cual pretende situar, en ocasiones, su discurso en otra latitud», y con ese «expediente demasiado burdo cualquier descripción que siga no es aplicable a Cuba»: con lo cual, «exonerado de sospechas, Padilla puede lanzarse a atacar la revolución cubana amparado en un referencia geográfica» (en Padilla 1968: 7). Nótese que lo que se recrimina aquí es esa ambigüedad –que en la «Declaración» quiere decir alevosía, en su acepción judicial– que busca «exonerarlo», que procuraría atenuantes para una culpa que de antemano se da por sentado.

[59] Los ataques *ad personam* siguen varios flancos: por un lado se le echa en cara «su notorio ausentismo de su patria en los momentos difíciles en que ésta se ha enfrentado al imperialismo; y su inexistente militancia personal» (1968: 10); además, se dice de él que «sugiere complejas emboscadas contra sí que no pueden ser índice más que de un arrogante delirio de grandeza o de un profundo resentimiento» (1968: 11); por otra parte, se saca a colación que «estimamos una falta ética matizada de oportunismo que el autor en un texto publicado hace algunos meses,

manera a la que no puede menos que reconocérsele franqueza –y que resulta muy ilustrativa para lo que nos interesa aquí– los motivos últimos que la guían. Las cursivas son mías:

> Ahora bien, ¿a quién o a quiénes *sirven* estos libros? ¿*Sirven* a nuestra revolución, calumniada de esa forma, herida a traición por tales medios?
> Evidentemente, no. Nuestra convicción revolucionaria nos permite señalar que esa poesía y ese teatro *sirven* a nuestros enemigos, y sus autores son los artistas que ellos necesitan para alimentar su caballo de Troya a la hora en que el imperialismo se decida a poner en práctica su política de agresión bélica frontal contra Cuba. Prueba de ello son los comentarios que esta situación está mereciendo de cierta prensa yanqui y europea occidental, y la defensa, abierta unas veces y «entreabierta» otras, que en esa prensa ha comenzado a suscitar. Está «en el juego», no fuera de él, ya lo sabemos, pero es útil repetirlo, es necesario no olvidarlo.
> En definitiva *se trata de una batalla ideológica, un enfrentamiento político* en medio de una revolución en marcha, a la que nadie podrá detener. […]
> En resumen: la dirección de la Unión de Escritores y Artistas de Cuba rechaza *el contenido ideológico* del libro de poemas y de la obra teatral premiados. (en Padilla 1968: 13)

El contenido ideológico, cuyo valor se refrenda por el uso –y no por la interpretación–: el resumen no puede ser más claro.

---

acusara a la UNEAC con calificativos denigrantes, y que en un breve lapso y sin que mediara una rectificación se sometiera al fallo de un concurso que esta institución convoca» (11); por último, y a continuación, que «entendemos como una adhesión al enemigo, la defensa pública que el autor hizo del tránsfuga Guillermo Cabrera Infante, quien se declaró públicamente traidor a la Revolución» (11-12). Los ataques son muy similares a los que hizo Luis Pavón desde las páginas de *Verde Olivo* en su nota «Las provocaciones de Padilla». En algún caso, casi idénticas: «¿Por qué mandó un libro precisamente a la UNEAC? ¿Él, Padilla, que hace dos meses describió a esa organización como un "cascarón de figurones"? ¿Por qué buscar un premio de la Revolución, él que hace un largo tiempo ya desdeña, y ataca a la Revolución y al pueblo?» (Ávila 1968: 18).

III.

Un canon escindido

Ese divorcio, que en la «Declaración de la UNEAC» de 1968 se veía venir o parecía ya, de hecho, cosa inminente, quedó confirmado como fractura definitiva en 1971, con el peso simbólico del encarcelamiento de Heberto Padilla, acusado de «actividades contrarrevolucionarias», la retractación pública del poeta y, sobre todo, los lineamientos del Congreso Nacional de Educación y Cultura. Las líneas preceptivas del Congreso[1] son de sobra conocidas: es el uso –a quiénes y para qué *sirven* estos libros– el que se privilegia definitivamente como criterio de valor, al mismo tiempo que una serie de políticas culturales coercitivas –de las que la «parametración», la «depuración» universitaria y el ostracismo de muchos intelectuales son la cara más visible, pero no la única– se ocupan de desmantelar o hacer invisible públicamente cualquier práctica literaria o intelectual que no se avenga con el contenido ideológico deseable, que es ya definitivamente el de la ortodoxia marxista.

De hecho, el síntoma más evidente del fin de un ciclo y del comienzo de otro –el inicio de los años soviéticos y de sus políticas culturales, pero también (que es lo que nos interesa seguir aquí), de la forma definitiva que toma para

---

[1] Un buen resumen de las líneas que sentaba el Congreso: «La consigna que se impuso a partir de este momento fue "El arte es un arma de la Revolución". En la Declaración [...], a continuación de esa frase se especifica el sentido de uso de esa arma: "Un producto de la moral combativa de nuestro pueblo. // Un instrumento contra la penetración del enemigo". Entre los principales deberes que se le asignan al arte y la literatura están los de ser "valiosos medios para la formación de la juventud dentro de la moral revolucionaria, que excluye el egoísmo y las aberraciones típicas de la cultura burguesa", el de contribuir "a la lucha de los pueblos por la liberación nacional y el socialismo", y el de elevar "la sensibilidad artística del hombre", crear en él "una conciencia colectivista" sin dejar "terreno alguno para el diversionismo enemigo en cualesquiera de sus variantes" (Arango 2007: 20).

entonces el sistema del canon literario y la fractura que ello supone– es el cierre de la discusión sobre el papel del intelectual en la Revolución: lo que en los sesenta, como hemos visto hasta ahora, se vino desarrollando como diálogo, un diálogo sin lugar a dudas pautado y con premisas dadas de antemano, pero diálogo al fin y al cabo, había llegado a su fin: no quedaba ya nada más que hablar. Y con el fin de ese diálogo, también, van a quedar excluidos tanto del discurso crítico como de las indagaciones estéticas –de la práctica literaria deseable– la casi totalidad de los elementos que conformaron en su día ese discurso del compromiso, salvo aquellos, claro está, provenientes de la ortodoxia marxista soviética.

Dicho así, lo anterior puede parecer la mera constatación de un hecho, la culminación hasta cierto punto «natural» de un proceso que, ya desde «Palabras a los intelectuales», tenía su término hasta cierto punto previsto. Pero si se piensa en ese perfil de intelectual que fue, como vimos, el destinatario del *dictum* de 1961 –esto es, la inmensa mayoría de la intelectualidad cubana, todos aquellos intelectuales no comunistas y comprometidos, en cambio, con la Revolución, «dentro» del proceso– puede calcularse la tremenda envergadura de un giro que anulaba la validez o sencillamente excluía todos aquellos elementos que habían constituido, muchas veces a través de difíciles debates colectivos o «tomas de consciencia» individuales, la subjetividad misma de ese intelectual cubano revolucionario y los que habían sido, al menos durante gran parte de los años sesenta, los referentes naturales de un discurso del compromiso del que se sentían, con razón, autores lo menos parciales. Lo que dice Díaz Infante a propósito de *Acero*, el libro de cuentos de Heras León que resultó de su expiación como obrero metalúrgico tras *Los pasos en la hierba*, vale en sentido más general para describir ese trauma:

> Sencillamente, para sobrevivir en un medio tan hostil, el escritor ha tenido que mostrar de la forma más ejemplar posible que ha asimilado la doctrina y aprendido el nuevo lenguaje. Sus nuevas palabras –las del kistch comunista– son tan grotescas como aquellas que Padilla se viera obligado a usar en su autocrítica. (Díaz Infante 2009: 201-202)

¿Qué era lo que «perdía», a partir de ahora, ese intelectual revolucionario no-comunista? En primer lugar, el sustrato mismo con el que había constituido su propio discurso «dentro» de la Revolución y a la medida del cual había ido construyendo, paulatinamente, una posición comprometida que hacía posible su participación –crítica o no, fuera más o menos activa– en el proceso revolucionario. Todas aquellas influencias diversas, que se habían ido sedimentando a partir de la premisa participativa del compromiso y que comprendían desde la izquierda occidental hasta el existencialismo sartreano o la tradición de ciertas vanguardias europeas o norteamericanas, y con respecto a las cuales se habían situado muchos de los argumentos del debate sobre el papel del intelectual en la Revolución, pasarán ahora a formar parte del amplísimo campo de lo ilegítimo, de lo no pertinente o, directamente, de lo que está abiertamente «contra la Revolución».

Dicho más gráficamente, es como si en una discusión los argumentos de una de las partes, precisamente aquellos argumentos que son centrales para uno de los interlocutores y a partir de los cuales se ha ido llegando paulatinamente a un acuerdo, de pronto quedaran sin validez alguna ante el otro, pero en cambio el «acuerdo» se mantuviera, quedara sellado como pacto: atrapado como parte de esa negociación, y excluido a partir de ese momento en todo lo que aportó a ella, no es difícil imaginar el desplome de esa subjetividad del intelectual cubano, llevada desde hacía tiempo a sus límites morales. Basta con remitirse a las líneas argumentativas de algunas polémicas de los sesenta en torno a los límites de la libertad de creación para constatar que, una vez excluida la legitimidad de ese amplio campo de referentes culturales e ideológicos no estrictamente marxistas, una de las partes se queda, lisa y llanamente, sin argumentos, sin voz: nada de lo que ha dicho vale ya. Rojas, por ejemplo, concede especial importancia a cinco polémicas públicas que, leídas a ojos de hoy, permiten en efecto reconstruir fronteras temporales en la evolución de ese diálogo y en la posibilidad misma de interlocución, que es lo que me interesa sobre todo subrayar:

1) la que sostuvieron Virgilio Piñera, Roberto Fernández Retamar y Gil Blas Sergio, en los primeros números de *La Gaceta de Cuba* (abril-mayo de 1962), a propósito de la literatura previa y posterior a la Revolución y su mayor o menor grado de compromiso político; 2) el debate sobre la novela *No hay problema* (1962) de Edmundo Desnoes, en junio de ese año y en la misma revista, entre Virgilio Piñera, Antón Arrufat, Heberto Padilla, Ambrosio Fornet, César Leante, Lisandro Otero y José Soler Puig; 3) la interesante discusión sobre el nuevo teatro cubano que protagonizaron Antón Arrufat, José Ramón Brene, Abelardo Estorino, M. Reguera Saumell, José Triana y Rine Leal, en junio de 1963 y también en *La Gaceta*; 4) la larga e intensa polémica sobre «Cine y Revolución», desde el verano de 1963 hasta la primavera de 1964, en varias publicaciones habaneras (*Revolución*,

Hoy, Bohemia, El Mundo, La Gaceta de Cuba, Cuba Socialista y *Cine Cubano*) y que involucró a jóvenes cineastas como Tomás Gutiérrez Alea, Humberto Solás, Pastor Vega, Julio García Espinosa, Octavio Córtazar, Jorge Fraga y Raúl Macías, y a funcionarios y teóricos culturales como Blas Roca, Alfredo Guevara, Edith García Buchaca, Mirta Aguirre y Sergio Benvenuto; 5) el inteligente debate, a mediados de 1964, entre José Antonio Portuondo y Ambrosio Fornet, suscitado por la novela *El derrumbe* (1964) de José Soler Puig y que se extendió, por el camino, a la valoración de toda la narrativa producida en Cuba después de 1959. (Rojas 2006: 196-197)

¿Qué queda de esas posiciones, o incluso, qué queda por contenido de esas discusiones si eliminamos los argumentos y los referentes de la parte no ortodoxa, es decir, si quitamos todo aquello que a partir de 1971 forma ya parte de lo excluido, de lo que se ha declarado «contra la Revolución»?

Poco o nada, un vacío sobre el que únicamente se oyen los argumentos de una de las partes, la postura de la ortodoxia marxista-leninista. La paradoja, sin embargo, es que a ese «acuerdo» se haya arribado, precisamente, con el concurso interesado y apasionado de ambas partes, y que todo pareciera llegado aquel momento –desde la actualidad de los setenta– haber apuntado de siempre a ese fin, en una suerte de legítima espiral evolutiva. Al perder los rasgos que lo habían constituido, ese intelectual revolucionario no-comunista queda como una suerte de hombre sin atributos, sin referentes, de subjetividad vacía –vaciada en el discurso que ayudó a construir– que para llenarse ha de adoptar a partir de ahora los que pone a su disposición la doxa marxista de nuevo cuño, o bien tomar el camino del exilio. Es imposible no asociar la imagen de «En tiempos difíciles», uno de los poemas de *Fuera de juego* del Padilla (1968: 23-24), a esa doble oscilación del intelectual, entre el partícipe y la víctima:

> A aquel hombre le pidieron su tiempo
> para que lo juntara al tiempo de la Historia.
> Le pidieron las manos,
> porque para una época difícil
> nada hay mejor que un par de buenas manos.
> Le pidieron los ojos
> que alguna vez tuvieron lágrimas
> para que contemplara el lado claro
> (especialmente el lado claro de la vida)
> porque para el horror basta un ojo de asombro.

Le pidieron sus labios
resecos y cuarteados para afirmar,
para erigir, con cada afirmación, un sueño
(el-alto-sueño);
le pidieron las piernas,
duras y nudosas,
(sus viejas piernas andariegas)
porque en tiempos difíciles
¿algo hay mejor que un par de piernas
para la construcción o la trinchera?
Le pidieron el bosque que lo nutrió de niño,
con su árbol obediente.
Le pidieron el pecho, el corazón, los hombros.
Le dijeron
que eso era estrictamente necesario.
Le explicaron después
que toda esta donación resultaría inútil
sin entregar la lengua,
porque en tiempos difíciles
nada es tan útil para atajar el odio o la mentira.
Y finalmente le rogaron
que, por favor, echase a andar,
porque en tiempos difíciles
ésta es, sin duda, la prueba decisiva.

Esa pérdida de voz, además, no sólo involucraba a la inmensa mayoría de los intelectuales cubanos no comunistas: también anuló el desarrollo que pudo haber seguido un pensamiento marxista cubano que ahora, a ojos de la ortodoxia soviética, venía a pecar de revisionista o heterodoxo. Conviene subrayar la condición ortodoxa de ese marxismo-leninismo de manual, que se corresponde epocalmente con la era Brezhnev, porque las líneas de reflexión marxista que no se avinieran con él quedaban, también, fuera del juego. No hay que perder de vista que la gradual inserción de Cuba en el ámbito soviético se produjo precisamente entre 1968 y 1971, precisamente en los años del endurecimiento de la política cultural de la URSS tras el relativo «deshielo» que había supuesto la era Jrushchov. Si bien la autoconfesión de Padilla podía, con razón, recordar los procesos de Moscú de los años treinta, lo cierto es que tenía precedentes mucho más inmediatos, contemporáneos: en 1966, el juicio contra los escritores Yuli Daniel y Andréi Siniavsky[2] había marcado el retorno a una política cultural represiva, que se había establecido ya en líneas generales en el XXIII Congreso del PCUS, celebrado ese mismo año (en el que, dicho sea de paso, había participado Armando Hart como enviado del Partido Comunista cubano). En 1969 Sholzhenitsyin había sido expulsado de la Unión de Escritores Soviéticos, y otro de los autores emblemáticos del período del «deshielo» de Jrushchov, el poeta Evgueni Evtuchenko –quien había pasado tiempo en Cuba y era amigo de Padilla–, fue expulsado del consejo de redacción de la revista *Yunost* junto al dramaturgo Víctor Rozov, en una purga similar a la del consejo de redacción del primer *Caimán barbudo*, en 1967[3]. Más que del mero calco o la importación de algunas de las políticas represivas hacia el campo cultural, se trata de paralelos previsibles: la aproximación al socialismo soviético de la era Brézhnev implicaba el recurso a políticas y prácticas similares en la medida que seguían, nunca mejor dicho, el mismo manual.

En este sentido, es sintomático que 1971 haya sido, también, el año del cierre de la revista *Pensamiento crítico*, cuya declarada vocación marxista estaba fuera de duda. Publicada desde febrero de 1967, *Pensamiento crítico*[4] nucleaba en su consejo de dirección a intelectuales marxistas como Fernando Martínez Heredia, Aurelio Alonso, Jesús Díaz o José Bell Lara, vinculados al primer Departamento de Filosofía de la Universidad de La Habana. La revista, que mantuvo en sus 53 números publicados una cierta independencia –a diferencia de *Cuba Socialista*, que era oficialmente el órgano teórico del Partido Comunista y cuya desaparición había coincidido con la salida de *Pensamiento crítico*– intentó dotar de una legitimación teórica marxista a la Revolución cubana, y lo hacía desde una perspectiva latinoamericana, volcada a pensar la revolución desde una perspectiva continental y el marxismo desde una visión nacional y crítica. El machón que aparecía en cada número de la revista resume bien esa síntesis de independencia crítica y autonomía frente al modelo ortodoxo soviético:

---

[2] Daniel y Siniavsky habían publicado, ambos bajo pseudónimo, sátiras políticas del régimen soviético. Finalmente descubierta su autoría, fueron juzgados y condenados, respectivamente, a cinco y siete años de trabajos forzados. A diferencia de Padilla y en un gesto poco habitual en la Unión Soviética, se declararon no culpables del delito que se les imputaba, «actividad antisoviética».

[3] Véase al respecto Miskulin 2009, en especial 170-180.

[4] La revista alcanzó los 53 números en 49 volúmenes (fueron dobles el 2-3, 18-19, 34-35, 49-50), y fue dirigida desde el primero hasta el último por Fernando Martínez Heredia.

Pensamiento crítico responde a la necesidad de información que sobre el desarrollo del pensamiento político y social del tiempo presente tiene hoy la Cuba revolucionaria. De aquí que los artículos publicados no correspondan necesariamente a la opinión de la revista, que se reserva el derecho de expresarla por medio de notas aclaratorias o artículos cuando lo estime necesario.

Pues bien, esa mezcla de relativa independencia y de discurso heterodoxo, mucho más interesado en llevar la lucha armada a América Latina o en la singularidad del socialismo cubano que en la inserción en la institucionalidad soviética, y que se alineaba sin dudas con la tradición comunista cubana y el pensamiento marxista, formó parte también de lo que, a partir de 1971, iba a resultar inconveniente para la inserción del régimen en la órbita soviética. Conviene subrayarlo, porque no sólo se trataba de que ahora se impusiera el marxismo como único marco posible para la reflexión o la creación intelectual, sino que la forma que éste adoptó a partir de entonces fue la del neoestalinismo brezhnevista, con todo lo que conllevaba de tendencia autoritaria y de institucionalizada rigidez ideológica: no sólo caldo, sino dos tazas. La nota del Consejo de redacción que aparece en el último número publicado de *Pensamiento crítico* deja también constancia, en la retórica de la época y entre referencias a las resonancias internacionales del caso Padilla, de ese salto, de la «lucha de clases» llevada al ámbito de la cultura. Merece la pena leerla en lo que tiene de síntesis de lo que se había consumado para entonces:

> **Del Consejo de Dirección.** Se trata simplemente de que la revolución ha llevado la lucha de clases a un plano más: el que hasta ahora había monopolizado, impropia y no casualmente, el nombre de cultura. Casi sería necesario agradecer a nuestros calumniadores la rapidez y abyección con que han producido el ataque. Esto simplifica las cosas, ahorra camino y tiempo a la revolución y los pueblos. Resulta brutalmente claro que quienes han tenido la indigencia moral de sostener que la revolución cubana recurre a la tortura, no hacen más que repetir las peores calumnias del imperialismo. Claro que también tienen argumentos más sutiles, pero el anterior es útil porque acorta la distancia entre el elaborado discurso sobre la «objetividad» y la toma de posición contra la revolución que ésta implica. Ahora están desnudos, haciendo claramente ante los revolucionarios el papel de muñecos de Ventrílocuo. Es cierto que hay muñecos con talento. Pero para nosotros el talento en abstracto es un valor burgués, la libertad de expresión de una elite es una libertad burguesa; el derecho a no correr la suerte del pueblo es un derecho burgués y nuestro pueblo se ha propuesto destruir a la burguesía. Por ahora basta; este texto no es una réplica sino una acusación. (53: 2-3)

Entre esas polémicas de los sesenta donde uno de los interlocutores, si se la mira retrospectivamente desde el año 1971, ha perdido del todo la voz, se cuentan también las que venían enfrentando a intelectuales marxistas con la más acérrima ortodoxia prosoviética. Un caso que habla por sí solo fue la «polémica sobre los manuales» (en Fernández-Santos & Martínez 1967: 313-320), donde se discutía nada más y nada menos si el marxismo leninismo debía enseñarse por los manuales soviéticos de la época o por sus fuentes originales:

> Un momento clave de la tensión entre el marxismo pro soviético de los viejos comunistas cubanos y el neomarxismo revolucionario de *Pensamiento crítico* fue la polémica de Lionel Soto y Aurelio Alonso en los números 28, 30 y 31 de la revista *Teoría y práctica* (1966). La discusión, en la que luego se involucraron Humberto Pérez y Félix de la Uz, se centró en la pertinencia o no de los manuales soviéticos (Afanásiev, Konstantinov, Yajot, Makarov, Kuusinen...) para la enseñanza del marxismo-leninismo en las Escuelas de Instrucción Revolucionaria del Partido Comunista, creadas en diciembre de 1960. Al final de la polémica, el defensor de los manuales (Soto) y el crítico de los mismos (Alonso) coincidían en la necesidad de «sistematizar» la filosofía marxista-leninista y transmitirla de manera eficaz a la población. (Rojas 2009: 72)

No deja de resultar ilustrativo tanto del proceso que condujo a él como del cambio mismo que tuvo lugar entonces que esta polémica sobre los manuales, reproducida en el volumen de Ruedo Ibérico *Cuba: una revolución en marcha* –un retrato entusiasta de la Revolución cubana–, conviva allí con sendas antologías de narrativa y poesía cubana donde todavía aparecen, entre otros, textos de Lezama Lima, Virgilio Piñera, Guillermo Cabrera Infante, Antonio Benítez Rojo y Nelson Rodríguez, poemas de Heberto Padilla, Antón Arrufat y Belkis Cuza Malé, además de reflexiones sobre la vía cubana y la guerra de guerrillas de, por ejemplo, Regis Debray o Martínez Heredia. Si en 1967 esa convivencia era todavía posible, para 1971 el discurso revolucionario plural del que todavía es reflejo el cuaderno de Ruedo Ibérico había dejado, sencillamente, de existir, y con él habían desaparecido la mayor parte de los elementos que constituyeron el discurso intelectual cubano de los sesenta. «Asimilar la doctrina» –como comentaba Díaz Infante–, «aprender el nuevo lenguaje» supuso también en términos efectivos acostumbrarse a una pérdida considerable en los referentes teóricos o literarios que habían circulado hasta entonces en Cuba, y me refiero ahora en particular a la publicación y el debate de ideas. Los de Padilla y Arrufat fueron acaso los últimos libros que se publicaron con notas de advertencia sobre su contenido; a partir de entonces, sencillamente todos esos libros «incómodos» –entre los que se contaba también buena parte de la biblioteca de la izquierda contemporánea, títulos sobre Cuba de intelectuales que habían apoyado el proceso o parte de la propia literatura o el pensamiento soviético– dejaron de existir, de circular y de leerse públicamente. Como apunta gráficamente Díaz Infante,

> Mientras en la Argentina del último peronismo y de la Junta Militar se discute a Lacan, acá en la isla el mismo Freud está condenado por burgués. Nada de estructuralismo, pues el lenguaje no es, según la lingüística soviética, más que «la envoltura material del pensamiento». Nada de formalismo ni mucho menos de posmodernismo. Nada de marxismo occidental. Ni siquiera Sartre; el nombre del filósofo del compromiso, muy presente en los debates estéticos y políticos acogidos por los medios cubanos durante los años de su amistad con Cuba, desapareció de ellos en 1971. Por dos décadas su obra fue excluida de los programas de estudio de las universidades; una novela de Jaime Sarusky que en sus ediciones de 1961 y 1962 llevaba un exergo de *La naúsea*, apareció sin él en la reedición de 1982. (Díaz Infante 2009: 202)

Rafael Rojas (2009) ha estudiado en uno de sus libros, precisamente, las consecuencias de esa ausencia: el peso de aquello que desde entonces no fue publicado ni leído en Cuba, de aquello que, en cierto sentido, le ha sido secuestrado a sus lectores naturales por la circunstancia histórica y la ideología. Y de hecho, lo que podría parecer en *El estante vacío* una suerte de trampa o de *boutade* metodológica –el análisis de una ausencia, de un vacío– se corresponde en ejemplar congruencia con el panorama cultural cubano que inauguraron los años setenta. Si bien el libro de Rojas atiende sobre todo a la circulación y recepción de literatura y menos a esa anulación, retrospectiva con respecto a los sesenta, de los atributos del perfil subjetivo del intelectual cubano, ambos fenómenos están directamente conectados, son indisociables uno del otro. Y ambos a su vez tienen un correlato directo en la existencia de una literatura cubana escrita fuera de Cuba e ignorada, también a partir de entonces, por décadas en la isla.

Las consecuencias de la exclusión de gran parte de los referentes intelectuales e ideológicos que habían nutrido el proceso que desembocó en la configuración del canon literario cubano en los años setenta no sólo perviven hasta hoy, sino que lo hacen, sobre todo, bajo la forma que supuso entonces esa fractura: la de un cisma, una disfuncionalidad sistémica fruto de la escisión que produjo. De ello nos ocuparemos en detalle en lo que sigue.

Literatura cubana y literatura de la Revolución

Una manera sumamente gráfica de representar esa escisión es pensarla como una escisión entre literatura cubana y literatura de la Revolución: aun cuando haya mucho de simplificación en esa fórmula (las cosas, como veremos en detalle, resultan mucho más complejas) las dos partes de esa presunta dicotomía venían separándose, quedando por así decir en las antípodas la una de la otra, en una serie de movimientos de ajuste que habían venido produciéndose desde los sesenta y que ahora, en los setenta, han llegado a su punto de estabilidad. La dicotomía, al menos para entender de donde resulta como formulación posible de un dilema crítico, ha de ser puesta en correspondencia con otras contraposiciones que resultan del discurso crítico e ideológico emergente. Las más importantes, en lo que toca a su repercusión en el sistema del canon literario, son dos: en primer lugar, la oposición entre identidad nacional –entendida como idiosincrasia– e Historia, o lo que es lo mismo, identidad entendida como destino histórico realizado en la Revolución cubana y, llegando a su fase de institucionalización en los setenta, como construcción científica de un mundo nuevo. Idiosincrasia *versus* materialismo histórico, subdesarrollo *versus* desarrollismo científico: las formas que tomará esa oposición son varias, pero terminan cuajando en los setenta en una clara dicotomía entre la identidad cubana y la militancia comunista.

Esa oposición entre historia e idiosincrasia, en cierto sentido, se desplaza, como bien hace notar Díaz Infante, hacia una dicotomía equivalente «entre progreso y naturaleza, marxismo y positivismo» (110):

> El nuevo canon marxista que se fue conformando en los años sesenta implicaba necesariamente, aunque no siempre de modo explícito, el cuestionamiento de un buen número de los estereotipos tradicionales de la cubanidad. [...] La identidad entre el propósito desarrollista de la Revolución y su impronta iluminista fue señalada claramente por Sartre en «Ideología y Revolución»: para acabar con el retrógrado sistema económico que condenaba a la Isla al monocultivo y la escasa industrialización era preciso destruir los mitos que, desde su imposición por los norteamericanos en 1898, habían contribuido a perpetuarlo. La toma de consciencia de la naturaleza mitológica (e ideológica) de aquellos discursos tradicionales estaba, pues, tanto en el principio como en el final de la Revolución: era su condición tanto como su consecuencia. Mientras la ideología colonialista atribuía a la naturaleza el subdesarrollo de Cuba, «durante el curso de su degradación inflexible, los cubanos habían comprendido que la Historia

hace a los hombres. Faltaba demostrarles que los hombres hacen a la historia. Había que arrancar el destino, ese espantajo plantado por los ricos en los campos de caña». (Díaz Infante 2009: 110-111)

La dimensión ontológica de lo cubano –sobre la que habían versado la mayoría de los discursos sobre la identidad nacional– y las formas que adoptaba en tanto tradición se desplazan ahora, si se las quiere mencionar positivamente, a una *evolución* de acontecimientos, a una historia, un itinerario con hitos intermitentes del cual la construcción del socialismo sería el punto de llegada: la consigna según la cual Revolución cubana es resultado de «cien años de lucha», o el trazo de continuidad que unía a Martí y Fidel Castro poniendo al primero como autor intelectual de lo que el segundo había sido ejecutor –«te lo prometió Martí, y Fidel te lo cumplió», como acuñó Guillén en verso célebre–, revelan bien cuál será la dimensión de lo nacional que se privilegie ahora, y sobre todo, evidencian en qué medida queda supeditada a la participación en la Historia entendida como redención, como construcción de un destino futuro al que *todavía* no se ha arribado, pero del que *ya no* es parte el pasado.

Y en segundo lugar, si bien ligada a la otra, se hace cada vez más manifiesta la contraposición entre una tradición nacional –esto es, una literatura ya hecha, un campo cultural estable, un Canon literario propiamente cubano con muchos de sus rasgos basados en una visión ontologizante de la identidad– y una «literatura por hacer», la literatura de la Revolución: ese *desideratum* crítico que, como hemos visto, vino instalándose y negociándose en los sesenta para adoptar ya claramente, en los setenta, la forma de una prescriptiva.

Una prescriptiva y una definición que implicaba, con la deriva soviética, en grandísima medida también una exclusión de todo lo que no se aviniera con las expectativas ideológicas ahora institucionalizadas, lo cual vendrá a subrayar aun más, si cabe, el antagonismo entre esa literatura de la Revolución –o literatura socialista, sin más– y literatura cubana: todos aquellos textos que, aun desde la óptica del compromiso, dialogaban en su propia textualidad con los referentes culturales, identitarios, ideológicos o filosóficos que habían constituido una tradición y una subjetividad intelectual en Cuba[5]. Con respecto a esta última oposición, por supuesto, las cosas no son en blanco y negro, y si se las mira desde el prisma de hoy a nadie le parecerá más «revolucionaria» la

---

[5] La configuración de esa subjetividad intelectual, huelga decirlo, podía ser muy distinta según el caso (basta con pensar en los ataques de los «liberales» de *Lunes* a Orígenes, por ejemplo, o en prácticas literarias tan distintas entre sí como las de Piñera, Desnoes o Sarduy).

grisura del realismo socialista a la cubana que títulos «problemáticos» como los que provocaron muchas de las polémicas de los sesenta: sin remitirse a su valor literario sino meramente a su condición «revolucionaria» –a su contenido ideológico– hoy por hoy nadie en su sano juicio optaría por *Acero* en vez de por *Los pasos en la hierba*, por volver al ejemplo de Heras León. La cuestión es que, desde la óptica de entonces, desde la lógica que se instaura a partir del Primer Congreso Nacional de Educación y Cultura, la oposición resultaba bien real, insoslayable: se percibía como tal y estaba presente, de manera tácita y muchas veces explícita, tanto en el discurso crítico como en la propia práctica literaria.

Y lo que resulta más importante, por último, con respecto a esa dicotomía entre literatura cubana, de un lado, y literatura de la Revolución, o literatura socialista, del otro: la tradición literaria nacional tenía un pasado, una biblioteca bien ordenada en términos de legitimidad y valor; había un Canon –el que había construido Orígenes, el canon literario previo a 1959, que es además el que toman como referente las grandes novelas de la década–, mientras que la literatura «por hacer» se mantuvo, mientras duró como proyecto, remitiéndose a sí misma a futuro y reformulando permanentemente ese *desideratum*: las expectativas por la «novela de la Revolución» o por el «realismo crítico», los devaneos más o menos velados con el realismo socialista, aparecían todo el tiempo como prescriptiva, pero nunca llegaron a constituir su propia biblioteca de referencia, a articularse como obra realizada y legítima según sus propios presupuestos.

De ahí que esas dos oposiciones (entre identidad nacional e Historia, entre tradición literaria nacional y prescriptiva literaria marxista), en el fondo se sostengan sobre una oposición mucho más básica: entre el pasado *como referente y fuente de influencia*, un pasado relativamente reciente, que se remonta al ordenamiento del canon literario cubano que tuvo lugar entre 1940 y 1959 –y que incluye también en parte, cómo no, los discursos culturales de los primeros sesenta, cuando la intelectualidad cubana era todavía un interlocutor con voz propia–, y el *futuro* de la «literatura en la sociedad socialista», un futuro que nunca llegó del todo porque, al menos literariamente, ese canon literario que tomó forma en los setenta no fue capaz de articular un Canon propio, que se correspondiera con las prácticas (hipertrofiadas ideológicamente) de su canon crítico, o con la práctica literaria (atrofiada literariamente, de resultas de esa hipertrofia ideológica) de los autores que conformaban su corpus. No es difícil percatarse de que en esa dicotomía entre pasado y futuro hay un tiempo que falta, un presente ausente por suspendido o pospuesto –el único donde hubiera podido cristalizar un canon literario que no fuera disfuncional.

IDIOSINCRASIA, FUTURO E IDENTIDAD

Bajo la superficie de frases notoriamente formulares en los discursos oficiales de la época, como aquellas de «los rezagos del pasado» o «la transformación del hombre», se esconde una construcción ideológica cuyas resonancias específicas en el ámbito cultural o literario a menudo han quedado en segundo plano –bien porque se ha privilegiado sobre todo su dimensión sociológica o política, bien porque se han asimilado, sin más, a una lógica de acción y reacción, en una lectura según la cual los intelectuales «responderían» meramente a la normativa política o a la censura, buscando el mejor acomodo entre los límites de lo permisible o lo no permisible. Lo cierto es que si se sigue el movimiento que llevó de los primeros diálogos de ajuste en los sesenta a la institucionalización marxista que cristalizó en los setenta pueden entenderse mejor tanto sus repercusiones en el ámbito literario como la dinámica, en buena medida recíproca, bidireccional, del fenómeno.

La indagación en la identidad cubana, que había sido siempre el punto de acuerdo entre los distintos discursos políticos e intelectuales de la República –y que aún siguió siéndolo en las primeras etapas del diálogo entre los intelectuales y el poder, en los primeros sesenta– se convirtió paulatinamente en una zona de conflicto importante, donde venían a oponerse una noción idiosincrásica u ontologizante de la identidad contra otra de cariz histórico o sociológico, cuyo rasgo de mayor relevancia sería la pertenencia a una comunidad mesiánica –y cuyos márgenes de inclusión o exclusión serán, precisamente, los de la militancia revolucionaria, que devendrá luego comunista.

No deja de resultar curioso que las primeras formulaciones del conflicto aparezcan, precisamente, en algunos de los autores o los textos que se verán luego desautorizados por la ortodoxia marxista de los setenta: algunas de las ideas de Sartre en *Huracán sobre el ázucar* y, sobre todo, en su influyente «Ideología y revolución», o en parte en el mismo discurso «antinacionalista» de muchos de los editoriales o artículos de *Lunes de Revolución*. Al menos en parte, es de Sartre y sus lecturas cubanas en los sesenta de donde provienen la identificación entre Revolución, descolonización y desarrollo, de un lado, y dependencia, subdesarrollo e idiosincrasia, del otro. El «carácter cubano», así entendido, no sería más que un lastre para el desarrollo histórico: el resultado de décadas de explotación ejercida por las élites burguesas, de las que recién ahora vendría a liberar al hombre común el huracán revolucionario. Y esa liberación, por supuesto, implicaba la transformación no sólo de la realidad sino también de sus actores, con el consecuente desplazamiento de los valores asociados a «lo cubano»: si antes estaban asociados a un ser nacional, fundado como entidad por las sedimentaciones y formulaciones de la tradición, lo estarán ahora a un hacer histórico –una participación en la Historia que se asimilará rápidamente, a fin de cuentas, a una militancia, a la pertenencia misma a la comunidad mesiánica–.

Con relación a ese desplazamiento resulta elocuente el análisis de Díaz Infante cuando compara algunas de las «novelas de la caña» cubanas. Si en *Ecué-Yamba-Ó* (1933), de Alejo Carpentier, a las máquinas del central y la penetración norteamericana «el escritor oponía las tradiciones afrocubanas como último reducto de autoctonía nacional» y «el mundo maravilloso de los negros se revelaba como fuente de cubanidad, mientras el ingenio venía a ser un símbolo de una razón occidental que, a pesar de las apariencias, vivía su fatal decadencia» (2009: 107), y en *Vendaval en el cañaveral*, de Alberto Lamar Schweyer, el protagonista viene a ser una suerte de mediador entre «dos espacios antitéticos: de un lado, el lujo de los cubanos de clase alta en la Riviera francesa; del otro, la miseria de los cortadores de caña en un ingenio azucarero a comienzos de los años treinta» (107), en una novela tan representativa de la «literatura socialista» de los setenta como *Sacchario* (1970), de Miguel Cossío[6],

> el panorama es muy distinto: los trabajadores no son ya los pobres explotados de antes, sino voluntarios; no se trata de la posición fronteriza –trágica al cabo– del intelectual, sino del proceso de un hombre ordinario al que la revolución da la oportunidad de realizarse completamente. Y ahora, a diferencia de la «novela afrocubana» de Carpentier, la cultura de los negros no es vista como algo valioso sino como una rémora de la que toca desprenderse. Cuando, al llegar la noticia de que dos cosmonautas rusos llegaron al cosmos, el negro viejo que es su pareja en el corte de caña dice que es cosa de brujería, Darío, el protagonista, que no ve en ello sino la expresión del desarrollo de la técnica, piensa que la santería es «puro invento», una manera de engañar a los negros. (Díaz Infante 2009: 108)

---

[6] Y que tanto entusiasmo crítico despertó. Véase «A propósito de *Sacchario*», aparecido originalmente en *Casa de las Américas* 11 (64): 183-186, y recogido luego en Fornet 1995.

Rémora, atavismo, que no se reduce a los aspectos meramente idiosincrásicos o propios de las capas subalternas de la sociedad cubana, sino que se corresponde en su fondo –en lo que la oposición devuelve como «rezago del pasado»– con cualquier elemento identitario ubicable en el mundo cubano anterior a 1959: lo cual incluye, y esto también merece subrayarse, la óptica misma de muchos de los intelectuales revolucionarios que participaron activa o pasivamente en ese cambio de polaridad en los discursos sobre la identidad y el carácter nacional.

Se podría objetar que contraposiciones de esa índole abundan, antes y después, tanto en la narrativa cubana como en los discursos sobre la identidad nacional. ¿Qué otra cosa, si no restituir lo idiosincrásico como valor a la manera de *Ecué-Yamba-Ó*, hace a fin de cuentas Antonio Benítez Rojo en *La isla que se repite* –publicada originalmente en 1989– cuando contrapone la «máquina esteparia» soviética a la identidad caribeña de los «pueblos del mar», o cuando, en ese pasaje tan citado del mismo libro, contrapone esa «cierta manera» al caminar, tan garante de certezas que es capaz nada más y nada menos que de conjurar el apocalipsis nuclear, a la lógica de Estado y a la Historia?

> Los niños de La Habana, al menos los de mi barrio, habían sido evacuados, y un grave silencio cayó sobre las calles y el mar. Mientras la burocracia estatal buscaba noticias de onda corta y el ejército se atrincheraba inflamado por los discursos patrióticos y los comunicados oficiales, dos negras viejas pasaron «de cierta manera» bajo mi balcón. Me es imposible describir esta «cierta manera». Sólo diré que había un polvillo dorado y antiguo entre sus piernas nudosas, un olor de albahaca y hierbabuena en sus vestidos, una sabiduría simbólica, ritual, en sus gestos y en su chachareo. Entonces supe de golpe que no ocurriría el apocalipsis. Esto es: las espadas y los arcángeles y las trompetas y las bestias y las estrellas caídas y la ruptura del último sello no iban a ocurrir. Nada de eso iba a ocurrir por la sencilla razón de que el Caribe no es un mundo apocalíptico. (Benítez Rojo 1998: 25)

¿No habían hecho en parte lo mismo los de Orígenes, cuando oponían esencialismo nacional tanto al «vacío» de la modernidad norteamericana como al «pintoresquismo» antillano? Sí, en efecto: la contraposición siempre estuvo ahí, muchas veces como conflicto, a veces como síntesis, y sus líneas de tensión eran múltiples. Pero eso, lejos de restar importancia al cambio que tiene lugar definitivo en los setenta, vendría a explicar mejor el impacto que tuvo ese giro drástico de signo y la fractura que supuso para el canon literario cubano. El cambio en los discursos sobre la identidad y el carácter nacional, *precisamente porque incide sobre una zona central y sensible sobre la que se mantenía un consenso* –consenso que a partir de los setenta resulta trastocado, cuya polaridad se invierte–, tendrá como consecuencia un divorcio irreparable entre tradición y futuridad, entre una literatura que *ya no* puede ser leída de la misma manera y una literatura que *todavía* no ha llegado.

Las maneras que adoptan esos cambios de polaridad son diversas y, salvo en casos extremos, no llegan nunca a ser del todo unívocas, pero suponen un importante desplazamiento connotativo. Lo cubano, entendido como idiosincrasia, pasa a ser aquello que se había sido –no ya lo que se es, sino lo que se *fue*, en pretérito– y se asimila al pasado: pasado de la República (que pasará a ser llamada ahora, para la historiografía de la Revolución, la pseudorepública), o rasgos pasados (ligereza, indolencia, tendencia al choteo, a la ausencia de seriedad) que resultaban, o bien consecuencia natural de décadas de sometimiento, o bien consecuencia falaz de lo mismo y que lo hacía, por eso, posible.

Memorias de una concordancia

A menudo se ha recurrido a *Memorias del subdesarrollo* (1965), la novela de Edmundo Desnoes –y a su adaptación homónima al cine, en 1968, con guión del propio Desnoes y bajo la dirección de Tomás Gutiérrez Alea– para ilustrar las líneas que sigue ese conflicto entre idiosincrasia y desarrollismo. Si bien hay obvias razones temáticas para hacerlo, hay que añadir que limitar únicamente a este aspecto el valor de ejemplo de *Memorias* –de la novela y de la película– peca de superficial, escamotea mucho de lo que allí está en juego. Con una trama que llega al mismo octubre de 1962 de la Crisis de los Misiles, *Memorias* hace mucho más que poner en solfa las ideas sobre una identidad capaz, como pretendería décadas después Benítez Rojo, de conjurar por sí misma el apocalipsis nuclear: hay mucha más densidad connotativa en la novela de Desnoes, en cuanto texto, sobre todo, pero también en cuanto a las posibilidades de lectura que propicia, que los discursos que aparecen en boca de su protagonista.

¿A qué me refiero? Es innegable, por supuesto, que la novela de Desnoes es de las que más contribuyó a poner en circulación esas reflexiones sobre la identidad cubana a la sombra del proyecto revolucionario y del papel crítico del intelectual en la Revolución. Ya lo hacía, en parte, una novela suya anterior,

No hay problema (1961[7]), que abordaba los conflictos del intectual para identificarse con un contexto nacional que siente ajeno, y más aun si cabe desde la doble óptica de la pertenencia de clase y la militancia revolucionaria. En aquella primera novela su protagonista terminaba abrazando la causa revolucionaria, en una línea mucho a más tono –por unívoca– con las expectativas críticas del momento que *Memorias*, si bien ya entonces estaba presente la ambivalencia interior que, atravesando al personaje, pone en cuestión sus motivos. En palabras de Magdalena López:

> sobreponiéndose a una intención aleccionadora, la obra anuncia la complejidad psicológica e ideológica característica de los protagonistas de Desnoes. El drama de Sebastián es su imposibilidad de ajustarse a una caracterización épica maniquea en el contexto intradiegético de la década del 50. Ya en un debate sostenido por varios escritores cubanos en 1962 sobre la novela, Virgilio Piñera advertía que el «aspecto político» del texto «[dejaba] bastante que desear[8]». En efecto, la ambigüedad de la obra poco parecía contribuir a una normatización revolucionaria. A la manera de *Bildungsroman*, *No hay problema* indagaba las dificultades por encontrar una identidad propiamente cubana que pusiese fin a una ambivalencia identitaria desmovilizadora. Tal ambivalencia se desprendía de la dicotomía: Cuba/Estados Unidos, replicada en las antinomias clases populares/burguesía, negro/blanco, campo/ciudad y de manera todavía indirecta desarrollo/subdesarrollo. (2010: en línea)

Ahora bien, aun cuando *Memorias del subdesarrollo* pone también en escena esos cambios de polaridad referidos a la identidad cubana, no es menos cierto que aquí los elementos que nutren ese conflicto se entretejen en una telaraña sutil que, en buena medida por lo que tiene de novela de tesis, y sobre todo por su lograda ambivalencia irónica a la hora de representar los conflictos a los que se ve abocada la subjetividad del intectual cubano, deja entrever críticamente el alcance de todo lo que vendría a «dejar atrás» el nuevo discurso sobre la identidad nacional. Y entre todo ello hay que contar, en primer lugar, aquellos elementos que habían conformado esa propia subjetividad intelectual. Malabre[9], el protagonista que, en primera persona –la novela se

---

[7] La novela fue reeditada en 1964, el año anterior a la aparición de *Memorias*. Sobre *No hay problema*, véase también Garrandés 2008: 162-165 y López 2010: en línea.

[8] En Aa.Vv. 1962: 5-6.

[9] Sergio Carmona Bendoiro, en la película. No deja de resultar interesante que Tomás Gutiérrez Alea se las haya ingeniado para recurrir en dos ocasiones a textos con sendos personajes

presenta a sí misma como una singular especie de diario: sobre ello se volverá más adelante– reflexiona en términos similares a los de Sartre, Wright Mills o Fanon sobre la inconsecuente inmediatez de sus compatriotas, y que deplora los rasgos «subdesarrollados» de la psicología esencial de «el cubano[10]», sería también una figura más a contarse en esa amplia zona de lo que, desde una razón histórica concordante con el compromiso revolucionario, habría que soltar como lastre para «superar» el subdesarrollo: perteneciente a una clase burguesa cuya mediocridad aborrece, intelectual él mismo, el prisma a través del cual observa la realidad pertenece al mismo pasado –a la misma tradición– que los rasgos de la idiosincrasia cubana que rechaza y que, según él y desde ese prisma, habría moldeado esa realidad.

Ahora bien, de reducir la novela al discurso de su protagonista se corre el riesgo de perder de vista el conflicto mismo que la constituye –el de la subjetividad del individuo enfrentado a la Historia, un motivo que recurrirá de manera central, como veremos, en los textos narrativos más importantes de la época–, o lo que viene a ser igual, de confundir aquello que se tematiza en el texto con alguna voluntad discursiva o ideológica[11] inscrita en los debates del momento. Como bien hace notar Román de la Campa a propósito del personaje-narrador y de las lecturas que suscita una u otra identificación, Malabre

> Provoca antipatía como protagonista para quienes buscan el «sujeto revolucionario»: su incertidumbre ante los cambios sociales es explícita. Será visto con simpatía por quienes celebran la ambigüedad existencial como fin en sí, como plasmación de un pluralismo de valores inconexos. (1990: 1040)

---

cuya condición de clase o de género –el intelectual burgués de *Memorias*, y Diego, el intelectual homosexual de *Fresa y chocolate* (1993), basada en un cuento de Senel Paz y dirigida con Juan Carlos Tabío– permite poner en su boca verdades política o ideológicamente incómodas, probablemente no aceptables sin ese marco de enunciación que actúa como atenuante o cortina de humo. En ambos casos y salvando las distancias –a diferencia del cuento de Paz, la novela de Desnoes la hubiera merecido por sí misma–, la versión fílmica procuró una notoria visibilidad a los textos en los que se basó, al tiempo que desarrollaba un discurso estético propio.

[10] «Creo que la civilización consiste sólo en eso: en saber relacionar las cosas, en no olvidarse de nada. Por eso aquí no hay civilización posible: el cubano se olvida fácilmente del pasado: vive demasiado en el presente» (Desnoes 1968: 31).

[11] Voluntad que bien pudo haber estado presente o haber sido «declarada» estratégicamente por el autor, pero que no por eso resta al texto, en este caso, su propia autonomía. Al respecto, véase por ejemplo Desnoes 1969.

Y viceversa, cabría añadir. Pero lo que importa, sobre todo, es que Malabre es un personaje-narrador, no el portavoz de un discurso de fondo con respecto al cual la novela sería transparente. Menos que menos, porque el artificio narrativo de *Memorias* cuestiona irónicamente semejante asimilación entre su protagonista y cualquier posible discurso unívoco del libro. Para hacerla, habría que pasar por alto, entre otras cosas, que en *Memorias* Malabre lee una novela (que bien pudiera ser *No hay problema*) escrita por otro personaje, Eddy, trasunto narrativo del propio Desnoes[12], quien precisamente resultará blanco de la mordacidad de Malabre porque,

> en su opinión, trataba de buscar la aprobación oficial a toda costa y [...] construía sus novelas de acuerdo a los patrones de la cultura socialista, tal como la proponían las autoridades. No era difícil hallar en la ácida descripción de esas novelas una parodia de las anteriores novelas de Desnoes, y el propio narrador le increpaba en un momento dado, al señalar su hipocresía y su sumisión al poder: «¡Quién te ha visto, Eddy, y quien te ve, Edmundo Desnoes!» (1965, 32). (Peris Blanes 2011: 436)

Es sobre esa ambivalencia –que se sostiene sobre la puesta en cuestión de la credibilidad del sujeto de enunciación «burgués», y que involucra también la de su contraparte «militante»– que se construye todo el fondo existencial e ideológico de la novela, y es también eso lo que propició sus varias posibilidades de lectura, entre las cuales hay que contar como elemento nada despreciable que haya podido ser llevada al cine en el tenso contexto cubano de 1968[13]. ¿Por qué? Precisamente en la medida en que los extremos ideológicos de esas lecturas pueden resolverse únicamente a través de una determinación discursiva, de esa suerte de tasación crítica del «dentro» o «fuera» que preconizaba como rasero de valor «Palabras a los intelectuales». Paradójicamente, la indeterminación de Sergio *en el texto* hace posible la conciliación, o al menos, la convivencia interpretativa *fuera del texto* de posiciones críticas que devendrán

---

[12] La solución de la película, al poner en pantalla al propio Edmundo Desnoes como participante de una mesa redonda –¡donde se dicute nada más y nada menos que sobre el papel del intelectual en la Revolución!–, a la que asiste Sergio desde el público, intensifica si cabe el efecto. La escena, lo cual no deja de resultar curioso –porque se ha dicho a menudo que el cine de Gutiérrez Alea y en particular *Memorias* acusa una marcada influencia de Antonioni–, hace pensar en la escena inicial de *Zabriskie Point* (1970), que es dos años *posterior*.

[13] O incluso, en las lecturas que privilegian su carácter crítico, la misma posibilidad de su publicación en 1965. Véase, por ejemplo, Grossvogel 1974: 60-64.

pronto encontradas, excluyentes. Ubicar connotativamente su discurso tiene, paradójicamente, un efecto conciliador en términos de lectura, y viene a actuar como atenuante o paliativo de lo que de otro modo resultaría en fricción ideológica. En palabras de Román de la Campa,

> Son lecturas aparentemente ansiosas por asignar una referencialidad más bien paliatoria: apropiarse inmediatamente de la posición del sujeto, impugnar la voz narradora y reemplazarla con otra verdad ante ese objeto incierto. Podría decirse que esto se debe a que la crítica de la literatura cubana es un campo particularmente cargado de inmediatez referencial. (1990: 1040-41)

El artículo ya citado de Peris Blanes toca, pienso, un punto de especial pertinencia cuando hace énfasis en ese juego de espejos:

> Al representarse a sí mismo, desde la mirada de Malabre, como un farsante, un traidor a la literatura y un escritorzuelo a las órdenes del poder gubernamental, Desnoes cargaba de ironía el texto y llevaba a un alto grado de complejidad y ambigüedad su representación del intelectual en su relación con el Estado [...] De ese modo, distanciaba las opiniones del narrador de las del autor real del texto, pero al mismo tiempo daba pie a una crítica ácida, pormenorizada y profunda de su obra y de su propia posición como intelectual en el contexto de la cultura revolucionaria. (2011: 436-437)

Volviendo, entonces, a lo que me interesa subrayar aquí: Desnoes, en *Memorias* y en parte en la estela de *No hay problema*, retrata algunos de los conflictos que con relación a la identidad nacional y la condición esencialista de lo cubano se le presentan a ese intelectual a un tiempo desencantado y con vocación revolucionaria, en efecto; en cierto sentido, se podría decir que reproduce en clave narrativa el contenido de algunos de esos debates, pero eso no tendría por qué imponer una lectura que asimile, sin más, una cosa a la otra. No deja de sorprender que una novela que en su día consiguió que sus lecturas posibles no se vieran impedidas –comprometidas– por posiciones críticas o ideológicas excluyentes, y que ostenta el raro privilegio de ser uno de los primeros y quizá el último de los textos donde confluyen de una manera concordante visiones luego antitéticas de lo literario, tienda a ser mostrada a veces, todavía hoy, como mero ejemplo de aquello mismo que tematiza. Díaz Infante, por ejemplo, repasa algunos de los rasgos asociados con la imagen tradicional del cubano que aparecen críticamente en boca del protagonista, para luego añadir:

Memorias refleja, pues, la dicotomía entre la imagen tradicional del cubano y la Revolución, empresa prometeica que pretendía cambiar al hombre y dar un gran salto adelante fuera del subdesarrollo. Al hacer a su antihéroe reproducir los discursos de la *intelligentsia* republicana, Desnoes no hace sino señalar la obsolescencia de los mismos en el nuevo contexto político y social. (2009: 112)

A esa presunta obsolescencia, además de la que venía dada por el contexto revolucionario cubano, se le incorporaban en alguna de sus lecturas otros rasgos marcados sobre todo por las políticas de descolonización provenientes de la izquierda occidental, que hacían énfasis en la identidad latinoamericana, y que venían a sumarse al retrato «burgués» o «decadente» del personaje, cuyo discurso incluía «no pocos tópicos de la tradición ilustrada, liberal, positivista y eugenésica que, desde Europa, había identificado el mundo latinoamericano con la barbarie» (Rojas 2009: 46). De hecho, hay aquí otro elemento que convendría no perder de vista: lo que podría parecer una visión «europeizante» a ojos de los discursos emergentes en los sesenta, y quizá aun más a ojos de hoy para un lector o espectador europeo, se corresponde de manera mucho más natural de lo que a primera vista pudiera parecer con la situación real del momento, con La Habana de Malabre. La tradición de la alta cultura europea, que convivía a veces en fricción con la modernidad norteamericana, había tenido en América –o al menos para las élites culturales americanas, radicadas en La Habana, Buenos Aires, México o Nueva York– hasta hacía muy poco su lugar natural por la más sencilla de las razones: porque entonces no había otro a mano para su realización histórica, terrena. América había sido el único lugar posible para su desarrollo, si nos ceñimos a la estricta posibilidad geográfica: Europa, durante casi tres décadas –de tomar en cuenta únicamente el período comprendido entre mediados de los años treinta y finales de los cincuenta, durante algo más si nos remontáramos a la Gran Guerra–, había dejado de ser un sitio propicio para grandes construcciones culturales. Con su territorio y su población devastados primero por la guerra y luego por una posguerra que se extendería hasta finales de los años cincuenta, la tradición de la alta cultura europea y de las vanguardias que seguían o reformulaban su tradición vinieron a encontrar, en tanto práctica real y construcción cultural viable, mucho más espacio para sí en las metrópolis americanas que en las ciudades arrasadas del continente. La mezcla de refinamiento cultural «europeo» y prosperidad a la americana que exhibe el Sergio de la novela o la película eran, en ese momento, mucho más naturales –más propias, menos prestadas– en La Habana que en la Alemania que él mismo había visitado hacía poco: «Estuve sólo un mes en Alemania después de la guerra. Fue a finales de 47; llevaba dólares y eso me convirtió en un rey. Pero no disfruté; ¡qué disfrutar!, no entendí nada. [...] Fui huyendo de Hanna y me sentía jodido, judío para un horno crematorio» (Desnoes 1968: 142).

Rojas también se refiere a la tradición intelectual que problematiza *Memorias*, y lleva razón cuando hace notar su raíz ilustrada y humanista, que entronca con los referentes culturales de las élites cubanas –sin ir más lejos, con la tradición que alimenta el canon literario anterior a 1959–:

> «¡Estoy cansado de ser antillano! –dice Desnoes a propósito de Carpentier, a lo que agrega–: yo no tengo nada que ver con lo real maravilloso, ni me interesa la selva, ni los efectos de la Revolución Francesa en las Antillas [44]». En el hastío de esa inserción en el Caribe habría que leer, una vez más, la subsistencia de una añeja tradición criolla (Francisco de Arango y Parreño, José Antonio Saco, José de la Luz y Caballero, Enrique José Varona, Ramiro Guerra, Fernando Ortiz, Jorge Mañach, José Lezama Lima...), interesada en localizar a Cuba en una órbita más plenamente occidental, como las que describen en su rotación las potencias atlánticas de Europa y Estados Unidos. (Rojas 2009: 49-50)

Hasta ahí, en efecto, obran elementos que gravitan en el conflicto que pone en escena la novela, cuyo centro es esa subjetividad intelectual en gran medida asociada a la alta cultura europea y la modernidad norteamericana, confrontada ahora con la irrupción de la Historia que supone la Revolución. En la reflexión de *Memorias* se entrecruzan tanto el sustrato de esa cubanidad, definida ontológicamente y que ahora, desde la oposición entre subdesarrollo y desarrollismo se pone en tela de juicio, como los límites mismos de cualquier discurso sobre ella que no se corresponda, en esa suerte de *tabula rasa* que preconizaban los nuevos presupuestos críticos e ideológicos, con la militancia marxista. Es por eso que su protagonista forma parte –en una suerte de contrapartida irónica, sobre la que se construye la ambigüedad esencial de la novela– de lo que él mismo aborrece o critica: del mundo, tan distinto del ámbito burgués del que proviene pero tan presente como su reverso, de la «indolencia» idiosincrásica de «el cubano» que «vive demasiado en su presente». Y en consecuencia, formará también parte del pasado al que, desde la nueva lógica sociológica de la identidad, se remite –se persigue ubicar ahora– la totalidad de ese mundo; se podría añadir, además, que el tema de fondo de la novela, el conflicto existencial que pone en escena, gravita sobre esa pérdida del pasado en doloroso contraste con un futuro que todavía no ha llegado. Pero cosa bien distinta, en cambio, resulta concluir de ahí, renglón seguido, al menos referido al discurso de la novela –identificando esa lógica referida que articula el conflicto con el discurso del texto o de su autor–, que

> La nueva generación intelectual, a la que pertenecía Desnoes, reasumía aquel malestar dentro de la epopeya revolucionaria. La tradición ilustrada y humanista de la cultura occidental, que aquellos intelectuales habían asimilado durante su formación juvenil, se les presentaba, ahora, como un legado capitalista, democrático y colonial al que debían renunciar. Salir del subdesarrollo no era, para ellos, incompatible con relocalizarse en el mundo por medio de una nueva inscripción geopolítica: el campo socialista en cualquiera de sus dos variantes hegemónicas: la Unión Soviética o China. (Rojas 2009: 50)

Más bien y lejos de eso, lo que problematiza *Memorias* es precisamente la pertinencia de esa «renuncia debida». Lejos de articularse como discurso «positivo» –polarizable en un sentido o en otro, reductible a una voz unitaria y sincrónica–, el texto de Desnoes opera, como pone de relieve de la Campa, sobre el paradigma semántico de la pérdida:

> En última instancia [...] intenta narrar, o sea, dar una consecución espacial a un discurso incapaz de proliferarse por causas internas y anteriores. Podría decirse que escribe la supervivencia de un sujeto cuya recurrencia a la cultura que lo identifica no puede continuar: una especie de hablante sin lenguaje, pero no en el sentido inmediato y anecdótico de un intelectual esquemáticamente burgués en una revolución de ideología opuesta en abstracto, como si esa configuración fuera representable en cualquier época y latitud geográfica por fórmulas textuales establecidas. La crisis de la palabra es mucho mayor que la representable en ese plano de superficie. (Campa 1990: 1049)

Esa crisis es la que resulta de una doble pérdida: la del tiempo presente y la de la subjetividad individual (o al menos, tal como estaba constituida para aquel intelectual no no revolucionario) ante los reclamos de la comunidad mesiánica que constituye la Revolución. Y al darle cuerpo la novela lo hace cuestionando también –a través de la ironía, de la plurivocidad de la representación, de la ambigüedad, de una suerte de puesta en escena paródica de los debates del momento– *qué* la habría impuesto para ese sujeto intelectual: la irrupción brutal de la Historia y la posición del individuo, tanto con respecto a ella como con respecto a la comunidad de la que forma parte[14]: una pertenencia que, como a raíz de esa irrupción ya no se define en términos positivos de identidad o tradición, de idiosincrasia, sino en términos de construcción del futuro a partir de una *klésis* histórica, resulta ahora, también o sobre todo, la pertenencia a una comunidad mesiánica.

Es en esta acepción precisa que viene a cuento la singularidad del diario de Malabre. La novela, como se ha dicho, se presenta a sí misma como el diario escrito por su protagonista-narrador, pero el suyo presenta una peculiaridad paradójica que tiene, como se verá, sus correlatos en el tiempo que narra. Si lo que define a un diario es, precisamente, la anotación puntual y cotidiana del presente, que se expresa en el registro de las fechas de los días en curso, el de Malabre es atípico por esa ausencia. Su «diario», más que sobre la inmediatez del presente, reflexiona o bien sobre el pasado, sobre lo que él ya no es o no tiene, o bien sobre un futuro que todavía no ha llegado. Lo que reprocha a sus compatriotas es que se vive demasiado en el presente, pero ese presente no es el de la vida cotidiana sino el de las urgencias de la Historia, marcada en la novela por la inmediatez de un posible conflicto nuclear y codificada en la tonalidad emotiva de *Hiroshima mon amour*, a cuya protagonista de inconsolable memoria, encarnada por Emmanuelle Riva en el film de Alain Resnais, contrapone a menudo la provisionalidad atávica de sus compatriotas. La cotidianeidad que encontramos al principio se va espaciando –la vamos perdiendo, con él, ya desde el inicio de la novela– y de la declarada intención de «poner la fecha y la hora cada vez que me sentara para escribir algo» se pasa pronto en las primeras páginas a declaración de índole muy distinta:

> Ahora me doy cuenta: eso de poner la fecha es una tontería, no tiene sentido. Hoy para mí es igual a cualquier día que pasó o a otro que vendrá. *Feeling tomorrow just like I feel today... I hate to see that evening sun go down.* Quité todas las fechas. Si algo cambia ya se verá por lo que voy anotando. No tengo que dormir por la noche ni por la mañana ir al trabajo. El tiempo ahora es un capricho. (Desnoes 1965: 13)

---

[14] Si bien el artículo de Campa sigue otros derroteros de los que ahora interesan aquí, desde los primeros párrafos ubica la particularidad del conflicto de *Memorias* cuando, refiriéndose a su trama, señala: «Un sujeto individual ante un objeto colectivo no parece ser una fórmula vigente, ni siquiera en su versión de antihéroe, pero *en este caso ha encontrado una revolución muy cercana a nuestro espacio y nuestro tiempo*» (1990: 1039; las cursivas son mías).

En esas pocas líneas aparece condensada una de las claves de la novela de Desnoes, del conflicto existencial de su protagonista y, bien cabe añadir, de uno de los elementos que resultará central y recurrirá, una y otra vez, en la narrativa cubana de los sesenta y setenta: «Hoy para mí es igual a cualquier día que pasó o a otro que vendrá». El único tiempo verbal en presente, ese «es» que define el hoy, funge en la frase como predicado nominal: el hoy existe sólo en la medida en que se iguala a un pasado, a «cualquier día que pasó», que además tiene el mismo peso –la misma indiferencia, en cuanto a definición asertiva– que un futuro, «cualquier día que vendrá». El tiempo, *ahora*, es un capricho, se ha contraído al punto de hacer prescindible su registro, pero ¿qué es lo que determina, para Sergio, esa condición caprichosa del ahora, del presente? La encrucijada entre lo que *ya no* es y lo que *todavía* no ha sido, y la particular suspensión del presente en tanto tiempo vital del individuo.

Memorias del subdesarrollo es, tal vez, el último de los textos donde conviven –enfrentándose, sí, pero aun dialogando críticamente entre ellos– elementos cuya tematización y tratamiento van a marcar decisivamente el rumbo de la narrativa cubana, y que resultan definitorios respecto a esa dicotomía que cristalizó en los setenta entre literatura cubana, de un lado, y literatura de la Revolución o socialista, del otro. La convivencia –y también el margen de posibilidad de sus lecturas críticas– aquí aún era posible por lo que tiene la novela de ambivalente, gracias a ese complejo juego de ironías que tiene por eje el lugar de enunciación del narrador y que paradójicamente frustra, propiciándolas sin cesar, cualesquiera de sus polarizaciones ideológicas.

Uno de esos núcleos y también el más visible, como hemos visto en extenso, es el que atañe a la cuestión de la identidad, cuyas dos vertientes –la de una tradición o una idiosincrasia, pero también la que se define ahora desde una perspectiva histórica, militante– iban en vías de separarse desde inicios de los sesenta y terminarán por escindirse, ya definitivamente, con la institucionalización soviética. Otro, el del papel de los intelectuales ante la Revolución, transcurre también en el aura doble del compromiso, de un lado, y la pérdida de una subjetividad intelectual que deviene, también, crisis de la palabra, el conflicto de esa especie de hablante sin lenguaje al que remite Román de la Campa. Una figura cuya representación más explícita se encuentra en la mudez del protagonista de «Visita de cumplido» y, en sentido más general, como veremos luego, en la narrativa de Cabrera Infante posterior a *Tres tristes tigres*. Por último, recorriéndola como un detonador, figura ya en la novela de Desnoes el conflicto de lo mesiánico, que se presenta aquí en sus dos vertientes contrapuestas: como conflicto individual, pérdida del presente ante la Historia –que aparecerá como tematización del tiempo mesiánico en las grandes novelas cubanas de los sesenta y setenta– y como cumplimiento, testimonio, tiempo de redención del que se ha de dar fe desde la militancia en esa literatura «socialista», acorde a los códigos y las expectativas ideológicas del nuevo canon crítico.

Memorias constituye, en grandísima medida, una suerte de paradigma de excepción, de caso ejemplar de lo que *ya no* será posible. Es, por así decir, la última obra –o más bien, la última que permitió una lectura feliz, en términos críticos– antes del cisma que dejará como resultado dos visiones y dos configuraciones enfrentadas, asimétricas, del canon literario cubano.

Una literatura póstuma

> [...] ya iba a decírselo cuando recordé que yo estaba mudo y no recobraría la voz hasta mucho más tarde.
>
> GCI

Esa literatura que hundía sus raíces en la tradición literaria cubana anterior a 1959, que se alejaba de la referencialidad realista y tematizaba, de manera más o menos evidente, esa pérdida del presente resultante de la tensión entre un pasado ya ido y un futuro que todavía no llegaba, resulta, en cierto sentido y simplifico de nuevo, una literatura *póstuma*, cuyo rasgo más singular en ese momento –el que actualiza la tradición a la que pertenece, el que le confiere una nueva forma– será la tematización del tiempo mesiánico.

Aquella configuración estable del canon literario cubano, anterior al borrón y cuenta nueva de los sesenta, se había articulado y había construido una tradición literaria sobre dos elementos fundamentales: el primero, la indagación en la identidad cubana, constituyó siempre la zona de consenso, no sólo durante la República sino también, como hemos visto, todavía en los primeros sesenta. El segundo, que estaba mucho más ligado a la centralidad de *Orígenes* en ese canon, ligaba esa tradición a la alta literatura europea –o a las vanguardias, en la línea de los intelectuales de *Ciclón* o *Lunes*– y privilegiaba el valor estético como rasero de valor, concedía legitimidad a la escritura por sí misma. Tras el cambio de rumbo histórico del 59, con lo que suponía de cancelación del pasado y promesa de porvenir, los dos elementos fundamentales de esa construcción cultural, que ya estaban mutuamente ligados entre sí, incorporaron –o más bien, actualizaron dentro de su propia tradición– la problematización del destino nacional, de la relación del individuo con la Historia. Y no es de extrañar que esa actualización tuviera lugar, si no se quería renunciar ni a la autonomía estética ni a una visión idiosincrásica de lo nacional, en los propios términos en los que se articulaba el canon de la que era heredera.

En el discurso origenista, que había hecho de la idea del destino nacional uno de sus motivos recurrentes, ésta aparecía directamente ligada a una constitución del ser nacional –de «lo esencial cubano»–, que se realizaba como expresión a través de lo literario o, más en general, de lo estético: a través de un estilo que le correspondía. El Canon que fundamentalmente había construido Orígenes, hemos visto, le había dado una forma nueva a un sustrato común, la necesidad de mitos fundacionales, al poner en relación lo cubano con su realización literaria en un lenguaje *propio*. Es ésa la idea de fondo que anima y organiza el esencialismo de *Lo cubano en la poesía*, o incluso la visión de los origenistas sobre su propio trabajo literario, que apunta siempre a la consecución de un sentido identitario a través de la forma, del estilo. Lezama, por ejemplo, se refería así –ligando la «verdad» del estilo a la percepción de lo histórico, de destino– a su propia generación:

> aquella generación, la última realmente aparecida entre nosotros, buscaba en la hondura, en los verídicos planteamientos estilísticos, sentir el caudal mayor de lo histórico, sin partir de la configuración actual de lo primigenio, que es la búsqueda de lo artístico, sino por el contrario confluía hacia metas donde se clarificase nuestro destino histórico. Por eso yo, en mi «Coloquio con Juan Ramón Jiménez», año 1937, propuse la expresión *teleología insular*. (Lezama Lima 2002: 290)

Si bien totalmente integrada en el ideario origenista –y donde encuentra, sin duda, sus formulaciones más completas como tradición cultural–, el vínculo entre estilo, historia e identidad nacional aparecía ya desde mucho antes, formaba parte de la concepción de lo cubano: podía encontrárselo en el concepto mismo de lo «criollo», o en el vínculo tan estrecho entre la literatura de Martí, su obra política y la cubanidad. Rojas remite a *Historia y estilo* (1944), de Mañach, «la idea de que la nación posee un estilo, cuyas manifestaciones espirituales guían un devenir histórico y cifran el destino de la comunidad», y añade:

aquella idea, que acumulaba toda la herencia del romanticismo moderno, no era más que la interpretación de la nacionalidad cubana, su política y su historia, desde ciertas virtudes de la alta literatura −consciencia de sí, equilibrio, transparencia, armonía, fluidez, autorreferencialidad−, tradicionalmente atribuidas al don del gran estilo en el arte. (Rojas 2006: 243)

No es difícil entender entonces que esos tres elementos, llegado el momento en que la Historia parecía ocupar el cuerpo de la Nación, se hayan ido imbricando paulatinamente entre sí para devenir una suerte de contrapartida −y de complemento, también− al canon de la «literatura de la Revolución». A partir de cierto momento, sobre todo tras el cambio drástico en los discursos sobre la identidad −que supuso la pérdida de la zona que había sido común para ambas−, y tras el reforzamiento de una prescriptiva ideológica de corte realista socialista, esas dos visiones enfrentadas de la literatura cubana se construyeron a sí mismas de manera distinta: si una tenía su eje en un canon crítico hipertrofiado ideológicamente, el centro de gravedad de la otra se situó, actualizándolo, en el Canon y en la relación de influencia entre la tradición y una práctica literaria que la asumía, también, como parte de la pérdida misma que tematizaba −la del pasado que *ya no* es, la de un presente que *todavía* no se ha cumplido− y como testimonio de su propia subjetividad. De modo que en esa actualización, la reconfiguración del canon de una literatura «hecha» conservaría −separado, escindido del canon crítico de aquella literatura socialista «por hacer»− los rasgos constitutivos de la configuración anterior, a la vez que los integraba con el elemento nuevo: preeminencia del lenguaje, del «estilo», que expresa la identidad cubana, le da cuerpo; y ambos, he ahí el nudo, que confluyen con la promesa mesiánica de un destino nacional.

La simbiosis de esas tres nociones −lo nacional, el estilo que le es propio, lo mesiánico− va a permear tremendamente el canon cubano, y lo va a hacer tanto por impregnación como por tematización explícita. La proporción o el modo en que esos tres rasgos constitutivos aparecen en las novelas cubanas consensualmente canónicas puede variar, pero los tres aparecen en todas. Tal pareciera que la condición de paradigma que hace de una obra parte del Canon postorigenista los tuviera, o lo menos hasta hace muy poco los haya tenido, como su condición necesaria.

La reflexión o la tematización de lo mesiánico aparece una y otra vez, en parte como reverso de la narrativa «urgente» de la Revolución, como motivo vertebral en la gran narrativa cubana de los sesenta y setenta: pienso, por ejemplo, en novelas como *El siglo de las luces*, *Paradiso*, *De donde son los cantantes*, *Tres tristes tigres* o *La Habana para un infante difunto*, y en menor medida, *El mundo alucinante*[15]. En todas ellas, de una manera más o menos explícita, el núcleo que organiza la materia narrativa está ligado, indisociablemente, a la cuestión de lo mesiánico y sobre todo a esa particular forma del tiempo mesiánico donde el presente parece suspenderse o contraerse: después de la llamada, de la *klésis* –después de la irrupción de la Historia con su propuesta de cumplimiento– el pasado ya no está, no es, pero el cumplimiento de su presente no ha llegado aún, es futuro.

Volveremos sobre esos títulos y las particularidades que al respecto comporta cada uno, pero resulta más productivo detenerse en extenso en Cabrera Infante[16], que es donde aparece de manera más explícita la cuestión que nos

---

[15] Además de la poesía de Guillén, son precisamente Carpentier, Lezama, Sarduy, Cabrera Infante y Arenas los cinco narradores cubanos que incluye Harold Bloom en su polémica lista de *The Western Canon*. Más allá de la influencia que sobre esa selección pudo haber tenido Roberto González Echevarría, su colega en Yale (véase al respecto Rojas 2000: 65-66 y González Echevarría 2004b), o de las preferencias de Bloom por ciertos títulos en detrimento de otros (*Maitreya*, de Sarduy, en vez de *De donde son los cantantes*), lo cierto es que al menos en el ámbito del canon literario cubano son esos los autores indiscutibles en el Canon. Otras inclusiones –por ejemplo, la de *Biografía de un cimarrón* de Barnet que hace González Echevarría (2004), o las de Virgilio Piñera o Calvert Casey– quedan por lo general en postura de grupo, no están avaladas por un acuerdo similar.

[16] El trabajo crítico sobre la obra de Cabrera Infante es relativamente escaso, sobre todo si se atiende a la desproporción entre la importancia de su obra y la atención que ésta ha recibido, y por regla general hace énfasis en aspectos referenciales o biográficos asociados bien a su rememoración de La Habana anterior al 59 (y se la reduce así a una suerte de costumbrismo), bien a su dimensión o resonancia política o testifical en ese sentido preciso (y se la reduce a una militancia). Esa escasez salta a la vista si se compara en volumen con el dedicado a los textos de, pongamos por caso, Carpentier o Lezama Lima, o al aprovechamiento académico de Sarduy. A ello viene a sumarse, para colmo, una suerte de consenso o tópico crítico según el cual *Tres tristes tigres* sería su obra mayor y el resto, en cambio, literatura menor, meros «refritos» prescindibles. Así despacha, por ejemplo, González Echevarría –quien en cambio ha hecho (2001) una lúcida lectura de «Meta-final» y su alcance en el panorama literario hispanoamericano– la importancia del resto de su obra con relación a *TTT*, refiriéndose a su inclusión en el Canon cubano: «Guillermo Cabrera Infante por *Tres tristes tigres*, pero nada más, porque son casi todos refritos» (2004b: 13). O algo más adelante: «Esa novela es inmune a las bromas, los pujos de su autor, que tienden a reducirla al humorismo y a la trivialidad. La obra sobrevive también el impulso central de la estética de Cabrera Infante, que en sus producciones menores y refritos tiene un efecto devastador: el melodrama social y su expresión como mueca lingüística, como juego de palabras» (2004: 14-15). Un interesante análisis de *La Habana para un infante difunto* que se aparta de esos encasillamientos puede encontrarse en González 2006.

ocupa. La última de esas grandes novelas –*La Habana para un infante difunto* (1979)– está separada por más de una década de *Memorias del subdesarrollo*; publicadas póstumamente, *La ninfa inconstante* (2008) y *Cuerpos divinos* (2010) entroncan directamente con el Cabrera Infante de *La Habana para un infante difunto* (1979) y son, por así decir, su prolongación por otros medios.

Y lo son no sólo por la ciudad, La Habana, en la que se sitúan y que constituye en alguna medida su centro, o por el momento histórico en que tiene lugar lo que narran, sino sobre todo porque ambos, y es eso lo que interesa analizar aquí, repiten el expediente narrativo de aquel libro de 1979, al punto que bien puede vérselos, a los tres en conjunto, como una trilogía de la ciudad[17], con una unidad propia y aliento común. Ese aliento común viene dado por los procedimientos ficcionales que sostienen e impulsan el relato y por una peculiar forma del tiempo narrativo que, como veremos, el propio autor tematiza y que marcan la escritura al punto de constituirla, de dotarla de un sesgo particular. De lo que se trata, entonces –decir que La Habana está presente en todos los textos de GCI sería, está claro, una obviedad–, es de la manera común en que se construye el relato en esos tres libros; una manera muy distinta, por ejemplo, a la que sostiene *Tres tristes tigres* o incluso títulos como *Vista del amanecer en el trópico*.

De hecho, y sobre todo si comparamos la trilogía con *Tres tristes tigres*, esa manera resulta no sólo distinta sino en buena medida también antinómica; aun cuando muchas veces se aborde lo mismo, el procedimiento es inversamente simétrico. La fragmentación, como bien ha hecho notar la crítica, configura el sustrato narrativo de *TTT*, un inmenso *collage* que tiende a lo expansivo, lo centrífugo, y que tiene su centro en la representación y la problematización del estatuto ontológico del lenguaje y en lo escritural[18] como núcleo que encarna y da cuenta, en infinita expansión, de un continuo todo el tiempo separado, fragmentado, escindido en elementos discretos cuya entidad toma cuerpo en el texto como fragmento. Y que se contagia no sólo a la forma propia del

---

[17] Novela topográfica, propone Merrim (1982) sobre *La Habana para un infante difunto*, lo cual en buena medida resulta extensivo a la trilogía. A esa particularidad espacial habría que agregar la particularidad temporal que, como se verá, la completa y en cierto sentido la hace posible.

[18] Uso escritural en sentido similar a Magnarelli (1976), quien define «the "Writerly"» a partir de la escisión entre representación y consciencia de la representación (focalizada, según Magnarelli, en el personaje de Bustrófedon). Lo que tiene de metalenguaje el lenguaje de *Tres tristes tigres* trasciende la mímesis escritural e involucra cuestiones asociadas a una apocalíptica, de las que en buena medida muchos de los atributos del lenguaje (y de lo «escritural») son consecuencia natural. Sobre el lenguaje en *TTT*, véase también Merrim 1980.

texto, sino también a sus secuelas y, cabría añadir, sus omisiones (una lógica del fragmento abre siempre la puerta a los fragmentos posibles que no fueron, a la ausencia como valor constitutivo). Como bien dice González Echevarría, a propósito de esas secuelas y versiones:

> La fragmentación textual del libro como producto, en el sentido más concreto y tangible, es reflejo de su fragmentaria estructura interna, compuesta de textos diversos y variados que van desde la transcripción de cintas magnetofónicas, presuntamente grabadas por un personaje llamado Bustrófedon, a las sesiones de una mujer con su psicoanalista, diálogos, listas, dibujos y cosas por el estilo. La fragmentación es, desde luego, parte de la profunda meditación que contiene el libro sobre la naturaleza del lenguaje, la literatura y la cultura en un sentido más amplio. (2001: 225).

Algo bien distinto de lo que ocurre en la trilogía que nos ocupa, donde lejos de proceder por fragmentación tiene lugar en el texto una condensación, una contracción del tiempo, del espacio y del lenguaje que los pone en evidencia, que opera en varios niveles narrativos y determina –sella, por así decir– el carácter mismo de la escritura.

Pero vayamos por partes. En una segunda acepción, lo póstumo se refiere no tanto a lo que tiene lugar luego de la muerte de alguien (reconocimiento o publicación póstuma, condecorado póstumamente, etcétera) sino a lo que tiene lugar de manera vicaria o retrospectiva, en un *después* que se perpetúa como rememoración o como pérdida en presente pero que no constituye, en sí mismo, presente real más allá de su enunciación en el lenguaje. Rama, en *La ciudad letrada*, describe con precisión esas escrituras póstumas de la ciudad latinoamericana, en su doble vertiente de «recuperación» y construcción de sentido:

> De las *Tradiciones peruanas* de Ricardo Palma a *La gran aldea* del argentino Lucio V. López, de los *Recuerdos del pasado* del chileno Pérez Rosales al *México en cinco siglos* de V. Riva Palacios, durante el período modernizado asistimos a una superproducción de libros que cuentan cómo era la ciudad *antes de la mutación*. Es en apariencia una simple reconstrucción nostálgica de lo que fue y ya no es, la reposición de un escenario y unas costumbres que se han desvanecido y que son registradas «para que no mueran», la aplicación de una insignia goetheana según la cual «sólo es nuestro lo que hemos perdido para siempre». (Rama 1984: 97-98).

Antes de la mutación, escribe Rama (las cursivas son mías), y se refiere allí al tránsito a la modernidad y a los discursos que, desde la ciudad letrada, legitiman o amparan o cuestionan ese estado de cosas. Pero para La Habana de Cabrera Infante, en cambio, y sobre todo para La Habana que está presente en la trilogía que nos ocupa, ese *antes* (y por consiguiente, su *después*) de la mutación puede definirse con mucha mayor precisión, puede datarse casi como hace el propio CGI cuando fecha su adolescencia en un día concreto[19]. Es un antes y un después que, como sabemos, está directamente vinculado a la irrupción de la Historia y a la pérdida del presente, a un tiempo que se contrae y carga de significado por la propia imposibilidad del presente que trae aparejada la carga mesiánica. Lo póstumo, en esta acepción precisa, entronca a su vez con la reproducción retrospectiva del trauma, con la pervivencia de un conflicto que, en tanto separación de sí, se reproduce en esa temporalidad separada del presente: «This is an upending and dizzying form of time, not without its additional affinities to what Freud has termed *Nachträglichkeit*, a kind of uncanny repetition, the trauma that is only experienced belatedly and retrospectively once it is finally repeated, but in slightly new fashion» (Kaufman 2008: 47).

Ese tiempo imposible, que como se verá no es otro que el tiempo mesiánico, cobra cuerpo en el espacio de una ciudad cuyo paisaje deviene, por virtud de su representación escritural *póstuma*, pasaje, ficción[20]. Si algo comparte esa Habana póstuma con las evocaciones de la ciudad que menciona Rama, es precisamente esa voluntad de hacer presente lo que irremisiblemente ya no puede serlo *después* de la mutación. En efecto: «no hay texto que no esté determinado por una situación de presente y cuyas perspectivas estructurantes no partan de las condiciones específicas de esa situación» (Rama 1984: 98). Es por eso que

> Su fundamental mensaje no se encontrará en los datos evocativos sino en la organización del discurso, en los diagramas que hacen la transmisión ideológica [...], en el tenaz esfuerzo de significación de que es capaz la literatura. Pues ésta —conviene no olvidarlo— no está sometida a la prueba de la verdad, sus proposiciones no pueden ser enfrentadas con los hechos externos; sólo pueden ser juz-

---

[19] «Muchas personas hablan de su adolescencia, sueñan con ella, escriben sobre ella, pero pocos pueden señalar el día el que comenzó la niñez extendiéndose mientras la adolescencia se contrae —o al revés. Pero yo puedo decir con exactitud que el 25 de julio de 1941 comenzó mi adolescencia» (Cabrera Infante 1979: 11).

[20] Y si bien con alcance y sentido distintos en Cabrera Infante, resuena aquí lo que apuntaba Román de la Campa a propósito de *Memorias del subdesarrollo*: «narrar, o sea, dar una consecución espacial a un discurso incapaz de proliferarse por causas internas y anteriores» (1990: 1049).

gadas interiormente, relacionando unas con otras dentro del texto y por lo tanto registrando su coherencia más que su exactitud histórica. (Rama 1984: 99-100).

Esa coherencia, que en la trilogía de GCI lleva al extremo la puesta en escena de un tiempo contraído, inoperante[21], se construye textualmente sobre un escenario, sobre la topografía de lo que aquí hemos llamado paisaje. Veámoslo en detalle.

Del paisaje al pasaje

La ninfa inconstante y *Cuerpos divinos* comienzan narrando el mismo evento, un encuentro fortuito en La Habana (de hecho, la fábula de *La ninfa* es el desarrollo, hasta sus últimas consecuencias, de ese encuentro, mientras que en *Cuerpos* lo que allí y entonces acontece deja luego espacio a otros eventos sucesivos). Es el encuentro del narrador con Estela (*La ninfa*) o Elena (*Cuerpos*), un encuentro casual que aparece con algunas variaciones en uno y otro texto pero sigue, en ambos, el mismo recorrido. Recorrido, nunca mejor dicho: en efecto, se trata de un recorrido en el paisaje, lo topográfico, el espacio de la urbe. Acaso la figura que mejor lo describe es la *ékfrasis*, esto es, la descripción narrativa de un objeto —en este caso, los objetos de un paisaje— a través de la cual avanza la narración y se dispone en el texto una determinada temporalidad. Y aquí conviene detenerse un momento, porque la relación entre lo espacial, lo narrativo y el tiempo que ponen en escena es central para lo que nos ocupa. Como es sabido, la *ékfrasis* clásica suspende, detiene provisionalmente, por así decir, el tiempo lineal del relato. Como bien apunta Putnam a propósito del estudio de Krieger (1992),

> the ideal, but unrealizable goal of *ekphrasis* is to stop time, to place narrative *momentum* in a subservient position to the object under scruting, which we are

---

[21] Lo escatológico —en el sentido apocalíptico del término, que adopta derivaciones propias en lo mesiánico— recorre toda la novelística de Cabrera Infante, si bien la manera en que toma cuerpo en *Tres tristes tigres* es radicalmente distinta a la de las novelas posteriores. Dicho de la manera más sucinta, *Tres tristes tigres* vendría a ser a la trilogía que nos ocupa lo que el *Apocalipsis* de San Juan a *La epístola a los romanos* de San Pablo. Dos aproximaciones distintas, pero que abordan esa dimensión particular de la escritura de CGI pueden encontrarse en Siemens 1975 y González Echevarría 2001. Sobre la diferencia esencial entre lo apocalíptico y lo mesiánico abundaremos más adelante.

meant to grasp in a flash of comprehension, just as we could react when first seeing a painting or a piece of sculpture in a museum. (Putnam 1998: 22)

Y justo de eso se trata, en la trilogía de Cabrera Infante: de una *ékfrasis* topográfica permanente que deviene, por eso, narración, y que está a su vez, como se verá, ligada a una suspensión especial del presente, a la representación de una detención del tiempo. La *ékfrasis*, por su propia condición un *fabulari ex re*, tiene en ese paso permanente del paisaje al pasaje, y viceversa –el paisaje construye el pasaje tanto como el pasaje nos lo devuelve en memoria de la ciudad, lo restituye al objeto en que transcurre–, su mejor concreción narrativa, a la vez que responde a una necesidad del todo congruente con la representación de ese tiempo mesiánico donde el presente ha quedado detenido, secuestrado, en el intervalo mesiánico entre dos instantes –porque su cumplimiento no es posible en el *ahora*, sino únicamente en el milenio que está por llegar pero *todavía no*.

Quizá uno de los fragmentos que mejor ilustre ese tránsito del paisaje al pasaje, del lugar al acontecimiento narrativo –*fabulari ex re topologica*, en este caso– es el que figura, con alguna diferencia, al inicio de ambos textos. El narrador adelanta las circunstancias que hacen posible el encuentro: un café en el Wakamba –«la cafetería de moda adosada al cine La Rampa» (2008: 25)– con Branly, Raudol en el otro libro, y continúa:

> No salimos por la calle O sino que atravesamos la cafetería para subir siete escalones y salir por la puerta del fondo que da a la rampa interior del cine tautológico llamado –¿qué otra cosa?– La Rampa. La decisión se aprobó por minoría. La cafetería, el pasadizo y la entrada al cine estaban limitados por paredes de bronce y cristal que se abrían por un mando mecánico, pero reflejaban, desde lo oscuro, el brillante sol afuera como si fuera una galería de espejos múltiples que inducía, momentáneamente, a confusión. Más allá estaba la calle deslumbrante y la acera como una faja de luz. Hasta ahora todo era topografía, pero comenzaba, sin saberlo, el verano de mi contento. Salí del cine sin haber entrado. (2008: 26-27)

En *Cuerpos divinos*, con alguna variación, se refiere lo mismo, pero en ambos es ese pasillo (ese recorrido topográfico) lo que posibilita el encuentro y, por tanto, lo narrativo:

> Creo que yo la vi primero. Puede ser que Raudol me diera un codazo, advirtiéndome. Salíamos de merendar y de hacer un dúo de donjuanes de pacotilla en

la cafetería que está debajo del cine La Rampa. Cogimos por el pasillo que sube y entra al cine y sale a la calle 23 y por el desvío (¿por qué no salimos directamente a la calle?) atravesando el pasadizo lleno de fotos de estrellas de cine y frío de aire acondicionado y tufo a cine, que es uno de los olores (junto al vaho de gasolina, el hedor del carbón de piedra ardiendo y el perfume de la tinta de imprenta) que más me gustan, *esa maniobra casual puede llamarse destino*. No recuerdo más que sus ojos mirándome extrañada, burlona siempre, sin siquiera oír mi piropo, preguntándome algo, dándome cuenta yo de que buscaba alguna cosa que nunca había perdido, pidiéndome una dirección. Se la di, la hallé y se la di. ¿Se sonrió o fue una mueca de burla o me agradeció realmente que buscara, que casi creara los números de la calle para ella? Por poco no lo sé jamás. (2010: 8)

Lo que dice CGI sobre la historia que cuenta *La ninfa* y sobre ese encuentro en la esquina de 23 y O es del todo aplicable al modelo diegético que sostiene toda la trilogía, y en su propia reflexión metaficcional se condensan las dos coordenadas que involucra, lo topográfico en la ciudad y la manera especial que asume el tiempo en el relato:

Esta historia no pudo ocurrir cinco años antes. Entonces la calle 23 terminaba en L, y La Rampa no había sido construida todavía. Al fondo, paralelas con el Malecón, estaban las líneas del tranvía y, a veces, se veía venir un tranvía cuyas vías terminaban poco antes del infinito. Por supuesto el Hotel Nacional estaba ahí ya encaramado en un parapeto, pero donde hoy está el Hotel Hilton había una hondonada con un fondo plano de arcilla en que alguna vez vine a jugar a la pelota. Desapareció el campo de juego donde no gané una batalla, para hacerse ese campo de Venus, no de Marte, donde me fue mejor –aparentemente. (2008: 21-22)

La historia, esa historia en concreto y cualquiera de las que relatan los libros de la trilogía, es posible como *pasaje* narrativo en virtud de que existe (y se representa, se refiere permanentemente) el espacio –el paisaje– que les da lugar: su posibilidad narrativa viene dada, por así decir, porque ese espacio está ahí para permitir que vengan a cuento, y su continuo estar referido es el que hace posible, a fin de cuentas, la *ékfrasis* permanente de la que ellas forman parte, el movimiento narrativo que sostiene los tres libros.

Ahora bien, ¿qué pasa entonces con el tiempo en que transcurre esa *ékfrasis*, cómo condiciona ese tránsito del paisaje al pasaje el tiempo que pone en escena la escritura de Cabrera Infante en la trilogía y que está indisolublemente imbricado con ella? ¿Cuál es el tiempo de la trilogía?

Suspensión y cumplimiento

«Es en pasado cuando vemos el tiempo como si fuera el espacio», dice CGI, subrayando él mismo esa condición póstuma de La Habana que narra (2008: 17). Ahora bien, el tiempo de la trilogía –el tiempo en que se narra, transcurre, el tiempo que representa la escritura de la trilogía– tiene poco o nada que ver con el pasado a secas o con una concepción lineal del tiempo. También al inicio de *La ninfa inconstante*, el propio texto reflexiona sobre su particular condición temporal: avisa lo que viene. Hay pocos textos en prosa, al menos en la literatura cubana, que condensen tanto significado en tan pocas líneas para referirse a sí mismos:

> Esta narración está siempre en el presente a pesar del tiempo de los verbos, que no son más que auxilios para crear o hacer creer en el pasado. Una página, una página llena de palabras y de signos, hay que recorrerla y ese recorrido se hace siempre ahora, en el mismo momento en que escribo la palabra ahora que se va a leer enseguida. Pero la escritura trata de forzar la lectura a crear un pasado, a creer en ese pasado –mientras ese pasado narrado va hacia el futuro. No quiero que el lector crea en ese futuro, fruto de lo que escribo, sino que lo crea en el pasado que lee. Son estas convenciones –escritura, lectura– lo que nos permite, a ti y a mí, testigo, volver a ver mis culpas, revisar, si puedo, la persona que fui por un momento. Ese momento está escrito en este libro: queda inscrito. (2008: 12)

¿Cuál sería, entonces, ese tiempo particular cuya representación viene a ser el centro de las tres novelas?

Más que un tiempo particular, cronológico, se trata de esa particular condensación y suspensión del tiempo que constituye el tiempo mesiánico: no *chronos* sino *kairós*.

Es difícil que la cita anterior de Cabrera Infante no resuene en lo que, a propósito de Pablo y la epístola a los romanos, subraya Agamben:

> el tiempo mesiánico no es en Pablo un tercer eón entre dos tiempos; más bien es una cesura que divide la división misma entre los tiempos, introduciendo entre ellos un resto, una zona de indiferencia indistinguible, en la cual el pasado queda trasladado al presente y el presente extendido en el pasado. (2006: 78)

De hecho, las conexiones entre ambos textos –el de Pablo y de Cabrera Infante– van más allá de la cuestión del tiempo mesiánico. Como mismo el griego neotestamentario de Pablo, una suerte de *yiddish* con relación al griego (véase Agamben 2006: 15-16), el texto de GCI está no sólo escrito en cubano o más bien en habanero —en esa misma acepción, un *yiddish* del castellano— sino además en una tesitura que reproduce, precisamente, su particularidad por el expediente de mostrar su intensidad, de poner de relieve la dimensión significante de todo lenguaje. Pero centrémonos mejor en lo que aquí nos interesa.

¿Cuál es la peculiar forma interna del tiempo mesiánico, en qué consiste —más allá de una u otra lectura sobre la propiedad o impropiedad de su condición[22]— la estructura sobre la que se funda su excepcionalidad?

Si seguimos el recorrido que hace Agamben en *El tiempo que resta*, esa condición estructural se sitúa sobre todo en una aporía, en una división que hace inoperante y, por eso mismo, condensa, contrae el tiempo presente: en cierto sentido, lo vuelve irreparablemente póstumo. Quizá una de las formulaciones más objetivas de ese tipo de división —en tanto es ajena a toda *klésis* mesiánica— es la conocida aporía de Zenón: Aquiles, el de los pies ligeros, no podrá nunca alcanzar a la tortuga, porque para recuperar la ventaja que le ha dado ha de recorrer primero la mitad de esa distancia, y antes la mitad de la mitad, y antes aún la mitad de la mitad de la mitad, etcétera. Ahora bien, la aporía de Zenón —que tensa la fricción entre realidad y formulación de lo real— no da cuenta, por supuesto, de la peculiar condición del tiempo mesiánico: sencillamente, puede ayudarnos a entender mejor el tipo de división que lo constituye como resto. Esa condición de resto, como se verá, resulta aquí esencial. En palabras de Agamben:

> Este «resto» no es algo así como una porción numérica o un recuerdo sustancialmente positivo, del todo homogéneo con respecto a las divisiones precedentes, sino que tiene en sí mismo —aunque no se sabe cómo— la capacidad de superar las

---

[22] La reflexión sobre la condición mesiánica, enfocada desde una u otra perspectiva, reaparece como tema de interés y actualidad recurrente en varios de los trabajos filosóficos más importantes o más visibles de las últimas dos décadas. Como bien hace notar Kaufman (2008: 37), las visiones más encontradas probablemente sean las de Agamben —la reflexión sobre lo mesiánico recorre toda la obra de Agamben, no únicamente *El tiempo que resta*— y la vindicación militante de Badiou (1997), pero no son las únicas. Véanse también, por ejemplo, las actualizaciones de Derrida (1994), el excelente libro de Taubes (2004) o los acercamientos de Žižek (2003 y 2010). Si a ello sumamos las lecturas que a modo de actualización crítica o rescate hacen cada uno de ellos del tratamiento del tema en Benjamin, Scholem, Hegel, Kojève, Heidegger, Derrida o Deleuze, y las lecturas que sobre esas lecturas y los respectivos posicionamientos hace a su vez la academia, se entiende que Milbank *et alia* (2010) hablen de un *Paul's New Moment*.

diferencias. Desde un punto de vista epistemológico, se trata más bien de escindir la partición bipolar judío/no judío, para pasar de este modo a otra partición lógica de tipo intuitivo, o mejor, del tipo utilizado por Nicolás de Cusa en su obra *De non aliud*, en la cual la oposición A/no A admite una tercera, que tiene la forma de una doble negación: no no A. (2006: 56-57)

Algo similar opera en el presente suspendido y, a su vez, contraído, póstumo, propio del tiempo mesiánico: después de la llamada, de la *klésis* —después de la irrupción de la Historia que propone un cumplimiento— el pasado ya no está, no es, pero el cumplimiento de su presente no ha llegado aún, es futuro. Y el presente se contrae en la medida en que, dividiendo la división, deja de existir como experiencia: la oposición entre presente y no presente se resuelve, entonces, en ese no *no* presente de la narración —«siempre en el presente a pesar del tiempo de los verbos»— que tan bien describe Cabrera Infante en las páginas iniciales de *La ninfa inconstante*.

En efecto: la antinomia mesiánica implica, entonces, con respecto a su peculiar relación con un pasado que ya no está y un futuro que no ha llegado, una «vida vivida en el aplazamiento» —*Leben im Aufschub*, en palabras de Scholem—, en la cual nada puede llevarse a cumplimiento pleno. En esa suerte de *Nachträglichkeit* narrativa de la trilogía, el aplazamiento —ese no *no* presente— toma la forma de un anclaje permanente al pasado, en consonancia con la recreación, la *ékfrasis* topográfica que la espacializa y la remite a la ciudad, al espacio; el pasado que convoca ese no *no* presente es, precisamente por ser póstumo, el único tiempo de algún modo aprehensible, y el fracaso del presente se remite, en ese trauma que se reproduce una y otra vez sin poder resolverse, al fracaso que no puede asumirse en pasado.

El futuro, la promesa del reino, cualquiera de los milenarismos históricos asociados a lo mesiánico, sólo puede fungir como acicate militante —ese «futuro luminoso del socialismo» del que tan alejado está Cabrera Infante—; esto es, si se trata de un futuro asociado a lo mesiánico y la irrupción de la Historia, sólo puede representarse como afirmación política de un discurso, pero no cabe lugar para él desde el individuo, en ese presente suspendido entre un *ya* y un *todavía* en permanente tensión. Es sobre todo a través de la recapitulación del pasado que el no presente mesiánico tiene lugar:

> la representación común que ve el tiempo mesiánico como orientado únicamente al futuro es falsa. Estamos habituados a que nos digan repetidas veces que en el momento de la salvación es preciso mirar al futuro y a lo eterno. Por el

contrario, para Pablo recapitulación, *anakephalaíosis*, significa que *ho nyn kairós*, el tiempo presente, es una contracción del pasado y del presente, y que, en la instancia decisiva, debemos arreglar cuentas sobre todo con el pasado. Pero esto no significa obviamente apego o nostalgia; al contrario, la recapitulación del pasado es también un juicio sumario realizado sobre éste. (Agamben 2006: 81)

Lo póstumo y lo impropio

Quizá donde mejor se vea –donde esté más llevada a escena como tesis, en unas pocas páginas– esa condición póstuma del tiempo representado de la que venimos hablando sea en uno de los cuentos más atípicos de Cabrera Infante, «Visita de cumplido». El narrador de «Visita de cumplido» padece de una particularidad que lo hace ya singular: ha perdido el habla. La «historia» que se relata se organiza en pasajes narrativos relativamente independientes, que consisten en el encuentro de ese narrador, que a partir del «hoy» del cuento no tiene voz, con una serie de personajes en su viaje a Virana (es uno de los pocos cuentos rurales de GCI). Todos esos pasajes están ligados por la presencia de una misma voz narrativa y por la oscilación permanente entre la actualidad del relato –que se narra en presente– y su puesta en contraste con un pasado referido: el narrador refiere, o le refieren a él, una y otra vez cómo *eran* antes las cosas, de modo que ningún presente –desde lo trivial de sacar un billete en la estación o un viaje en autobús hasta su encuentro con la mujer que le declara su amor, una declaración también ya póstuma– puede existir por sí mismo, porque necesita cotejarse permanentemente con lo que ya no es. Varios de sus interlocutores, de hecho, ni siquiera se dan cuenta de que el narrador ha perdido el habla: asumen que éste es lo que no es, que dice lo que no dice o, más bien, que lo que *no puede* decir, todo aquello que lo niega –una negatividad adosada o impuesta por la circunstancia–, es lo que sustenta su «diálogo» con ellos. Semejante nulificación es posible porque el tiempo propio, el presente donde cabría toda enunciación –y por consiguiente, donde único cabría la realización de lo que propiamente se es–, se ha suspendido, y así todo el cuento deviene, incluso explícitamente en sus marcas temporales, una paradoja o una aporía que versa no sólo sobre lo póstumo sino también sobre la negación de un ser que es visto a través de lo que *no puede* decir.

Condición liminar, límbica: sin derecho de habla, sin un tiempo real que asumir –porque el presente es imposible luego de ese después y mientras tanto dure el antes– el narrador de «Visita de cumplido» y el de la trilogía ponen incesantemente en escena la representación de una fractura, de una máquina del tiempo que impide vivir lo real como real y que lo sustituye por el lenguaje, por la elocución permanente de un deseo insatisfecho. La imposibilidad de asumir el fracaso en pasado hace fracasar –niega, pone en entredicho– perpetuamente el presente, al tiempo que lo reproduce *en tanto* lenguaje o figura, imposibilidad de asunción de lo propio en el aquí, el ahora: lo propio deviene objeto inalcanzable del deseo, secuestrado por el *dasein* de lo impropio (estado de cosas, circunstancia, Historia, biografía). Es a partir de ahí que puede entenderse la dialéctica entre esa ciudad póstuma (donde «vemos el tiempo como si fuera el espacio») y el tipo de pasaje narrativo que derivan de sus paisajes incesantemente referidos, un tiempo espacializado que necesita de un espacio a su vez temporalizado, lugar irremediablemente póstumo de la suspensión del presente.

La tragedia que pone en escena esa escritura es la de la posposición de cualquier presente y su perpetua añoranza como pasado o su postergación a futuro, la de un sí *pero* no (o, como hemos visto, la de un no *no* presente): la de un amor que no puede vivirse pero cuya fe, en cambio, se declarase incesante en el lenguaje, y cuyo único destino consistiera precisamente en un lenguaje sin tiempo ni asidero a lo real, un presente mesiánico contraído porque transcurre siempre en un *todavía no*, un *mientras tanto no*, que lo hacen inoperante, como inoperante o aporético resulta el tiempo en la frase final de «Visita de cumplido»: «ya iba a decírselo cuando recordé que yo estaba mudo y no recobraría la voz hasta mucho más tarde» (1999: 87).

Un nexo incómodo

Hay un nexo indisociable entre la cuestión de la identidad (con las nuevas polaridades que adoptaba ahora) y la dicotomía entre tradición literaria y prescriptiva o normativa marxista, del mismo modo que hay un nexo –vínculo este último no tan evidente, y por lo general omitido o eludido por unos y otros: es un nexo incómodo– entre esa literatura póstuma que tematiza lo mesiánico (como reflexión, como tema, como puesta en escena, como representación) y la literatura «urgente» de los primeros sesenta, aquella que intentaba dar fe de la Historia, referirla incesantemente. Son la contraparte simétrica, se sitúan en las antípodas la una de la otra y se ignoran mutuamente; de hecho, pertenecen del todo a órdenes distintos, sí, pero en cierto sentido, son también el anverso y el reverso de la misma disfuncionalidad, la que trajo consigo la fractura del canon literario cubano previo a 1959, y la escisión consiguiente entre una literatura «hecha» y una «por hacer». Ese nexo se hace más visible a medida que se avanza en el tiempo: si *Paradiso* o el *El siglo de las luces* pertenecen a mundos autorales ya hechos, definidos –aun cuando en ambas novelas aparezcan rasgos que ponen ya de relieve la relación con el acontecimiento revolucionario y la irrupción de la Historia: en Carpentier, como tematización abierta; en Lezama, como construcción textual en torno a lo revelado, a la trascendencia entendida como destino y tradición– no puede decirse lo mismo de la obra de Cabrera Infante, la de Sarduy o la de Arenas, construidas todas después del sesenta.

La visibilidad misma de Carpentier como autor consagrado y, si bien en muy menor medida, incluso en parte la del propio Lezama, está ligada al complejo entramado ideológico, crítico y editorial que hizo del *boom* un fenómeno de recepción sin precedentes. A primera vista esos vínculos no parecen evidentes, pero si se siguen –al menos en lo que concierne al canon literario cubano– las relaciones entre las instituciones culturales cubanas y los autores del *boom*, las influencias ideológicas de doble vía entre Cuba y la izquierda latinoamericana y, sobre todo, el lugar que vino a ocupar la narrativa del *boom* en el sistema del canon literario cubano –al mismo tiempo, sucedáneo del canon originista y único paradigma real, a la mano, para el canon crítico cubano–, no resulta difícil precisar algunos de esos nexos. En relación con Carpentier y Lezama, por ejemplo, su condición de «precursores» del *boom* es indisociable del fenómeno mismo que habrían precedido, y su consagración como autores indisociable a su vez de esa visión crítica: se los busca y analiza, cobran una visibilidad que antes no tuvieron y sus textos de los sesenta y setenta son atendidos, al menos en buena medida, como resultado de ese descubrimiento retrospectivo de su condición de precursores –y *sólo por consiguiente*, de autores activos– de algo que no habían previsto y que, en el fondo, resulta bastante ajeno a los proyectos narrativos de ambos.

En el ámbito cubano tienen lugar fenómenos similares que ligan esos dos órdenes antitéticos de los que venimos hablando: ese canon crítico basado en el compromiso o en presupuestos marxistas los integra, si lo hace –aquí, de nuevo, sobre todo a Carpentier– en tanto autores que no pueden pasarse por alto porque pertenecen, ya, a un conjunto más amplio, y en virtud de esa pertenencia pueden ser adscritos al Canon sustitorio que, con respecto al Canon cubano, vino a constituir la nueva novela latinoamericana. A su vez, el papel público del autor y su adhesión al régimen o al menos, su desempeño en instituciones creadas por la Revolución (Carpentier, desde su regreso a La Habana y hasta 1967, dirigió la Imprenta Nacional) fue susceptible de generar no sólo legitimidad para la recepción de su obra, sino también, cómo no, visibilidad para esa misma obra *por contraste* con su posición hacia el proceso revolucionario cubano: un ejemplo entre tantos, por seguir con Carpentier y *El siglo de las luces*, fue la polémica crítica en torno a una posible reescritura parcial de la novela para que «concordara» ideológicamente con la Revolución. *El siglo* había sido escrita en Caracas, antes de su regreso a La Habana en 1959, de modo que habrían sido «las nuevas realidades que encontró en Cuba» las que lo hicieron posponer la publicación de la novela «hasta tanto no le hiciera los cambios que la pusieran más a tono con la revolución» (González Echevarría 2004a: 275). Prosigue González Echevarría:

> La declaración de Carpentier de que había hecho cambios en la novela suscitó conjeturas hostiles a la Revolución Cubana, particularmente cuando declaró su lealtad al nuevo gobierno y fue hecho director de la casa editorial del estado. Estas conjeturas se reavivaron cuando, en 1967, se le separó de su cargo y se le nombró agregado cultural de la delegación cubana en París. (2004a: 276)

Más que el hecho de si hubo o no esos cambios[23], lo que me interesa subrayar es el plus de visibilidad que comporta, para el autor y su obra, ese mero cotejo crítico con el devenir histórico cubano, los nexos invisibles entre dos órdenes literarios efectivamente contrapuestos y que se articulan como anverso y reverso, precisamente, de resultas de la fricción entre ellos, como resultado de una convivencia a todas luces tan disfuncional como inevitable.

En consonancia con lo anterior, no es de extrañar que el propio Carpentier haya propuesto hasta una lectura «marxista» de la novela. En la misma

---

[23] De haberlos habido –lo cual sería más relevante para la genética textual que para lo que nos ocupa aquí–, lo cierto es que no se notan en el texto. En mi opinión y si se sigue esa línea suspicaz, sería mucho más probable pensar que Carpentier haya demorado la publicación de la novela esperando un momento propicio, hasta tanto pudiera sentirse seguro de su nueva posición en Cuba. González Echevarría descarta la hipótesis de los cambios dando por buena una suerte de «retractación» de Carpentier: «Carpentier insistió luego, en cierto modo retractándose de su anterior declaración, que los cambios que hizo en *El siglo de las luces* no eran sustanciales, que simplemente había reescrito el episodio de la ruptura entre Víctor y Sofía muchas veces en un esfuerzo por evitar el melodrama. Cualquiera íntimamente familiarizado con la obra de Carpentier que no esté dispuesto a aceptar la propaganda contrarrevolucionaria (ni la del régimen) probablemente deberá aceptar esta versión, ya que en obras tan intrincadamente urdidas y orgánicamente conectadas como las de Carpentier, hacer cambios mayores resultaría difícil después de cierto punto» (2004: 277).

semblanza sobre su obra en el libro de Harss[24] donde Carpentier mencionaba esos supuestos cambios, se apunta también a propósito de *El siglo* que

> el verdadero sentido del libro, dice Carpentier, ha de buscarse en Sofía, cuya desapasionada apreciación de los hechos se vincularía más estrechamente con el humanismo marxista. Sofía comprende que «por más que los hombres se engañen, las ideas siguen su camino hasta el día en que encuentran aplicación». (Harss & Dohmann 1971: 82)

El mejor ejemplo (precisamente en todo lo que tiene a la vez de fallido y de extremo) de un intento de conciliar esos dos órdenes escindidos es *La consagración de la primavera* (1978), de Alejo Carpentier: curso de acontecimientos históricos que pretende hacerse lenguaje en el estilo de su autor, no consigue ni una cosa ni la otra. En el caso de *La consagración*, el intento de ajustarse a las expectativas ideológicas del momento y las progresivas modificaciones que hizo Carpentier están fuera de duda:

> Desde 1963, por lo menos, se sabía que Carpentier estaba preparando una trilogia épica sobre la Revolución cubana. El primer tomo había de llamarse *El año 59*, y bajo ese nombre se publicó el primer capítulo en 1964. El progreso de la novela siguió comentándose en entrevistas con Carpentier en los próximos años, mientras que se publicaron otros tres capítulos, los cuales, en forma bastante modificada, están incorporados en la novela. Sin embargo, la obra en conjunto es muy distinta de lo que Carpentier había dado a entender durante tres lustros. [...] si se observan los cambios efectuados por Carpentier en los capítulos anteriormente publicados, se puede concluir que, de acuerdo con la nueva política cultural del gobierno, Carpentier decidió hacer la obra asequible a un mayor número de lectores cubanos, sacrificando asi la experimentación artística. (Menton 1990: 919-920).

En *Mapa dibujado por un espía*, Cabrera Infante refiere el diálogo que sostuvo con Carlos Rafael Rodríguez –el día antes de abandonar definitivamente Cuba–, donde éste le comentaba su preocupación por la novela en ciernes de Carpentier:

---

[24] En *Los nuestros* (publicado originalmente en 1966) aparece ya reunida la plana mayor, por así decir, de la nueva novela latinoamericana.

–[...] los primeros capítulos que ha publicado me alarman un poco. Más que alarmarme, me preocupan bastante. No creo que Carpentier entienda bien el período de la lucha contra Batista y los primeros tiempos de la Revolución.
—Bueno –dijo Alberto–, él no estaba aquí cuando la lucha clandestina.
—No –dijo Carlos Rafael–, y del primer tiempo de la Revolución en el poder no parece conocer mucho. Yo no quiero anticiparme pero me parece que tal vez haya problemas con el libro completo. Claro que no queremos tener nosotros un *Doctor Zhivago*, pero hay que evitar que el libro vaya a convertirse en eso de antemano, sin que por otra parte vayamos a censurarlo por adelantado. (Cabrera Infante 2013: 369-370)

La consagración, probablemente el más importante intento de síntesis entre una «novela de la Revolución» y la tradición literaria cubana, no puede ser leída plenamente «a gusto» por el canon crítico marxista, salvo a costa de numerosos esfuerzos integradores, ni consigue hacerse valer plenamente como entidad textual congruente con la obra anterior de su autor –salvo esfuerzos equivalentes que prioricen la forma entendida como «estilo», como «marca» Carpentier. Guardando la proporción debida, y con relación a esa conciliación de perspectivas críticas encontradas, *La consagración* no consigue la maleabilidad de lectura que propiciaba –por traer a colación un caso que ilustre el extremo contrario– el tono ambiguo de una novela como *Memorias del subdesarrollo*, un texto que, aparte de por los mismos temas que trataba (la cubanidad, el papel crítico del intelectual) había conseguido hacerlo, como ya hemos visto, de modo que sus lecturas posibles no se vieran impedidas por posiciones críticas excluyentes.

Cartografía del cisma

Si hubiera que resumir toda ese serie de movimientos que habían venido teniendo lugar desde los sesenta y que ahora, en los setenta, llegan a su punto de estabilidad, la forma más gráfica de hacerlo sería mediante una especie de mapa de la configuración que adopta el sistema del canon literario –o más bien de instantánea, porque inevitablemente supondrá fijar, como en una foto, un objeto que se mueve–. Y aunque estemos describiendo lo mismo, porque lo que interesa es situar esa forma precisa que tomó a partir de los setenta, habría al menos dos formas de representarlo. La primera, que es la más esquemática, supone darle prioridad a la fractura, representar sobre todo el cisma, y describir en consecuencia dos cánones, una literatura cubana en las antípodas de una literatura de la Revolución; la segunda, que de algún modo incluye a la primera, asume la escisión pero prioriza los nexos, la compleja coexistencia entre dos visiones y dos realizaciones antitéticas de lo literario.

Ahora bien, lo más relevante de esa imagen —en cualquiera de los dos casos— es lo que se refiere a una disfuncionalidad que se instala desde entonces: la configuración sistémica del canon literario, esto es, la circulación efectiva y recíproca de influencias entre Canon, canon crítico y corpus, se ve reducida a (sobre todo) dos elementos. Esto último es mucho más evidente con respecto al intercambio de influencias, con base en la prescriptiva ideológica del canon crítico marxista, que se establece entre éste y las obras que se ajustan a él, pero ese mecanismo reductivo también afecta —al menos en su inscripción nacional, en su exclusión— a ese otro canon cubano para el que no existe, dentro de la isla, un canon crítico que lo atienda, y para el que la circulación de influencias se establece, sobre todo, entre tradición y práctica literaria, Canon y corpus.

Es cierto que desde los primeros sesenta se había reformulado, de manera radical, el canon crítico, que quedó ligado desde entonces a la dimensión histórica, social o comprometida de lo literario, lo que trajo consigo la consiguiente modificación del corpus en estrecha relación con él; pero todavía en los sesenta, ese cambio, por drástico que fuera, incluía una interlocución más o menos activa de un campo intelectual —«dentro» de la Revolución, está claro, pero interlocución al fin y al cabo—, que se vio cancelada abruptamente con la deriva soviética. Y es aquí donde interviene un elemento especialmente importante, que sella, por así decir, la fractura que tiene lugar ahora. Aun cuando desde los sesenta el Canon había quedado congelado, desligado en gran medida de la corriente natural de influencia entre los elementos del sistema, esa vinculación no se había roto del todo: mientras se mantuvo el consenso de valor sobre la identidad nacional, todavía el pasado al que pertenecía esa tradición podía actuar como referente y fuente de influencia. Una vez que ese consenso se rompe, con el cambio de polaridad en los discursos sobre la identidad nacional que conllevó el desplazamiento hacia el marxismo-leninismo soviético, eso ya no es posible, o cada vez menos.

Es a partir de entonces que el sistema del canon literario se fractura, se escinde en dos: el espacio público e institucional de la isla queda ocupado por el que podríamos llamar el canon literario de la Revolución, que tiene su centro en un canon crítico fuerte, sumamente ideologizado, con un corpus de obras y autores que se ajustan a él, y en cambio carece de un Canon propio —esa «literatura por hacer» que como vimos nunca llegó–, que pueda establecer como fuente de influencia, de valor. Para paliar esa ausencia, además de proponerlo como *desideratum* crítico, irá a buscarlo fuera: en una selección cada vez más cribada de los autores del *boom* latinoamericano, o incluso, la literatura soviética o el realismo socialista; o atrayendo a su esfera, como vimos, a autores como Carpentier o Guillén.

Del otro lado, conviviendo de alguna manera con él, hay un canon literario latente, marginal en todos los aspectos –en el espacio público cubano– salvo en uno que resulta central: es a la tradición en la que se inscribe que pertenece el Canon cubano, ese Canon sobre el que se echó tierra desde los sesenta, y que queda congelado pero sigue, aun con todas las disfuncionalidades del caso, parcialmente activo –actualizado en esa literatura póstuma de la que hemos hablado– o al menos vigente. No hay un canon crítico nacional que se corresponda *activamente* con ese canon latente (y no lo habrá por un tiempo, hasta bien entrados los años ochenta), y los autores que se inscriben en el corpus de ese canon literario paralelo no son reconocidos por el otro, por el canon literario de la Revolución, de modo que si aquél busca *fuera* o proyecta a futuro –en la forma de una «literatura por hacer»– el Canon que no tiene, en éste se da un fenómeno similar, pero que atañe al canon crítico y al corpus: su crítica, cuando la hay, se realiza casi exclusivamente fuera de Cuba[25] y sus obras se leen desde presupuestos de legitimidad y valor más amplios que los nacionales. El lugar que ocupan en el canon literario cubano autores como Cabrera Infante o Sarduy es, en el fondo, una extensión del que les dio en el canon literario latinoamericano una crítica que no se realizaba en Cuba, y que a partir de cierto momento –una vez que se rompe la confluencia inicial con el discurso crítico cubano, tras la inserción de Cuba en el bloque soviético– se realiza desde presupuestos estéticos enfrentados a los del canon crítico de la isla. Esa valoración crítica –algunas de cuyas primeras manifes-

---

[25] En el caso, naturalmente, de los autores más visibles, los que formarán parte del Canon. En cuanto a la atención por la crítica de la isla, Alejo Carpentier, también en este caso, vuelve a ser la excepción más prominente. La relación (o a veces, la inserción) de autores ya consagrados con el canon literario de la Revolución es también problemática. Los dos extremos por los que transcurre son muestra de ese ir y venir entre dos cánones paralelos, que inevitablemente se superponen. Así, a una cierta tolerancia a cambio de inserción, como el caso de algunos de los origenistas que quedan en la isla, Cintio Vitier o Eliseo Diego, por ejemplo, se contrapondría una militancia activa –Nicolás Guillén, el propio Carpentier– sin que por ello se rompan los vínculos con la tradición de la que esos mismos autores formaban parte.

taciones pueden encontrarse en la revista *Mundo Nuevo*[26]– siguió existiendo después de la ruptura, pero por supuesto no podía reemplazar la centralidad ni el peso del canon crítico cubano en su propio ámbito nacional. De ahí que en muchos de los casos, la ausencia de algunos autores del corpus literario reconocido por el canon crítico cubano «oficial» vaya pareja con posiciones marginales o tardías (Arenas, Sarduy) dentro de conjuntos más amplios, supranacionales (literatura hispanoamericana, barroco o postbarroco), que no llegaron a cohesionarlos plenamente como corpus visible de un canon literario propiamente cubano: ni de forma independiente, con respecto al de la literatura de la Revolución (no hay, por entonces, algo así como una «literatura cubana del exilio», aunque la mayoría de esos autores vivan fuera de Cuba), ni de una forma inclusiva en éste, que, en su oscilación entre canon ideológico y canon nacional, se arroga también la identificación entre lo revolucionario y lo cubano, y cuyo canon crítico, como es sabido, excluirá durante décadas su obra.

Esas dos imágenes –ésas, como habíamos dicho, instantáneas de algo que se mueve, foto fija– describen dos articulaciones distintas, asimétricas, del canon literario. Dan buena cuenta del cisma, de la escisión que tuvo lugar en el canon literario cubano, y resultan útiles –son necesarias, incluso– para entender su desarrollo. Ahora bien, para no perder de vista los nexos entre esas dos articulaciones distintas habría que superponerlas, tal como se superponen dos negativos fotográficos: la imagen resultante incluirá solapamientos, contornos a veces imprecisos, relaciones de profundidad y de contraste que por separado (aun cuando las dos sean tan necesarias, tan reales como esos dos negativos hipotéticos) no son visibles, porque resultan de su convivencia, existen sólo en virtud de la superposición misma.

---

[26] Sobre *Mundo Nuevo*, sus posiciones contrapuestas a *Casa de las Américas* y, en general, sobre cómo se articulan esas dos visiones antitéticas de lo literario en el ámbito latinoamericano, veáse Morejón Arnaiz 2010.

IV.

FINAL DEL TIEMPO

En los cinco lustros que van de 1971 a mediados de los años ochenta poco o nada cambió en aquella configuración a un tiempo disfuncional y «doble» del canon literario cubano. Más bien, se estabilizó en su propia disfuncionalidad: cobró una suerte de presencia rutinaria, de realidad tan asentada que pudo parecer, mientras duraron los años soviéticos, que no cabrían para ella alternativa o final. Sobre todo, se mantuvo inamovible –y hasta cierto punto, se sedimentó como práctica– en aquellas áreas que involucrasen directamente el ejercicio crítico o la reflexión teórica, con un marcado acento en las zonas colindantes con la filosofía o las ciencias sociales. En cierto sentido, cabría establecer un paralelo entre esa suspensión mesiánica del tiempo y el vacío de lenguaje que atrapa, luego de su clausura, las prácticas literarias y críticas en el decurso cronológico.

En la medida que mucho de esa construcción obedecía a imperativos de orden político –la inscripción misma de Cuba en el bloque soviético, la consiguiente institucionalización de esa pertenencia– no es de extrañar que, de manera casi inmediata, repercutieran en ella los cambios drásticos que tenían lugar en la «metrópoli» soviética, con la llegada al poder de Mijail Gorbachov y la apertura que supusieron, desde el inicio mismo de su puesta en práctica, las políticas de la *perestroika* y la *glasnost*. De ahí que, en paralelo a los cambios que empezaban a tener lugar en Europa del Este, comenzara una participación sin precedentes del ámbito artístico en la discusión pública del proyecto social cubano y, en una suerte de vuelta a las polémicas de los sesenta, del papel del intelectual en la Revolución. Aun cuando es cierto que en un primer momento algunos de esos cambios fueron mero reflejo del giro que iba teniendo lugar con respecto a la inscripción geopolítica del país en el bloque soviético, y que otros, a partir de los noventa, de la aceleración de ritmos que supusieron la desaparición misma del bloque del Este y la crisis consiguiente en todos los ámbitos del país, no es menos cierto que esos movimientos tomarán, muy pronto y a un ritmo muy rápido, una dinámica propia, un curso que responde a las particularidades tanto del contexto político como del ámbito cultural cubano y, lo que es más importante no perder de vista, de la especial configuración que había ido adoptando el canon literario cubano desde 1959 hasta entonces. Lo cual incluirá, cómo no, también parte de aquello que esa configuración había invisibilizado o excluido y que ahora, más que nunca antes y por necesidades distintas, algunas conciliables y otras encontradas, aparecerá disponible para su restauración.

En buena medida, entender a cabalidad ese proceso paulatino de cambio en lo relativo a los discursos culturales involucra el necesario deslinde entre factores externos, que propiciaron o catalizaron entonces determinadas dinámicas, y aquellos elementos que, por el contrario, formaban ya parte de la configuración que había adoptado el canon cubano y que adoptarán a partir de ahora formas nuevas o, sencillamente, alcanzarán un peso distinto en el conjunto, gravitarán en él de una manera diferente.

La primavera de La Habana

Si ha habido en el último medio siglo un momento que resulte en alguna medida equivalente a los primeros sesenta –en especial en lo que atañe al campo cultural cubano, pero no únicamente: también en lo que se refiere al ritmo vertiginoso que adquiere la sucesión de acontecimientos que afectan todas las esferas de la sociedad cubana– ese lugar corresponde sin dudas a la segunda mitad de la década de los ochenta y los primeros años de los noventa[1]. Esa brevísima primavera finisecular de La Habana –en el mismo sentido en que diríamos «primavera de Praga»– no terminó con tanques en las calles sino con una vuelta al discurso oficial ortodoxo, que se reciclaría pronto en un

---

[1] Si bien una delimitación cronológica demasiado rígida siempre resulta cuestionable, para el período al que me refiero aquí podrían ubicarse dos etapas: la primera, entre el inicio del «Proceso de Rectificación de errores y tendencias negativas», en 1986, y el endurecimiento político de 1989 –con el juicio televisado a Arnaldo Ochoa y los hermanos La Guardia, el cese de circulación de la prensa soviética en Cuba y el peso simbólico del derribo del muro de Berlín, en noviembre de ese mismo año–; y una segunda que se cerraría con las reformas constitucionales de 1992 –que sellaban el desplazamiento hacia una retórica legitimante de corte nacionalista, en detrimento del fundamento marxista-leninista del socialismo cubano.

discurso nacionalista fuerte y reconduciría hacia la retórica de plaza sitiada la legitimación ideológica del régimen, sobre todo tras la desaparición definitiva del bloque socialista, con la disolución de la Unión Soviética en 1991 y la declaración del «Período Especial en Tiempo de Paz» en Cuba, el año anterior. Más allá de las obvias repercusiones ecónomicas y sociales que tuvo para Cuba y para la localización geopolítica del régimen cubano la pérdida de la estabilidad que le procuraba la pertenencia al orbe soviético, ¿qué es lo que hace de esos pocos años, y muy particularmente de los que median entre 1986 y 1989, un punto de inflexión tan importante con respecto a lo que hemos venido siguiendo hasta ahora?

Las razones son varias: en primer lugar, se produjo una cohesión sin precedentes, al menos desde los sesenta, en el ámbito intelectual cubano, que a su vez tuvo un importante correlato en la circulación y recepción de ideas y prácticas culturales en el espacio público. Ambos fenómenos estuvieron marcados, casi desde los primeros cambios externos propiciados por la identificación con la *perestroika* y la *glasnost*, por una característica generacional que no hay que pasar por alto: a diferencia de los intelectuales marcados por aquel «pecado original» con que los anatemizaba Guevara en «El socialismo y el hombre en Cuba», la mayoría de los artistas e intelectuales que protagonizaron activamente un nuevo tipo de participación pública en aquellos años habían nacido y se habían formado en la Revolución; eran, precisamente, aquellas generaciones que de las que se auguraba allí que vendrían libres de él[2], y la recepción más activa de sus propuestas –en paralelo con la de los aires de cambio que llegaban de Europa, sobre todo a través del cine soviético y de publicaciones como *Novedades de Moscú*, pero también a través del postestructuralismo y de los debates sobre la postmodernidad– tuvo lugar, también, entre los miembros de su generación o incluso de generaciones más jóvenes. En un texto que tiene también mucho de testimonio, Ernesto Hernández Busto describe bien la consciencia o la percepción –quizá ingenua, pero real– de un derecho legítimo de participación en el destino político de

---

[2] «Resumiendo, la culpabilidad de muchos de nuestros intelectuales y artistas reside en su pecado original; no son auténticamente revolucionarios. Podemos intentar injertar el olmo para que dé peras, pero simultáneamente hay que sembrar perales. Las nuevas generaciones vendrán libres del pecado original. Las posibilidades de que surjan artistas excepcionales serán tanto mayores cuanto más se haya ensanchado el campo de la cultura y la posibilidad de expresión» (Guevara 1965: en línea).

la nación, que venía ligada tanto a los discursos nacionales del socialismo cubano como a los nuevos referentes intelectuales del momento:

> Hacíamos *tabula rasa* del modelo de intelectual comprometido porque nadie quería repetir en carne propia las aventuras de los años 60 y 70. El camino del intelectual comprometido exigía el precio de la disciplina partidista o la irrenunciable condición «orgánica» de un estamento ancilar dentro de las prioridades de la revolución. Sin embargo, tras aquel arrasado «bosque de olmos», los nuevos intelectuales sentían la necesidad de anunciarse como «perales»; de ocupar, al mismo tiempo, el lugar del discurso crítico y el de algunos valores socialmente reconocidos. (Hernández Busto 2005: 156)

No hay que olvidar tampoco que esa revitalización en la circulación y recepción de una cultura crítica no se circunscribió a las élites culturales, sino que se manifestó también, por así decir, a pie de calle, y no me refiero ahora a proyectos como los del grupo Arte Calle u otros similares[3], sino a la acogida que tuvieron en esos años –en evidente sintonía entre unas y otras, que repercutía a su vez en su público– manifestaciones artísticas tan alejadas entre sí como la plástica (además de Arte Calle, pienso en los *happenings* de G y 23 del grupo Imán, las obras de Lázaro Saavedra o Ciro Quintana –del grupo Puré–, o el trabajo de artistas como Segundo Planes, Glexis Novoa o Carlos Rodríguez Cárdenas –grupo Provisional–, o de Alexandre Arrechea, Dagoberto Rodríguez y Marco A. Castillo en Los Carpinteros, entre otros), el teatro (el grupo de Víctor Varela o el Teatro Buendía, por ejemplo, marcaron hitos en esa nueva sociabilidad), la danza (los conjuntos dirigidos por Marianela Boán o Rosario Suárez) o la música de algunos cantautores (Carlos Varela, Gerardo Alfonso, Frank Delgado o Santiago Feliú). Sólo a título de ejemplo de la sintonía a un tiempo «comprometida» y crítica de entonces, y del lugar que aún ocupa en cierto imaginario generacional: a más de dos décadas de distancia, la muerte reciente de Santiago Feliú en febrero del 2014 generó un inusitado consenso de respeto y duelo entre cubanos que vivieron aquellos años, al punto que lo que devino noticia con respecto a la noticia resultó ser esa suspensión del enfrentamiento, el consenso que, más allá del lugar de residencia o de filias o fobias políticas, sellaba una suerte de

---

[3] Similares en tanto sus proyectos se vertebraban sobre la intervención en el espacio público, algo que aparece como denominador común en la mayoría de las intervenciones artísticas de la plástica cubana de esa generación. Véase Martín 2008 (y en particular, 85-91).

comunión generacional. En el obituario que le dedicara, Casamayor-Cisneros hacía notar que

> la muerte de Santiago Feliú desencadena un duelo generacional que introduce cierta tregua. Hasta esta mañana, la disensión y la desconfianza mutua parecían agazapadas detrás de cada frase publicada en internet por cubanos de una y otra orilla, que ya sabemos que no son dos porque el mundo es demasiado grande para quedarse entre Miami y La Habana. Hoy, desde todas partes, los cubanos de mi generación, los que en los años ochenta cantaron la ilusión de ser a través de la voz y la guitarra del Santi, vemos bruscamente interrumpida la ironía y el resentimiento. (Casamayor-Cisneros 2014: en línea)

Aquel consenso generacional, quizá entonces mucho menos consciente pero efectivamente activo, propició y aglutinó, al menos en términos de vanguardia visible, la cohesión del campo intelectual cubano y un retorno al debate crítico que hubiera sido inimaginable unos años antes, sobre todo fuera de cauces estrictamente institucionales. Fue, por así decir, el correlato insular vivo, activo, de los cambios que iban teniendo lugar en el socialismo europeo. A su vez, intelectuales de generaciones anteriores que habían padecido aquella «culpa» de no ser «auténticamente revolucionarios», pero que a pesar de eso habían permanecido en Cuba y mantenían una postura de compromiso crítico con el proyecto social de la Revolución, podían ahora identificarse sin mayores conflictos con el marco de referentes ideológicos —el marxismo, la construcción del socialismo, la responsabilidad social del intelectual— bajo el que se desarrollaban los cambios en Europa del Este y bajo el que discurrieron, en su mayor parte y al menos hasta su ulterior polarización, las voluntades de cambio en Cuba: eran esas ideas, a fin de cuentas, las que se les había pedido abrazar como propias para la edificación de la nueva sociedad, y aquellos los presupuestos del materialismo histórico, del compromiso revolucionario que en mayor o menor grado habían asumido como suyo. Aquél era, por así decir, el idioma que les habían enseñado a hablar como legítimo.

De ahí, entonces, que paradójicamente aquella subjetividad intelectual que se había visto anulada en su diálogo con el poder haya podido reconstituirse, en parte, y recuperar en buena medida su capacidad de interlocución, al sentirse avalada por cambios que, en su día, se pudieron percibir como sustanciales para el mismo sistema de referencias ideológicas que le había sido impuesto desde los años setenta. A menudo se ha subrayado, con razón, el cariz político que asumió el arte de finales de los ochenta en Cuba, pero para entender a cabalidad el fenómeno resulta crucial precisar los matices de la dimensión, en efecto, sí, política, pero esencialmente distinta si se la contrasta con la «politización» de décadas anteriores, que cobró en aquel momento. En palabras de Hernández Busto que dan buena cuenta de esos matices, y que toman como punto de partida el contraste entre la «ramplona» prescriptiva del Primer Congreso Nacional de Educación y Cultura y la «sutileza» de las ideas de Foucault[4] sobre el compromiso intelectual:

> La conclusión de Foucault anulaba, de golpe, la monserga guevarista sobre el «pecado original» del intelectual en la Revolución. Pero también propiciaba la ilusión de que al cambiar ciertas «estrategias del saber» hacíamos algo realmente político. Desde ese punto de vista, era casi lo mismo criticar a un profesor o armar una biblioteca independiente que proponer una nueva constitución; publicar un artículo polémico sobre la estética contemporánea que exigir elecciones libres. Los cambios políticos ya no deberían pasar por el pluripartidismo puesto que la acción de algunos micropoderes conseguiría burlar, al mismo tiempo, la realidad totalitaria y los gastados métodos de la democracia representativa. La idea de que el poder no se posee sino que se ejerce, sin dejar de tener un gran atractivo intelectual, consiguió hacernos olvidar que en Cuba el poder político llevaba más de treinta años en las mismas manos. (Hernández Busto 2005: 157-158)

La excepcionalidad respecto a lo que había sido la regla (la ideologización de la cultura) parece difícil de situar, pero vale la pena hacerlo si no se quiere perder de vista un punto, a todas luces clave, sobre la evolución de la subjetividad intelectual en ese diálogo sobre el papel del campo cultural en la Revolución, que marcó desde su inicio las relaciones entre los intelectuales y el poder en Cuba. Entre 1986 y 1989, en palmario contraste con los años soviéticos e incluso en contraste con la interlocución efectiva que tuvo lugar en los sesenta, las iniciativas para esa intervención partieron del campo intelectual, estuvieron estimuladas por factores externos a la política cultural del socialismo cubano y se autolegitimaron, en buena medida, desde los mismos presupuestos ideológicos, ahora resemantizados, con los que antes se había cancelado su autonomía. Si bien esos movimientos «respondían» también a

---

[4] «Foucault había escrito sobre nuestra principal preocupación de intelectuales emergentes: el tema del poder y de sus relaciones con el Estado, por un lado, y con el saber, por otro. Sus tesis eran la coartada perfecta de un malestar político que desbordaba los límites de la filosofía del compromiso, ese omnipresente partidismo que durante décadas había sido el "enfoque oficial" de las relaciones entre los intelectuales y el Estado» (Hernández Busto 2005: 155-156).

la ideologización del arte y la literatura posterior a 1959 –y en ese sentido, sin duda alguna es cierto que «la obra *artística* se convierte en Cuba en una obra *política*, debido a esa sujeción del campo literario al campo de poder» (Martín 2008: 30)–, resulta central no pasar por alto que esa respuesta suponía ante todo un cambio de dirección y reinstalaba, cuando menos, la bilateralidad de un diálogo que hasta entonces había dejado de serlo: al menos en esos pocos años de la primavera de La Habana, la obra *artística* devino *política* para sacudirse o renegociar –poniéndola en cuestión– esa sujeción al campo de poder.

La mayor de las varias paradojas del momento reside, sobre todo, en que el «derecho de habla» de las generaciones intelectuales emergentes desde mediados de los ochenta y hasta principios de los noventa se autolegitime, precisamente, en gran medida a través del discurso marxista y de la afirmación del derecho a participar orgánicamente en la vida pública del socialismo cubano, en una suerte de vuelta de tuerca del *engagement à la rigueur* de las décadas precedentes. En esa tesitura, fue como si únicamente volviéndose político el arte pudiera librarse, precisamente, de la imposición ideológica que le había sido impuesta desde una razón política:

> La politización de la cultura cubana, en las décadas del 60 y del 80, fue obra de la irrupción en el espacio público de nuevos discursos y prácticas del campo intelectual que postulaban una identificación crítica con el proyecto revolucionario. En los años 70 y 90 fue el poder quien tomó la iniciativa, afianzando un estricto código de lealtad al régimen dentro de la comunidad artística y literaria. (Rojas 2006: 464)

En efecto, esa dimensión política es indisociable de la participación pública; pero no está de más subrayar que no se redujo a ella, sobre todo porque en los ochenta esa «politización» rebasaba con mucho la que había sido hasta entonces la tónica dominante: no podía reducírsela ya a una mera posición de afirmación o rechazo ante el socialismo cubano. Por supuesto, la acepción precisa de lo «político» puede ser muy discutible –y habría que subrayar, en la cita anterior, el peso que para su definición misma hayan tenido también esos y otros «nuevos discursos» no sólo de, sino *sobre* el campo intelectual. En primer lugar, porque esa acepción concierne también a las dimensiones posibles en una época y la otra tanto para una *praxis* política del intelectual como para el reconocimiento de esa condición propiamente «política». A modo de ejemplo ilustrativo, ¿no era política, si se la mira con ojos de hoy, la presencia homoerótica que recorre todo *Paradiso*, publicada por las mismas fechas (1966) en que la persecución a los homosexuales en la Cuba revolucionaria había alcanzado uno de sus puntos álgidos con su reclusión en campos de trabajo forzado, las conocidas UMAP[5]? En otra paradoja más en una historia llena de paradojas, ese carácter también «político» de muchas obras fue percibido en décadas anteriores sobre todo desde las instituciones de control ideológico, pero pocas veces desde el campo intelectual –incluido un canon crítico que solía objetar «torremarfilismo» o «ausencia de compromiso», mientras reservaba el carácter de lo político para posiciones explícitamente apologéticas o contestatarias con respecto al repertorio temático de la Revolución o su desempeño histórico inmediato[6]. En cierto sentido, podría decirse que los movimientos culturales de los ochenta devolvían a lo político su anverso y su reverso, lo libraban de una univocidad entendida en términos de inclusión o exclusión («dentro», «fuera») y lo hacían vindicando tanto la autonomía crítica del intelectual como una esfera de legitimidad cuyo rasero no fuera –y es ahí donde reside esa paradoja de múltiples aristas– meramente ideológico.

Aun con todos esos matices, y aun si limitáramos esa condición política a la participación intelectual en el espacio público, el hecho cierto es que ahora, de improviso, la escolástica marxista-leninista dejaba de serlo y sus retóricas, renovadas o resemantizadas, valían para otros usos, al tiempo que comenzaban a reactivarse, cada vez con más fuerza, algunos de los referentes intelectuales de la tradición cubana que habían permanecido excluidos o cuya influencia en el espacio público y los discursos culturales había sido casi inexistente. En lo que atañe al lugar que había ocupado hasta entonces la influencia soviética, se produjo rápidamente una inversión que no sólo involucra a las relaciones entre Cuba y la URSS, sino también a su valor y función como referente de legitimidad ideológica en el campo cultural cubano:

---

[5] Las siglas de Unidades Militares de Ayuda a la Producción; ubicados en Camagüey y en funcionamiento entre noviembre de 1965 y julio de 1968, en los campos se recluyó sobre todo a homosexuales y religiosos. Sobre las UMAP, veáse Ponte 2014 y Tahbaz 2013. La novela *Un ciervo herido* (2002) de Félix Luis Viera recupera en clave narrativa la experiencia concentracionaria.

[6] Una tendencia, ésta, que como veremos luego en detalle se va a conservar –a veces reproduciendo por otras vías la preeminencia del discurso como rasero de valor– en el canon crítico cubano, que reserva un amplio espacio a lecturas centradas en lo referencial y el tratamiento ideológico de la realidad inmediata, aun cuando el signo de esos discursos haya cambiado hace mucho.

Como en cualquier experiencia colonial, en Cuba, la recepción de la literatura y el pensamiento metropolitanos, en este caso soviéticos, fue un fenómeno complejo, en el que se manifestaron discursos y prácticas de dominación y resistencia. Sin embargo, entre 1986 y 1989, durante los tres años decisivos de la *perestroika* y la *glasnost*, se produjo una radical inversión del campo referencial soviético en la cultura cubana: de ser un lugar metropolitano y paradigmático, fuente de valores y lenguajes de legitimación, Moscú pasó a ser, bruscamente, una ciudad subversiva, disidente, exportadora de ideas y gustos desestabilizadores para el socialismo cubano. (Rojas 2009: 67)

Si bien el énfasis de los estudios sobre el período suele ponerse en la década de los noventa, esto es, en el inicio del período postsoviético en Cuba[7], esos tres años tendrán una importancia decisiva –sobre todo para las prácticas intelectuales de las generaciones que se formaron en la época soviética, pero no únicamente– con relación a los cambios que desde entonces tendrán lugar en esa configuración escindida del canon literario cubano. Y no sólo por lo que significaron en cuanto al restablecimiento de una subjetividad intelectual que hasta entonces había permanecido anulada, sino también porque fue el único momento donde todavía pudieron coincidir e influirse mutuamente esas dos visiones de la identidad nacional –la de la singularidad cubana y la de la universalidad marxista-leninista– que, como hemos visto, tanto incidieron sobre las condiciones de legitimidad y valor que operararon como rasero crítico en el canon cubano. Dicho de otra manera, y ciñéndose más a lo que nos interesa seguir aquí: fue tanto la última oportunidad para esa «literatura de la Revolución» que discurrió sólo como *desideratum* crítico, como volvía a serlo de la posibilidad de una simbiosis, una síntesis, entre aquella y un «canon cubano» cuya tradición había permanecido, al menos en términos de influencia activa en el sistema del canon, inactiva o congelada, y que venía ahora a recobrar su visibilidad y su peso.

Todavía entonces esos dos cánones asimétricos hubieran podido, de alguna forma, integrarse en uno solo o resolver –sin la mera exclusión de alguno de los dos– en algún tipo de síntesis su disfuncionalidad. Y no cabe duda que en alguna medida hubo movimientos que apuntaban a esa integración, siquiera

---

[7] Y particularmente en la llamada «narrativa del Período Especial», una denominación desacertada no sólo porque introduzca como legítimo un eufemismo político en el ámbito de los estudios literarios, sino sobre todo porque pretende englobar bajo el mismo rubro prácticas literarias de índole muy distinta. Sobre ello volveremos más adelante.

sea parcialmente o de manera instrumental: es en ese sentido que deben leerse, por ejemplo, la casi simultánea recuperación de Orígenes desde la generación de autores entonces emergentes y desde las instituciones culturales cubanas, o los intentos –tanto desde unos como desde otras– por conciliar una autonomía intelectual crítica y el papel de los aparatos culturales o ideológicos dirigidos por el Estado, e incluso –aun cuando ésta en su mayor parte llegó ya tarde– la relativa reactivación de la influencia recíproca entre el corpus literario entonces emergente y el canon crítico cubano.

Los años de Paideia

Si entre los varios diálogos de esos años hubiera que elegir un proyecto intelectual representativo de los aires de cambio del momento y que resultara, a la vez, paradigmático tanto de esa precisa dimensión de lo político como de la posible –y frustrada– integración de esos dos cánones escindidos, y aun de lo fugaz de las condiciones en que pudo haberse dado, el mejor ejemplo es el del grupo Paideia. Concebido por intelectuales entonces muy jóvenes como Rolando Prats, Radamés Molina, Ernesto Hernández Busto u Omar Pérez, Paideia se propuso como un espacio de discusión intelectual que, desde sus inicios hasta su final, buscó un diálogo con las instituciones culturales no desde la mera inserción o el acatamiento sino desde la autonomía crítica, algo impensable hasta entonces en un ámbito cultural dirigido por el Estado. Muchas de las aparentes paradojas del momento, que venían dadas por la confluencia más o menos orgánica de factores diversos –y que, en parte por lo que tuvieron entonces de síntesis posible, a primera vista resultaban antagónicos–, aparecen una y otra vez en los textos del grupo y en torno a él: consciencia generacional, de un lado, que cuenta con el respaldo de autores de generaciones anteriores, del otro; nuevos modelos de pensamiento, inscritos en la tradición y la contemporaneidad occidental –desde la escuela de Frankfurt hasta el postestructuralismo francés–, pero que discurren o se legitiman a través de la resemantización del discurso marxista[8]; voluntad de autonomía intelectual *pero* en diálogo permanente con las mismas instituciones de las que se independizan; una vuelta, que puede leerse tanto como rescate que como crítica –como postulación de otro

---

[8] Uno de los últimos proyectos de Paideia, antes de su desaparición como grupo, fue precisamente un coloquio sobre Gramsci, que se intentó organizar con el patrocinio de la embajada soviética y que nunca llegó a tener lugar. Véase Ferrer 2006: en línea.

escenario de interlocución– a la tradición literaria del canon origenista y su herencia inmediata, todavía activa para la subjetividad intelectual de los sesenta pero luego desplazada por los imperativos ideológicos del marxismo soviético.

Basta leer los documentos de Paideia –declaraciones, manifiestos, cartas a instancias de gobierno: una política intelectual en toda regla– para percibir la presencia, a menudo doble o simultánea y casi siempre asimétrica, de los extremos de esos discursos[9]. Una yuxtaposición que no es sólo retórica o estratégica, sino que busca con especial cuidado situar –separándola de la mera interlocución ante el poder institucional– sus propios fueros de enunciación. Y no es casual que para hacerlo los intelectuales de aquella generación recurrieran, además de al propio discurso marxista o a un derecho de habla sustentado en el compromiso crítico, a la legitimidad que les concedía una tradición intelectual nacional y humanista en lo que tuvo de «estado de concurrencia[10]» ante la circunstancia cubana. La yuxtaposición, con todo lo que tiene de paradoja y de voluntad de síntesis, resulta manifiesta en párrafos como el que cierra uno de los «manifiestos» del grupo en 1989[11]:

> El PROYECTO PAIDEIA aspira a ser –como fuera imaginado en otro tiempo y otra circunstancia cubana– «un estado de concurrencia», una respuesta coral y polifónica, horizontal y abierta, por parte de creadores, críticos, investigadores, educadores y promotores de la cultura, a la necesidad, el deseo y la esperanza de articular y poner en práctica ideas, intuiciones, esfuerzos y recursos comunes, como forma de contribución, directa y gozosa, al mejor y más rápido despliegue, conocimiento y valoración de las disímiles tendencias que hoy conforman nuestra cultura y cuyo rasgo distintivo y más prometedor, a nuestro juicio, está en la diversidad natural de métodos y caminos específicos de creación y teorización de la cultura desde la unidad común de la raíz nutricia: el humanismo. Un humanismo

---

[9] La mayoría de los documentos de Paideia pueden encontrarse en el número de verano de 2006 de *Cubista magazine*: <http://cubistamagazine.com/dossier.html>.

[10] En clara alusión a Orígenes: «Orígenes es algo más que una generación literaria o artística, es un estado organizado frente al tiempo. Representa un *minimum* de criterios operantes en lo artístico y en las relaciones de la persona con su circunstancia. Será siempre, o intentará serlo en forma que por lo menos sus deseos sean a la postre sus realizaciones, un *estado de concurrencia*, liberado de esa dependencia cronológica que parece ser el marchamo de lo generacional» (Lezama Lima 1952: 64).

[11] El dossier de *Cubista magazine* reproduce «la versión más temprana que se conserva del documento posteriormente titulado "PAIDEIA. Proyecto de promoción, crítica e investigación de la cultura". Data oficialmente del 26 de julio de 1989 y fue leída, públicamente, en reunión celebrada el 4 de agosto de ese año en el Centro de Promoción Cultural Alejo Carpentier».

ético, aunque no antropologizante; polémico con respecto a su tradición, pero vigilante de sus enlaces históricos y sus retos sociales ante la praxis que lo circunda y lo determina y sobre la cual se quiere proyectar; práctico sin ser pragmático; centrado en el hombre histórico, pero gravitando desde su irreductible sustancia hacia la tenaz y renovable utopía de la integración y la libertad necesaria. (Paideia 2006: en línea)

Sobre la identificación de los autores de esa generación y la siguiente con la tradición literaria que tuvo por centro a Orígenes, y sobre las varias polémicas que suscitó y suscita aún esa herencia será preciso detenerse con mayor detalle. De momento, interesa sobre todo atender al perfil con que se constituían aquellas nuevas posturas intelectuales en una asunción crítica que, lejos de ser excluyente, buscaba la síntesis de dos tradiciones letradas que desde los setenta se ignoraban mutuamente la una a la otra o sencillamente asumían roles antagónicos, enfrentados[12]: lo que pudo haber de síntesis entre un canon marxista hipertrofiado ideológicamente por la idea del papel político de la literatura, de un lado, y un canon literario afincado en la tradición intelectual cubana, del otro, discurre precisamente, al menos en aquel primer momento, por esa voluntad de integración que proviene del campo intelectual. Una integración, además, que buscaba salvar las diferencias entre uno y otro retomando, a la vez, la participación crítica desde la autonomía intectual –esto es, vindicando una dimensión política que no estuviera anclada al mero acuerdo o disenso con la Revolución, y que le daba un giro distinto a la idea del «compromiso»– y legitimidades intelectuales que no estuvieran sostenidas por el marco ideológico o institucional de las políticas culturales –afirmando o identificándose con tradiciones de la alta cultura cubana y occidental y reivindicando, cómo no, también su valor político, restituyéndoles su existencia e influencia activa en la *polis*.

De ahí también que, y en alguna medida como parte de esa síntesis, aquel «malestar político» al que se refería Hernández Busto indagara críticamente en las relaciones entre el poder y el saber a través de un amplio cuerpo de refe-

---

[12] Una polarización que ya desde los sesenta había quedado relativamente establecida, incluso en el contexto latinoamericano, a través de dos imágenes diferentes del intelectual que se corresponden, *grosso modo*, a las que promovieron *Casa de las Américas* y *Mundo nuevo*: «una en que el intelectual utiliza su obra crítica para ofrecer un diagnóstico del contexto social, y otra en que la tradición literaria latinoamericana valoriza la imagen del intelectual que toma la escritura como legítima en sí misma, como valor estético» (Morejón Arnaiz 2010: 23-24).

rencias intelectuales, que «actualizaba» para la situación cubana del momento tanto a Martí y los empeños origenistas como a Foucault o la *Dialektik der Aufklärung* de Horkheimer y Adorno. Aun en lo que tiene de deshilvanada o nostálgica, la enumeración que hace Omar Pérez puede brindar una idea aproximada tanto de esos referentes como de la particular manera –a la vez románticamente política y prolijamente poética: «se leía por la izquierda»– en que los asumía Paideia:

> Foucault era un *habitué* cuando encontré a Paideia. Estaba de moda; naturalmente había quien tenía una relación más profunda, de aprendizaje, digamos, como Cayo [Rolando Prats] o Ernesto [Hernández Busto]. En todo caso, se leía extensivamente. [...] También Barthes, ya que preguntas. Y Baudrillard, Bourdieu, la Escuela de Frankfurt, con Adorno de preferido, o debiera decir, venerado; el noble Heidegger, etc. Se leía por la izquierda, mas con orientación poética. Y a fin de cuentas, Parménides puede tener tanta validez práctica como Marx. Para algo somos poetas y no hay que olvidar que PAIDEIA era un grupo de poetas. Románticos, puede decirse, a pesar de cierto afán de ser prolijos con la teoría; esto podía observarse en la manera de enfrentar, por ejemplo, el estudio del positivismo. Y lo romántico permeaba también nuestras actitudes públicas, sobre todo en nuestros encuentros con la UJC. [...] Desde luego que cuando se enfrenta la tenacidad del poder y se avizora la cárcel, es oportuno haber leído a Gramsci y a Sócrates. Y aunque Martí no era una de las lecturas «indicadas», todos los habíamos leído y lo seguíamos leyendo. «El amor, madre, a la patria...» En *Caimán* puede leerse –en los artículos de Cayo, por ejemplo– que andaba Martí entre nosotros. Y esto, en Cuba, siempre significó entrar en la vida, pública o política que se llame. (Pérez 2006: en línea)

¿Hasta qué punto incidió el pensamiento postmoderno sobre los movimientos culturales de la década, o de qué manera lo hizo sobre lo específicamente literario? Tanto en la década siguiente como en estudios posteriores se ha hecho énfasis en esa influencia, que si bien estuvo presente, convendría matizar al menos en algunos aspectos.

En grado distinto, todos aquellos factores que confluyeron en Paideia estuvieron también presentes en la mayoría de los debates culturales de finales de los ochenta y principios de los noventa, y se discutieron, gracias a la revitalización de las ciencias sociales y del debate intelectual sobre la nación que tuvo lugar entonces –aun con los sesgos o los límites previsibles del caso–, a través de las principales revistas culturales cubanas. Ahora bien, esa discusión, donde el pensamiento postmoderno tenía sin dudas valor protagónico como referente obligado, estuvo sobre todo centrada en cuestiones como la nacionalidad, la ideología o la excepcionalidad histórica del socialismo cubano y, al menos como tendencia general, cuando abordó cuestiones concernientes a la tradición literaria lo hizo o bien como algo colateral con respecto a ellas –tomándolas como síntomas que confirmaran una evolución política–, o bien remitiéndolas a los límites de permisibilidad crítica de las políticas culturales de la Revolución.

Esa discusión, por supuesto, podía ser tan necesaria como saludable, y el hecho de que se produjera contribuyó no poco a la recuperación de la autonomía intelectual que hemos venido analizando, pero lo cierto es que los debates críticos sobre la literatura cubana, salvo algunas excepciones, no aprovecharon hasta la década siguiente el discurso postmoderno. En la revitalización del ensayo que tuvo lugar entonces, ligada fundamentalmente a un tipo de análisis de corte sociológico o histórico, muchos de los jóvenes autores de la que se ha dado en llamar «nueva ensayística cubana» se ocupaban de los cauces por los que había transcurrido la política cultural cubana, e indagaban en lo literario en razón de sus cruces con la política, con la identidad. La mayoría de ellos lo hacía desde la historia y sus primeros trabajos discurrían en un diálogo –un diálogo crispado, que terminó pronto en silencio o exilio– con las instituciones culturales de la isla, a través de artículos en revistas culturales o publicaciones especializadas «oficiales» (es decir, editadas por las mismas instituciones con las que polemizaban: *La Gaceta de Cuba*, *Unión*, la recién entonces aparecida *Temas*, *El caimán barbudo*[13]), que continuó en parte luego, ya en los noventa, desde la diáspora (*Encuentro de la cultura cubana*).

Ahora bien, en el caso cubano y en aquel momento preciso, lo cierto es que menos que de una apropiación consciente o articulada del pensamiento postmoderno –si exceptuamos la de algunas élites intelectuales– se trató sobre

---

[13] *Naranja dulce*, que surgió precisamente en esos años y a la que estuvieron vinculados muchos de los miembros del grupo Paideia, tuvo vida tan breve como el momento cultural al que pertenece; sería, sin duda, el menos «oficial» de esos medios, a pesar de su vínculo institucional. La única publicación en puridad no oficial, independiente en el sentido de no estar vinculada a ninguna institución, que circuló en Cuba en esos años fue *Diáspora[s]*, y lo hizo a modo de *samizdat*. No hay que olvidar que la naturaleza «oficial» o no de las publicaciones culturales cubanas es categoría sumamente porosa en un ámbito cultural como el cubano, marcado por la presencia de una política cultural sumamente ideologizada y donde rige una compleja dialéctica de permisividad y exclusión que hace posibles tanto la censura como una relativa apertura según el momento o las condiciones en que se produzcan determinados enunciados críticos.

todo de algo que oponer, más como posición que como teoría, primero al pensamiento marxista hegemónico y luego, casi inmediatamente después, a las derivas nacionalistas que adoptó el discurso del socialismo cubano. Ese valor instrumental de oposición, en ambos casos, fue salvo excepciones vago o difuso en términos teóricos o críticos pero en cambio intenso y muy activo en su valor más concreto de contrapeso o alternativa al discurso oficial, de coartada para vadearlo.

> La enorme vaguedad y ausencia de rigor en el manejo de este término produjo los más lamentables equívocos. Cada quien conformaba su propia idea original del postmodernismo, cargaba la palabra de una significación particular –a veces arbitraria–, conformaba el concepto a la medida de sus ansias e intereses particulares. Esa apropiación personal solía ser no sólo imprecisa, sino armada a retazos, incorporando –repito que acríticamente– una idea de acá, una definición de allá, una reflexión teórica de acullá. En medio de esa avalancha creativa, el término no sólo se deformaba, sino que abarcaba un espectro tan amplio de significaciones que dejaba de ser funcional. (Mateo Palmer 2007: 10)

Al menos en su primer momento, se trató más de un *Zeitgeist* asumido con entusiasmo que de un cuerpo referencial sólido, y estuvo mediado por lo general, en las ocasiones en que algunas de sus premisas pasaron al debate intelectual público, por su conciliación con otro tipo de discursos más «aceptables» para los presupuestos ideológicos de la izquierda latinoamericana y del nacionalismo cubano. De hecho, una de las primeras publicaciones en Cuba sobre el tema –la aparición en 1986 de *El posmodernismo o la lógica cultural del capitalismo tardío*[14] en la revista *Casa de las Américas*– desplazaba el eje del debate hacia esa conciliación, e inequívocamente privilegiaba, desde una perspectiva de izquierda, una lectura marxista de las ideas sobre lo postmoderno. Aparte de lo que involucra la selección misma de la revista –«la primera en el ámbito latinoamericano en publicar el artículo de Fredric Jameson», hace notar Timmer–, la recepción a su vez quedó reconducida por los «dos temas polémicos [...] en la discusión: 1) el así llamado fin de la historia y 2) el interés por los márgenes que propagaba el posmodernismo» (Timmer 2007: 260).

Fue ya en los noventa, cuando los «peligros» iniciales de los debates de los ochenta estaban apagados, que la circulación del pensamiento postmoderno

---

[14] Veáse Jameson 1986: 141-173. *Posmodernism or the cultural logic of late capitalism*, el artículo original, había aparecido dos años antes en *New Left Review* (Jameson 1984: 59-92).

(sobre todo en sus vertientes más afines a cierta línea de la izquierda académica norteamericana) vino a cobrar mayor peso en las instituciones académicas cubanas y articuló algunos de sus postulados en realizaciones concretas de la crítica literaria de la isla. A ello pudo haber contribuido no poco la progresiva repercusión en la isla del trabajo de académicos de la diáspora cubana, como Gustavo Pérez-Firmat o Antonio Benítez Rojo[15], que habían abordado la literatura cubana o la condición nacional desde metodologías cercanas al discurso postmoderno. Se trataba, eso sí, ya de un momento distinto: si en los ochenta lo que tuvo de contrapartida a los discursos oficiales lo hacía «matriz de poéticas peligrosas en las artes y las letras cubanas», como bien apunta Rojas, «ya a mediados de los 90 la posmodernidad estaba domesticada por las instituciones, incorporada a los usos y costumbres del poder» (Rojas 2006: 361). Aun así, y es lo que me interesa subrayar, la apropiación insular –tanto la «insurgente» como la «domesticada»– tuvo lugar mayormente en el ámbito de las ciencias sociales, y su alcance resultó mucho menor en los estudios literarios o la creación misma que lo que se ha pretendido en ocasiones. La palabra clave aquí es «apropiación», y como hace notar Sánchez Becerril es sobre la pertinencia de tal apropiación y sus connotaciones políticas e ideológicas que discurren sobre todo las reflexiones insulares sobre lo postmoderno, en títulos[16] que «no sólo

---

[15] Menos deudores del *boom* postmoderno pero con notables influencias de trabajos como los de Paul de Man, Deleuze o Derrida, cabría añadir también algunos títulos de González Echevarría como *La ruta de Severo Sarduy* (1987) o *The voice of the masters: writing and authority in modern Latin American literature* (1985). *The Cuban condition*, de Pérez Firmat (1989), recupera en clave cercana a la teoría crítica deconstructivista autores cubanos de las primeras décadas del siglo xx. *La isla que se repite*, de Antonio Benítez Rojo y publicado originalmente en 1989, fue sin duda uno de los títulos más influyentes en una relectura postmoderna de lo caribeño y lo cubano. Su propuesta es inseparable del intento de ofrecer alternativas a la tradición literaria originista mediante el énfasis en una supuesta «condición» caribeña (en detrimento de la singularidad nacional), que recuerda en más de un sentido las nociones carpenterianas de lo real maravilloso. En palabras de Hernández Busto que sitúan ese carácter quizá demasiado epocal: «Este libro de ensayos, hoy architecado y reconocido como un texto clave de los llamados Estudios Culturales, fue el primero en analizar "lo cubano" con la por entonces novedosa metodología postmoderna. Quince años después, al releerlo, nos asalta la sospecha de que Benítez Rojo era un pensador muy moderno, carpenteriano casi, al que la universidad norteamericana le obligó a sumarse a la moda del Caos y el Azar» (Hernández Busto 2005: 127).

[16] «En el primer lustro de los noventa se publican, por ejemplo, tan sólo bajo la editorial Pinos Nuevos: *El posmodernismo. Esa fachada de vidrio* (1994) de Lidia Cano y Xiomara García, *El debate de lo moderno-postmoderno* (1996) de Paul Ravelo Cabrera, *Otros pensamientos*

buscaron analizar el fenómeno, sus definiciones o debatir su pertinencia en la realidad cubana» sino que se dieron a elaborar «una justificación y apropiación de este discurso» (Sánchez Becerril 2012: 89).

Lo anterior, por supuesto, no anula la importancia que, aun si asimilada o impugnada[17], tendrá como presencia esa apropiación en los discursos de cierta parte del canon crítico a partir de los años noventa: aun cuando su carácter disidente con respecto al discurso hegemónico en la isla quedara moderado, su valor como contrapartida a aquél es probable que haya ganado en legitimidad y visibilidad. Un buen ejemplo de esa presencia, que también testimonia el entusiasmo por nuevas prácticas interpretativas en un ámbito propiamente crítico, vendría a ser el aún polémico *Ella escribía poscrítica* (1995a), de Margarita Mateo[18], donde confluyen el rescate de la tradición narrativa originista y postoriginista (Sarduy o Cabrera Infante, a los que se propone allí como precursores de una cierta orientación postmoderna en la literatura cubana[19]) con un mosaico de intereses que incluyen la crítica de género, el feminismo o la semiótica postestructuralista, volcados todos a una práctica crítica que además de interesarse en el corpus más reciente de la narrativa cubana se muestra lúdicamente en su propio vaivén escritural, con la inclusión de notas o pequeñas ficciones que acotan y cuestionan los

---

en La Habana (1994) de Osmar Sánchez Aguilera, y *Los estados nacientes: literatura cubana y posmodernidad* (1996) de Roberto Zurbano» (Sánchez Becerril 2012: 89).

[17] En 1992, por ejemplo, el entonces Ministro de Cultura Abel Prieto se refería en estos términos al «discurso posmoderno»: «Poco después, se harían predominantes en el pensamiento y en la creación artística diversas tendencias de raíz derechista más o menos evidente, que se expresarían de mil maneras: desde las más elaboradas fórmulas culturológicas hasta el lenguaje rutilante y pueril de la televisión. Sabríamos luego que todas esas tendencias estaban tejiendo un discurso poderoso y de pretensiones totalitarias: el discurso posmoderno» (Prieto 1992).

[18] Sobre la recepción insular del pensamiento posmoderno y sus metodologías críticas, *en aquel momento*, véase también Mateo Palmer 1995b y 2002. Una perspectiva que aborda lo «político» de esa recepción y sus deudas con los «grandes relatos» de la modernidad puede encontrarse en Nuez 1991. Entre trabajos posteriores y que tienen la ventaja de una mayor distancia crítica al analizar el fenómeno, véase sobre todo Mateo Palmer 2007 (donde se analiza retrospectivamente el alcance y las condiciones de apropiación del pensamiento postmoderno en la isla) y Rojas 2009 (donde figura un pormenorizado análisis de los límites, impuestos a veces por la propia circulación de textos, de aquella recepción). Con relación a este último punto resulta interesante la antología *El Postmoderno, el postmodernismo y su crítica en* Criterios (Navarro 2007), con textos publicados en la revista *Criterios* entre 1989 y 2006.

[19] No estará de más hacer notar que la recuperación de Mateo Palmer es también una de las primeras recuperaciones críticas –más allá de la mera mención– de Cabrera Infante y Sarduy en un volumen de crítica editado en La Habana.

pasajes más «serios». El libro de Mateo Palmer acaso sea un ejemplo extremo por lo arriesgado de su apuesta, pero lo cierto es que mucho del interés que adquieren ciertos registros narrativos –por ejemplo, algunos textos de los llamados postnovísimos narradores, una denominación exitosa que acuñó Salvador Redonet– para su paulatina recepción crítica debe mucho a la aparición y sedimentación, también académica o institucional, de presupuestos metodológicos afines a una cierta consciencia postmoderna, cuyos síntomas, según esa lectura, serían también perceptibles en sus obras. Volviendo a finales de los ochenta: lo que comenta Radamés Molina a propósito de *Naranja dulce* resulta extrapolable a esa tan especial –por partida doble: por atípica y por intensa, en esos años– vivencia insular de la condición postmoderna. La revista, patrocinada por el Estado y con similitudes con otras revistas culturales cubanas, hacía al mismo tiempo notorias

> su voluntad de ruptura y su guiño a la cultura postmoderna. Por esos tiempos parecía que Cuba era el mejor ejemplo de esa «doctrina». Las eternamente suculentas mulatas de La Habana parecían un irrepetible testimonio de cuán postmodernos éramos y los Cadillacs de los cincuenta que circulaban por la ciudad (y que creo que no dejarán nunca de circular) eran el extremo de ese argumento. Antes habíamos sido surrealistas, cristianos órficos o comunistas con el mismo nivel de identificación asimétrica. [...] el mismo descrédito tácito con que alguna vez la *inteligentzia* nacional había aceptado aquellos ismos nos convertía en observadores distantes, en magistrales apropiacionistas liberados de todos los lastres que podría imponernos la tradición y el presente. En definitiva en postmodernos. (Molina 2006: en línea)

Es justo esa identificación asimétrica, con todo lo que tiene a la vez de deslocalización y apropiación, de estrategia intelectual y de valor simbólico respecto a una capacidad de interlocución que había quedado anulada en los setenta, la que confiere un relieve y un sentido especiales a los nuevos discursos intelectuales que aparecieron entonces y a su dimensión «política». La asimetría, hay que subrayarlo, mucho más que aquellos referentes teóricos sobre lo que se volcaba una tan peculiar e idiosincrásica identificación «postmoderna»: una asimetría que no era sino resultado de los ajustes que imponía la voluntad de cambio ante un panorama cultural e ideológico anquilosado, y cuya renovación implicaba la recuperación de mucho de lo que se había perdido en las décadas soviéticas, en especial la de una tradición y una subjetividad intelectual localizadas en asunciones propias, en la doble acepción de lo nacional y de una autonomía suficiente ante el poder.

Y de hecho, si en alguna zona una identificación no resultó asimétrica sino en cierto sentido lo contrario, fue en lo que Díaz Infante (2005: 237) ha llamado la Orígenes *Renaissance*, y que no se reduce, por supuesto, aun cuando la incluya de manera central, a una recuperación de Orígenes o del canon literario previo a la Revolución, sino que incluye un número considerable de movimientos e intereses –encontrados a veces, concordantes otras– tanto desde el poder como desde el campo intelectual. Aunque la posibilidad de muchos de esos movimientos se abre precisamente en la segunda mitad de los ochenta, estos no se completan –no se cierran, por así decir, en su forma más o menos definitiva– sino a partir de los primeros años de la década siguiente.

Para 1990, ya la «primavera de La Habana» había dejado de existir tanto en su espíritu participativo como en lo que, a otro nivel, pudo tener de posibilidad para una síntesis entre esos dos cánones escindidos. En 1989, la evolución de los acontecimientos en Europa del Este apuntaba ya al colapso que inauguró en noviembre de ese año la caída del muro de Berlín, y el régimen cubano reaccionó de antemano enfatizando la separación ideológica de sus antiguos aliados. En verano de ese año cesó definitivamente la circulación de la prensa soviética en la isla, en lo que *Granma* presentaba en su editorial con el elocuente título de «Una decisión inaplazable, consecuente con nuestros principios»[20], y el 28 de diciembre Fidel Castro hablaba por primera vez de un posible «período especial en tiempo de paz», que se estableció oficialmente el 29 de agosto de 1990 (Fornés-Bonavía Dolz 2003: 281 y 284).

El desplazamiento hacia una retórica nacionalista revolucionaria, que había comenzado a finales de los ochenta –y que ahora se alejaba estratégicamente del desacreditado discurso soviético– quedó refrendado institucionalmente en 1992 con los cambios a la Constitución de 1976. Si bien sutiles, como apunta Rojas, dichas reformas «lograron adaptar el régimen institucional y el discurso ideológico del Estado cubano al contexto de la posguerra fría, caracterizado por la ausencia de un bloque socialista mundial y la globalización del capitalismo tardío», al tiempo que «respondieron a la no declarada voluntad de nutrir la legitimación simbólica del régimen con ciertos valores del nacionalismo revolucionario y no con los dogmas del marxismo-leninismo» (Rojas 2006: 432). Con el acento en la vocación martiana y nacionalista del proyecto cubano, «la tensión originaria entre el excepcionalismo de la voluntad nacional y el universalismo del modelo marxista-leninista se liberó en favor del primero»

---

[20] *Granma*, 4 de agosto de 1989: 1.

(2006: 434). Quizá donde mejor pueda percibirse el cambio de perspectiva ideológica sea en la inversión temporal –de algo *todavía* por venir, en construcción, como había sido hasta entonces, a algo *ya* en pasado– que suponía *conservar* los logros del socialismo:

> Al poner el acento en la «defensa de los logros del socialismo» y no en la «defensa del socialismo», el discurso del poder abrió una fisura semántica que implicaba la consumación del proyecto socialista o su localización en el pasado reciente del régimen. Este debilitamiento del sustrato doctrinal marxista-leninista, y de su transmisión a través de los aparatos ideológicos del Estado, fue compensado por una inflamación de la retórica nacionalista. (Rojas 2006: 436-437)

Lejos de la indeterminación de rumbo que caracterizó el final de los ochenta y que hizo posible aquel diálogo de voluntades de cambio en el campo cultural e ideológico, con la nueva situación de la década de los noventa el cambio, más que voluntad de alguna de las partes, devenía *necesidad* de todas.

Y aun cuando esas necesidades de cambio pertenecieran a ámbitos distintos –la necesidad de renovación del discurso ideológico del régimen, por un lado, y las diversas necesidades de autonomía y legitimidad que provenían del campo intelectual–, intereses tan dispares van a coincidir como es de prever en una zona común, la de la identidad nacional. Precisamente aquella zona, no lo olvidemos, sobre la que más había pesado la fractura de los setenta, en ese divorcio entre tradición y futuridad que había escindido en dos el canon literario cubano –una tradición literaria sólida pero congelada, porque *ya no* respondía a las expectativas del canon crítico, y una literatura socialista *todavía por hacer*, pero impuesta por las expectivas críticas e ideológicas– y sobre la que se había sustentado antes del cisma su configuración estable. De modo que, de una u otra manera y para los intereses de unos y otros, por contrapuestos que fueran entre sí, lo que se imponía era una restauración. Es ese complejo entramado de necesidades y oportunidades el que hizo posible, aun con todas las complejidades del caso y a pesar de los diversos enfrentamientos críticos que sigue provocando, la recuperación de un cierto territorio de consenso. De un patrimonio común, a pesar de que sus herederos no hayan resuelto cómo parcelarlo, llegado a un acuerdo sobre qué corresponde a cada quién de esa vieja herencia de familia. Lo que venía a estar en juego era el cómo, la forma que tomaría ese ajuste, pero la recuperación de una tradición nacional se imponía, por así decir, como terreno común –tanto da si como campo de batalla o espacio de acuerdo: de hecho, tuvo y aún tiene de lo uno y de lo otro.

Restauración o renacimiento, tradición y legado

Si se quiere entender a profundidad la evidente restauración que comienza a tener lugar a finales de los ochenta –y que en alguna medida se prolonga hasta hoy y determina todavía la configuración actual del canon literario cubano– conviene partir de un deslinde tan elemental como necesario: ¿*qué* es exactamente aquello que se recupera, cuál es el objeto de esa restauración?

La cuestión se impone también porque pudiera parecer, según se mire desde uno u otro ámbito o se atienda a uno u otro de sus actores, que esa restauración atañe a cosas esencialmente distintas o incluso que *aquello* que se recupera resulta más o menos legítimo según de donde provenga su vindicación. Retomando la imagen anterior, digamos que el terreno común es el mismo; cualquier legitimidad o ilegitimidad concierne a quiénes lo ocupen o al uso que de él se haga, y no tendría por qué «contaminar» en un sentido o en otro aquello mismo que se restaura. Lo anterior, que bien puede parecer una obviedad, no lo es tanto si se toma en cuenta que buena parte del debate crítico sobre la recuperación (sobre todo, como veremos, cuando se refiere al legado origenista) suele desviarse de su objeto para discutir cuán susceptible haya sido éste de instrumentalizaciones o de usos espurios, identificando o solapando a veces una cosa con la otra. ¿Qué se restauró, entonces, entre mediados de los ochenta y principios de los noventa? ¿Un discurso nacionalista, que llenara el vacío ideológico postsoviético? ¿Un Canon que había quedado congelado, inactivo, aquél del que había pretendido hacer borrón y cuenta nueva el canon crítico marxista? ¿O acaso una relativa autonomía intelectual con respecto a lo ideológico, aquella capacidad de interlocución que se había perdido en los sesenta? Más que alguna de esas respuestas posibles –todas resultan válidas en tanto síntoma o consecuencia de la restauración, pero parciales si se las remite a la integridad de su objeto–, lo que se restauró fue la configuración triple del sistema, esto es, la circulación efectiva y recíproca de influencias entre Canon, canon crítico y corpus que había desaparecido, como hemos visto, cuando un sistema de tres elementos había quedado, casi de la noche a la mañana, reducido a dos.

Naturalmente, esa restauración no podía, por así decir, devolver tal cual a la vida el mismo estado de cosas: no podía ignorar ese lapso de casi tres décadas que dejó asentarse un canon crítico basado en el predominio del discurso sobre otros criterios de valor, ni ignorar tampoco desarrollos posteriores de su propia tradición o las connotaciones varias que ayudó a crear su exclusión, de modo que incluyó –incluye todavía– en sí misma una actualización, la necesaria adaptación a presente. Y en ese sentido, lo restaurado no es tanto la figura inmóvil de una tradición sino sobre todo su legado posible, la parte vigente –en renacimiento que, como veremos, incluirá también su propia disidencia, o el necesario empalme[21] con lo que la había sustituido– de aquella herencia latente.

Ahora bien, ¿qué comprendía ese legado, sobre qué *podía efectivamente* operar el rescate? El canon literario cubano había conocido sólo una configuración estable, la que en gran parte había construido Orígenes entre 1940 y finales de los años cincuenta, y que, como hemos visto, se topó ya desde los sesenta con una imposibilidad histórica de existencia. Esa configuración, además, tenía uno de sus centros precisamente en la cuestión de la identidad, en la articulación de un imaginario cultural y una tradición literaria que había sido, también, búsqueda y afirmación de las esencias nacionales. Orígenes, a diferencia de las otras «ciudades letradas» que convivieron con él, no sólo había construido un pasado propiamente literario, sino que lo había articulado como discurso de legitimidad y valor. De modo que, si se trataba de rescatar un legado que respondiera a la necesidad de cambio de los discursos culturales de la isla, la única configuración estable y que tenía, además, como centro la identidad nacional era aquélla. Si la restauración necesaria requería la vuelta a una tradición, la única que había a la mano era la que había construido Orígenes: no había otra, y en este sentido da lo mismo si era susceptible *per se* de ser instrumentalizada o no. Es evidente que si les hubiera sido dado escoger, las instituciones oficiales hubieran preferido otra tradición, otro Canon –y es probable que algunos autores también– más en consonancia con el papel ideologizado que durante décadas habían esperado de la literatura, o con visiones más simples –más proclives a lo popular, por ejemplo– de la condición nacional. O que dejara en posición menos problemática a las propias políticas culturales de la Revolución, que habían excluido su influencia y negado a muchos de los autores que la seguían –la obra de los propios origenistas, pero también la

---

[21] El término, mucho más acertado que otros para describir los movimientos de ajuste que nos interesa analizar aquí, lo usa originalmente Díaz Infante para referirse a las posiciones tempranas de Vitier sobre el nacionalismo origenista y su lugar en la Revolución, pero supera con creces esa concertación ideológica: «Superación definitiva de aquella "desintegración nacional" que Lezama denunciara en las "señales" de *Orígenes*, la Revolución es para Vitier un renacimiento. La abundante obra de Vitier en estos años posteriores a 1967, centrada en el "empalme" de Orígenes y la Revolución, abre el camino para la progresiva reivindicación de Orígenes en la década del 80» (2005: 232).

literatura que, aun a distancia crítica, se inscribía en esa tradición: esa «literatura póstuma» que hemos analizado y que tiene en los rasgos del canon origenista sus principales señas de identidad–.

La cuestión, en verdad, resulta mucho más sencilla si se la mira desde la estricta posibilidad de lo existente: no había otra configuración estable del canon literario ni otro Canon a la mano, porque ninguno llegó a constituirse como obra por la «literatura de la Revolución», ni tampoco ninguno de los grupos intelectuales contemporáneos a Orígenes fue capaz, en su momento, de articularlo como legado ahora rescatable. El que había era ése –aun si se incluye su propia disidencia o algunos desarrollos posteriores a él, pero en su estela–, lo cual reduce de antemano a mero ejercicio contrafactual la discusión sobre su «conveniencia» o lo susceptible que fuera de «empalmes» ideológicos, de ubicársela en aquello que se recupera y no en los intereses de quienes lo hacían: la conveniencia y el ajuste no venían dados ante una selección, sino por las parcelas de legitimidad que a cada una de las partes le interesaba defender. Posibilidad de elección real entre aquella tradición y otra sencillamente no la había, y en una suerte de *Realpolitik* literaria, tanto unos y otros encontraron en ella terreno para sus necesidades, por alejados que estuvieran sus intereses.

La restauración conoció, a grandes rasgos, dos vías, una desde el ámbito intelectual, que se identificaba con el origenismo y reclamaba de una manera u otra su legitimidad –asociada a la autonomía intelectual y a aquel «estado de concurrencia» que invocaba Paideia, y que también incluía el rescate de su papel en la historia intelectual del país–, y otra institucional, que respondía a ajustes estratégicos en las políticas culturales oficiales y en las retóricas del socialismo cubano, y que supo aprovechar con habilidad el renovado interés por el legado del grupo. Si bien su oportunidad vino a cuajar del todo sólo a principios de los noventa, la recuperación fue paulatina y desde sus inicios supuso «empalmes» entre ambas. Los antecedentes intelectuales hay que situarlos sin duda en el trabajo crítico de Cintio Vitier, que comienza a reivindicar el papel del origenismo ya desde los años setenta, y que sobre todo con *Ese sol del mundo moral* (1975) sitúa algunas de las claves que harán luego posible la reconciliación ideológica, a partir del entronque entre una eticidad cubana, que se remonta al surgimiento de la identidad nacional y a las guerras de independencia, y el proyecto revolucionario:

> Escrito para responder a quienes habían dictado el ostracismo de Lezama, este libro era a todas luces inaceptable para la *doxa* de aquellos años de intransigencia

histórico-materialista. Vitier comprende el marxismo cubano, emergente con la generación de Julio Antonio Mella y Raúl Roa, como una rama del tronco de la eticidad que alcanza su cima en José Martí, poeta en versos y en actos; minimiza la polaridad entre los intelectuales de *Gaceta del Caribe* y los de *Orígenes*; y, para colmo, hace énfasis en «la sed de advenimiento histórico, de encarnación de la poesía en la realidad» en Lezama, llegando a sugerir que la obra espiritual y nacionalista del grupo prefigura la Revolución de 1959. (Díaz Infante 2005: 225-226)

La descripción que hace Ponte en su libro sobre Orígenes, aun cuando resulte simplificada en la cita, puede dar una idea del papel ambivalente de Vitier con respecto a la herencia origenista. Sobre todo, pone con razón el acento en esa conciliación ideológica que, si bien todavía en 1975 «se produce evidentemente en detrimento del costado determinista del materialismo dialéctico» (Díaz Infante 2005: 226), ya apuntaba claramente a un desplazamiento político:

> Cintio Vitier, escritor origenista, se había encargado (entre otros) de allanar el camino para el perdón gubernamental. Había compuesto una historia origenista que pasaba a pie danzante sobre los años de castigo y que llegaba a relacionar la obra de los escritores de Orígenes con la revolución de 1959. Causalidades fantásticas colocaban vida y obra de José Lezama Lima a disposición de los inquisidores. Del consejo de redacción de una revista se hacía célula de conspiradores revolucionarios. Una vez más se conseguía el rebajamiento del hombre de letras frente al hombre de acción, frente al líder político. (Ponte 2004: 11)

Un desplazamiento éste que, en el trabajo del propio Vitier y llegados los noventa, se ha convertido ya en ideología, y que Díaz Infante describe de manera mucho menos empática en un libro suyo posterior:

> Ideólogo del «período especial», Cintio Vitier representa meridianamente la confluencia del culto a la identidad nacional y la deslegitimación de la crítica intelectual que caracteriza al deshielo cubano. Su discurso, abocado al «redescubrimiento de la originalidad nacional de la Revolución Cubana» y a la apología de lo que Lezama llamara «pobreza irradiante», viene a relevar, en estos años de aperturas y confluencias, al maltrecho dogmatismo marxista en la desautorización de la crítica en tanto imprescindible función específica de la *inteligentsia*. (2009: 180)

Probablemente el autor que haya estudiado con mayor detalle las etapas de esa restauración, Díaz Infante sitúa en *Los límites del origenismo* el primer momento efectivo de lo que llama la Orígenes *Renaissance* a inicios de los ochenta, con la publicación en la isla de *Imagen y posibilidad* (1981) de Lezama y el Primer Coloquio de Literatura Cubana, a finales de ese mismo año, donde Fernández Retamar afirmaba en las palabras de clausura que

> la herencia de la cultura cubana revolucionaria no estaba limitada a aquellos que habían vivido orientados «por una justa brújula política», sino que incluía a «quienes, carentes de esa brújula, pero con un patriotismo verdadero (no de relumbrón), una lealtad ejemplar a la tarea literaria, una existencia útil y ávidos sueños, hicieron contribuciones inesperadas a nuestra alma». Como ejemplo señalado de estos últimos [...] mencionó a Casal [...], pero lo que estaba en el aire era a todas luces el caso de Lezama, muerto en pleno ostracismo un lustro atrás. (Díaz Infante 2005: 223)

La apertura respondía, en parte –y nótese cómo el ajuste, desde sus primeros momentos, involucra reacciones en diálogo– a la publicación en Madrid de la correspondencia de Lezama con su hermana Eloísa (Lezama Lima 1979), con numerosos pasajes que sacaban a la luz su desencanto con la Revolución. Otro antecedente importante, también de 1981, habría sido el ensayo de Emilio de Armas (1983) sobre la poesía de Vitier, donde se hacía énfasis sobre la resistencia origenista a la frustración política de la República a través de su búsqueda de las esencias nacionales, y que resaltaba además la continuidad de la obra de Vitier en el período revolucionario (Díaz Infante 2005: 224). En línea similar –esto es, la de subrayar la concordancia del nacionalismo origenista con el proyecto político cubano o limar diferencias con la recepción crítica marxista– cabe leer los artículos de Hernández Novás sobre la poesía de Eliseo Diego (1983) o sobre Orígenes (1990)[22], o los trabajos de Abel Prieto, en particular el que dedica a las crónicas habaneras de Lezama (Prieto 1985) y que adelanta las posiciones, mucho más asentadas y ya en plena urgencia de recuperación de un

---

[22] A propósito del segundo, anota Díaz Infante: «Además de excusar a Orígenes de los reiterados cargos de evasión, hermetismo, apoliticismo y esteticismo, polemizando abiertamente con el *Diccionario de la Literatura Cubana* realizado por el Instituto de Literatura y Lingüística de la Academia de Ciencias de Cuba, Hernández Novás apunta dos elementos insoslayables en la justa apreciación de las especificidades de Orígenes: que el origenismo, a cuyos miembros une sólo «un mínimum de principios» y una básica inconformidad con la cultura oficial y la generación anterior, no constituye una escuela de vanguardia, y su diferencia de la poesía pura, no bien percibida o interesadamente sacrificada por el maniqueísmo de la crítica marxista» (2005: 238).

discurso nacionalista, que adopta en su prólogo a *Confluencias* (1988), donde figuran párrafos como éste:

> queda en pie ese invisible reducto que levanta Lezama frente a los enemigos de la nación y de la cultura cubana: son los neoanexionistas (deliciosamente satirizados en una de sus estampas); los sietemesinos que se avergüenzan de habitar *aquí, donde nacer es una fiesta innombrable*; la burguesía estúpida y antinacional; el mediocre pragmatismo de los que concentran su ideal en «la tibiedad del océano domesticado en la bañera»; el avance impetuoso de una cultura de masas calcada de los modelos norteamericanos y empeñada en imponerlos; los políticos que estaban vendiendo el país; todo ese carnaval tragicómico de lo corrupto y desintegrador. (Prieto 1988: xxxvii)

La restauración oficial del origenismo fue posible en buena medida gracias a numerosos ajustes de ese tipo, unos más sutiles y más burdos otros, que a finales de los años ochenta e inicios de los noventa consiguieron «adaptar» —casi treinta años después de los primeros ataques a Orígenes— a las necesidades ideológicas del discurso de la identidad buena parte del ideario origenista, o al menos aquellos rasgos que entroncasen, casi bajo demanda, con el vacío simbólico que dejaba la desaparición paulatina del discurso marxista. Ahora bien, lo que no hay que perder de vista es que ese empalme no obedece a una selección sino, como decíamos, a la disponibilidad más estricta: se recuperaba el legado origenista porque no había otro que articulara, en discurso y en obra, una tradición literaria y cultural nacional. Y siendo el único a recuperar, la ausencia de otras alternativas potenciaba esas necesidades de ajuste o concordancia, de un lado, y la atención a su propia disidencia, del otro.

Ya para la década del noventa, con la publicación entretanto de numerosos trabajos sobre la tradición origenista —además de los de Cintio Vitier o Fina García Marruz, la trilogía que Jorge Luis Arcos dedicó al grupo representó en este sentido un punto de inflexión importante[23]— y la visibilidad que confería el cincuentenario de la revista, la restauración origenista, con todo lo que ésta concedía de prioritario al esencialismo nacionalista, era un hecho. Por eso no es

---

[23] En los tres libros de Arcos —*En torno a la obra poética de Fina García Marruz* (1990a), *La solución unitiva. Notas en torno al pensamiento poético de Lezama Lima* (1990b) y *Orígenes: la pobreza irradiante* (1994)— se produce una cierta decantación hacia el núcleo más esencialista y afirmativo del origenismo (Lezama, Vitier) en detrimento de su lado más «oscuro» o negador (Piñera, García Vega). Véase también, de Arcos, el más reciente *Los poetas de Orígenes* (2002).

de extrañar que en el coloquio internacional que se dedicó en 1994 al Cincuentenario de Orígenes[24] buena parte del debate estuviera signada por lecturas que reaccionaban críticamente a las apropiaciones ideológicas del origenismo, o que, en un diálogo sólo ahora posible con su tradición, algunos autores priorizaran la zona más disidente del origenismo –Piñera y García Vega, sobre todo–. En parte, cómo no, como una reacción a la instrumentalización oficial, lo que reforzaba aun más si cabe la condición doble de la restauración; no sólo como iniciativa de una parte o de la otra, sino también como negociación entre ellas, como puesta en cuestión de su propio objeto.

Es el caso, por ejemplo, de la posición de Rolando Sánchez Mejías, quien en su agudo ensayo «Olvidar Orígenes» (1997) situaba tanto los límites de las cercanías generacionales a esa tradición como el declarado alejamiento de una metafísica origenista, del núcleo ideológicamente «instrumentalizable» de la idea de Nación:

> habría que separar la política mundanal de este grupo de su política escritural, aun sabiendo la complicidad de ambas políticas. Pero creo que un escritor debía de separarlas, aunque fuese tácticamente, porque si no caeríamos en ese error tan típico de este país de inventarle no sé qué destino sagrado o destino desastroso a sus escritores, midiéndolos por sus vidas y no por sus escrituras. (1997: 17)

Tras situar «la significación de Orígenes» en tanto tradición propiamente literaria, como «concepto de Ficción en el orden del Absoluto[25]», Sánchez Mejías pasa a deslindar ese valor de sus usos concretos en el orden de la política:

> Aunque los políticos no sean buenos lectores –pues un político tiene la necesidad de efectuar «malas lecturas» para hacer su labor con la realidad–, poseen el olfato capaz de intuir lo que se encuentra en las mayúsculas de Ficción Absoluta.

---

[24] La mera mención de las instituciones vinculadas al evento evidencia el lugar que para entonces ya había recuperado la tradición origenista: celebrado en Casa de las Américas, el coloquio había sido convocado por la Cátedra de Estudios Literarios Iberoamericanos José Lezama Lima, y contaba con el auspicio de la Fundación Pablo Milanés, en colaboración con el Ministerio de Cultura y la UNEAC.

[25] «La significación de Orígenes para mí ha sido la significación que han podido tener algunas de sus escrituras: la posibilidad de contar con un imaginario complejo, de una apertura o conexión entre distintos órdenes de la vida, o lo que es lo mismo: un concepto de Ficción en el orden del Absoluto [...] La otra lección de Orígenes derivada de su sentido total de la ficción, es la idea del Libro: del Libro como vastedad, como metáfora que encarna el mundo. Antes de Orígenes no contábamos con dicha tradición» (1997: 17).

Por eso los políticos no soportan la idea de una República de las Letras. O la idea de un Coloquio donde no se hable solamente de la retórica literaria de Orígenes. Los políticos intuyen que Orígenes generó algunas mayúsculas trascendentalistas, y una nostalgia del *origen*, y un énfasis de la resurrección histórica, que pueden emplearse en situaciones concretas de la política. (1997: 18)

En sentido similar al de Sánchez Mejías, otros trabajos presentados en aquel Coloquio apuntaban a aquella dicotomía incómoda. Marqués de Armas, por ejemplo, tocaba un punto importante cuando establecía la diferencia entre la recepción inicial de Orígenes entre los intelectuales de su generación, cuando «todavía los agenciamientos colectivos no le habían agotado el "secreto" y persistía como un riesgo el hecho sencillo de leerle» (Marqués de Armas 2012: 102-103); cuando de hecho «este "volver a la memoria" venía a suplantar cierto Orden simbólico que la revolución había "secuestrado"» (105), y la relativa contaminación que suponía su recuperación oficial. Hago énfasis en lo anterior porque se ha asimilado, a veces, esa crítica de la apropiación oficial de Orígenes con una suerte de explícito «antiorigenismo» ulterior por parte de aquellos mismos autores que inicialmente lo habían recuperado. Y la propuesta de Marqués de Armas sortea el riesgo de pasar por alto la diferencia sustancial entre el valor propio de esa tradición[26], por una parte, y sus interesados usos políticos, o incluso algunas asépticas apropiaciones formales más o menos propiciados por ellos, de la otra:

> Doble carencia la nuestra, exige otras políticas escriturales. Acaso un desvío ante la mala hermenéutica que hemos practicado. La ficción y la calidad de la escritura de Orígenes permanecen inalterables, no así los ideologemas derivados del Sistema Poético. (Marqués de Armas 2012: 105)

No es casual que haya sido ésa, a grandes rasgos, la poética que defendió el grupo *Diáspora[s]*, nucleado luego en torno a la revista homónima[27] y entre

---

[26] El texto subraya la doble condición de imaginario o tradición –en pasado–, y de influencia *ahora activa* para el presente: «Ante nosotros teníamos simplemente otro imaginario, más culto y extenso. Así los caminos dictados por la metáfora pronto nos hicieron participar de un "doble devorador" con que devorar la realidad nuestra» (2012: 104).

[27] Recientemente Jorge Cabezas Miranda ha recogido en edición facsímil los números de *Diáspora[s]* (2013). El grupo tuvo dos etapas, la primera desde 1993 hasta 1997, cuando aparece la revista, y una segunda que se prolonga hasta 2002. Además de Sánchez Mejías (1959) y Marqués de Armas (1965), pertenecieron al grupo Radamés Molina (1968), Carlos A. Aguilera

cuyos principales gestores se contaban Sánchez Mejías y Marqués de Armas: en esas posiciones están presentes tanto una vindicación de Orígenes como la necesidad de trascenderlo críticamente, o al menos, de separar ideología y literatura, sin desmedro de un papel autónomo del intelectual. En buena medida, es todavía a esclarecer esa disyunción —en este caso, formulada entre Poesía e Historia en lo que se refiere a Orígenes— que se aplican, una década después (2005), muchas de las páginas del libro de Díaz Infante citado aquí. Y si bien lo hacen desde una perspectiva distinta, lo que subyace allí como conflicto —comprensible, pero quizá sobredimensionado *en lo que se refiere al objeto de la restauración*— es el vínculo político que se creó con la instrumentalización ideológica de Orígenes, el oportuno aprovechamiento de su nacionalismo que, sobre todo a raíz de reformulaciones como las de Vitier o Prieto, ha connotado la vigencia de su legado[28]. Pareciera a veces, si no se evita la asimilación entre aquello que se recupera y las intenciones con que se lo hace, como si la restitución oficial hubiera supuesto también una merma de valor, en un nuevo *dictum* antiorigenista que habría llegado, esta vez, como consecuencia no del rechazo sino de la aprobación oficial.

En 2001 Antonio José Ponte publicó en México un libro donde recogía la mayoría de sus ensayos sobre Orígenes y donde aborda precisamente estas cuestiones. Lo que daba ilación a aquel volumen, más allá de Orígenes, era una inquietud que el propio Ponte hacía explícita en el prólogo, el lugar que cabría al grupo en la recuperación que, tras años de silencio impuesto, comenzaba a tener lugar tras el perdón oficial: «Lezama Lima ha empezado a padecer lo que en Martí es proceso avanzadísimo, y lo ocurrido con la obra martiana puede servirnos de pronóstico a la hora de imaginar el destino futuro de la obra de

---

(1970), Rogelio Saunders (1963), Ismael González Castañer (1961), Ricardo Alberto Pérez (1963) y José Manuel Prieto (1962). Sobre *Diáspora[s]*, veáse también Morejón Arnaiz 2012.

[28] En una curiosa simetría, que asimila el uso político de Orígenes a un presunto «uso» anterior de la Revolución desde la poesía, Díaz Infante comenta lo susceptible que haya sido Orígenes a la «tentación totalitaria» por el «anticapitalismo raigal de las poéticas de Lezama y Vitier»; ambos habrían visto «a la revolución no como historia sino como poesía. Su "uso" de la Revolución desde la poesía comporta evidentemente una celebración poética de la Revolución. Al margen del grado de modernidad y fuerza de su escritura, los ideologemas que aparecen en ella no digo que tengan los "códigos del totalitarismo" pero sí que pueden llegar a confluir, así sea negativamente, con el discurso que lo legitima. Por eso, a diferencia de algunos importantes estudiosos de Lezama, pienso que el rescate que de su obra ensayística y poética hace Abel Prieto en los años ochenta no constituye del todo una mala lectura» (Marqués de Armas & Díaz Infante 2007: en línea).

José Lezama Lima» (2004: 12). Indagación sobre Orígenes, sobre el papel que había jugado en la cultura cubana y el que ahora se le quería hacer jugar, *El libro perdido de los origenistas* buscaba una elucidación, una puesta en claro, y es quizá el ejemplo más ilustrativo de esa vindicación de Orígenes ante su instrumentalización institucional:

> publico las páginas que siguen para ayudar a que la obra y vida de José Lezama Lima no resulte tan mal administrada como la de José Martí. Para que no echen a perder a futuros lectores las páginas de *Orígenes*. Porque la verdadera pérdida del libro no está en su desaparición, en su censura. Llega, no cuando los inquisidores ordenan la fogata, sino en el momento en que frases entresacadas de esos libros negados pasan a formar parte del sermón de los inquisidores y fortalecen la digestión de la ortodoxia. (Ponte 2004: 13)

La importancia del libro de Ponte, pienso, va más allá de esa tan necesaria discriminación entre la tradición que se recupera y las maneras que adopta esa recuperación: no sólo sitúa críticamente a la una y a la otra, haciendo énfasis en lo que las diferencia, sino que apunta posibles desarrollos –prospectivos, en presente, no meramente retrospectivos– de la tradición origenista cuando defiende un diálogo ante la tradición que es también político, en esa precisa dimensión que comentábamos al inicio del capítulo. Es en ese sentido que resulta eficaz la distinción entre dos facetas de lo político, lo que Ponte llama el ceremonial de Orígenes –aquel «estado de concurrencia» que citaba Paideia, una serie de prácticas intelectuales– y la tan llevada y traída teleología insular, una legitimación del sentido nacional que si bien organizó la biblioteca origenista –«el espinazo, la columna donde vertebrar poemas y poetas, hechos y figuras en los libros panorámicos de Vitier y Lezama, en las historias y en las antologías» (2004: 114)– habría devenido, por vía de la repetición y de la instrumentalización ulterior, retórica previsible:

> para nosotros, empeñados todavía en encontrar un modo de vivir como gente de letras, resulta atendible el ejemplo de Orígenes [...] Atendemos a las mitologías del escritor que Orígenes nos lega. La teleología insular, sin embargo, no nos sirve de mucho, nos parece que no va a ningún lado. Según ella, lo esencial ocurrió ya y sólo queda revivirlo, reescribirlo, reanimarlo (otra vez palabras prefijadas, ahora para un agotamiento bastante estéril). Preferimos a los origenistas en el descampado, a la intemperie, arañando en la piedra del sinsentido y de la nada, angustiosamente perdidos y boqueando, que en las calzadas improbables del panglossianismo. (Ponte 2004: 114-115)

De ahí que Ponte, en gesto similar al de Diáspora[s], acuda al reverso del esencialismo afirmativo origenista, a la disidencia de su propia tradición –en lo que llama la «tradición cubana del No»: Piñera, García Vega, las memorias de Reinaldo Arenas[29]– para proponer desde allí una dialéctica que asuma «también lo negador, las destrucciones» (2004: 112) como contrapeso necesario a la teleología origenista:

> al asomarnos a su reverso, nos enfrentamos a aquéllo que ese reverso niega repetidas veces. Como un sí reiterado arroja un no, el no que se repite llega a una rara afirmación y sentimos cómo destrucciones continuas sedimentan algo, dejan algo positivo en nosotros. (Ponte 2004: 113)

Restauración de una tradición y al mismo tiempo negociación de sentido, será justo en esa nueva dialéctica por dónde van a transitar –de maneras distintas, pero que tienen en común la recuperación crítica de una tradición intelectual ausente durante décadas– los rumbos más notables de la nueva narrativa cubana, sobre todo desde mediados de los años noventa.

Autores nuevos, problemas viejos

Los varios procesos de cambio que hemos estado siguiendo hasta ahora influyeron de varias maneras, como no podía ser menos, sobre la obra y los referentes de valor de autores entonces emergentes, y su influencia es visible –en muy distinta medida, eso sí– tanto en la creación misma como en la recepción, circulación y lectura crítica de sus obras. Lo que está claro es que tuvo lugar entonces una considerable diversificación temática y formal, que se hace más notable si se la compara con el período anterior y se la circunscribe a la literatura escrita en Cuba, y esto sobre todo en dos sentidos que a su vez se complementan: en cuanto a la nueva actualidad crítica que adquieren los

---

[29] El término en parte retoma, cambiando su sentido, los reproches de Vitier a «La isla en peso». Antón Arrufat (1995) y Damaris Calderón (1999) habían presentado, en el Coloquio del año 94, sendas ponencias sobre Piñera que también abordaban esa especial sensibilidad «negadora» y su actualidad a partir de finales de los ochenta. Con un término similar –escritura del desasosiego–, y también enlazándolo con el discurso piñeriano de «La isla en peso», Francisco Morán se refiere al «discurso que descalifica y socava el mito», y toma una expresión de Piñera, «Palma negra», para titular la sección donde lo recoge en su antología de poesía cubana (Morán 2000: 23).

textos –que o bien abordan la realidad cubana con un marcado cambio de signo en sus discursos o bien ponen en crisis la propia referencialidad–, y en cuanto a los diversos modos de asumir la escritura que venía a hacer posible, además de otros factores, la relación con ese Canon ahora recuperado, la reactivación, siquiera sea parcial, de su influencia sobre el corpus y el canon crítico.

En cierto sentido, podría decirse que esos dos factores –el primero, heredero de una literatura comprometida con la realidad, donde lo referencial y hasta cierto punto testimonial constituye el núcleo de los textos; el segundo, actualización de un Canon que había permanecido congelado hasta entonces, y uno de cuyos rasgos principales es precisamente la preeminencia del lenguaje sobre el discurso– reproducen e integran en tensión, en una dialéctica que es resultante del movimiento de restauración que hemos estado siguiendo, dos configuraciones diferentes del canon literario cubano, aquella disfuncionalidad no resuelta que produjo la escisión de los setenta. Por supuesto, hay otros elementos que intervienen en los derroteros narrativos desde los noventa hasta ahora, pero lo que me interesa enfatizar es que los dos más importantes están ligados, de manera más o menos directa, a la tensión no resuelta entre referencialidad histórica inmediata, alentada por el canon crítico de la Revolución, y aquella tradición literaria, vivida ahora como restauración no exenta de conflicto, con respecto a la cual se habían situado los grandes paradigmas narrativos de la literatura cubana. Incluso los elementos más aparentemente externos a la dinámica del sistema –menos propiamente literarios: el cambio en la circunstancia cubana y la polarización política, las penurias del período especial, la visibilidad que toma la diáspora y el cambio de referencias tras la recolocación geopolítica de Cuba en Occidente– pueden seguirse atendiendo a cómo se articula esa fricción en la medida que suponen, todos ellos, decisiones y posiciones a asumir tanto en la creación como para su recepción y lectura.

Y de hecho, las diversas posturas en su tratamiento literario (y la relevancia o prioridad que a éstas conceda la crítica) están marcadas por la oscilación entre esas dos configuraciones históricas del canon, al punto que algunos de los rasgos con los que se ha caracterizado a la nueva narrativa vienen dados por los grados y el modo en que se atienda, según aparezcan tratados en consonancia con una tradición o la otra, la influencia de tales factores «externos». Si bien algunos de esos otros factores son relativamente secundarios y su mayor influencia sobre el conjunto se da sólo ya mediados los noventa –el incipiente peso del mercado o de la publicación en circuitos editoriales iberoamericanos, por ejemplo–, los más importantes estaban ya presentes de un modo u otro desde los cambios de los ochenta. La evolución de su influencia puede seguirse también con suficiente claridad en los intentos de poner orden, clasificar o explicar las nuevas tendencias.

A finales de los ochenta y especialmente desde los años noventa, la nueva narrativa cubana recibió una atención crítica que hacía mucho no conocía. Esa atención, previsiblemente, estuvo en sus primeros momentos enfocada al espíritu de cambio que animó el tránsito de la década, y de hecho, colinda con los últimos textos publicados de lo que cierta crítica veía como la «novela de la Revolución»: así, por ejemplo, la publicación de títulos como *Las iniciales de la tierra* (1987), de Jesús Díaz, o de *Árbol de la vida* (1990), de Lisandro Otero, pudieron despertar entusiasmos valorativos a un tiempo afines con los aires de la *glasnost* y con la resonancia del compromiso crítico, orgánico, de los sesenta. Una crítica habituada a evaluar los textos en términos referenciales podía encontrar en esos títulos confirmación de sus expectativas, el cumplimiento de su «exigencia impostergable» (Fornet 1995: 55) hacia una gran novela de la Revolución. Pero ésta, nunca mejor dicho, llegaba tarde, a destiempo: el caso de la novela de Díaz resulta, al extremo de lo literal, ilustrativo de ese tránsito de un *todavía no* al *ya no* que lastró una posible «narrativa de la Revolución», entendida ésta en los términos que exigían el canon crítico y las políticas culturales. Terminada en 1973 con el título de *Biografía política*, la novela –que precisamente por su anclaje referencial y su voluntad de inmediatez habría podido entonces resultar eficaz, significativa al menos en términos de discurso– permaneció sin publicarse hasta 1987, cuando los cambios en la circunstancia cubana iban camino de hacer de sus conflictos y su tratamiento una reliquia de otros tiempos. Aquel registro narrativo, cuya inmediatez referencial había provocado la censura, resultaba catorce años después tan anacrónico como la realidad que problematizaba. El libro, no obstante, generó no poca atención en medio de la efervescencia de los últimos ochenta, pero se trataba, en este caso y más en general con respecto al modelo de la «narrativa de la Revolución», sobre todo de un desagravio retrospectivo, sin posible influencia sobre las prácticas literarias del momento. A pesar de ello, como decía, hubo intentos por parte de la crítica de reactivar esa influencia, de rescatarla o adaptarla al presente, en lo que cabría ver una voluntad de vuelta al espíritu crítico de los sesenta. La edición de Letras cubanas presentaba el libro como

> Una insólita novela de aprendizaje, la más cruda *Bildungsroman* de la literatura cubana contemporánea. A diferencia de otras obras del género, aquí el proceso de

formación del héroe es *también* un proceso colectivo, el desatado por la lucha de clases y las grandes transformaciones revolucionarias. Esta síntesis fascinante de drama y epopeya, nutrida por el aliento de la cultura popular, convierte la novela —como bien lo sugiere su título— en un desafío político y estético, en el acta de fundación de una nueva conciencia colectiva y de un lenguaje capaz de expresarla en toda su complejidad. (Fornet 1995: 53)[30]

¿Acta fundacional? Todo lo contrario. Más bien canto de cisne o certificado de defunción, si quisiéramos seguir la metáfora. De haber un acta fundacional del nuevo tratamiento literario de la circunstancia revolucionaria cubana habría que buscarla, más bien, en *Las palabras perdidas* (1992), del propio Jesús Díaz. Publicada cuando su autor se encontraba ya en el exilio, *Las palabras perdidas* tematiza el entusiasmo de los primeros años revolucionarios desde la visión retrospectiva de un fracaso, en un tono a ratos cercano al Kundera de *La broma*. Si bien se trata aquí de narrativa, la novela de Díaz tiene mucho de memorias, y es contemporánea de otros títulos que también rememoraban, por lo general en ajuste de cuentas y desde el exilio, el pasado revolucionario de los sesenta y setenta: *La mala memoria* (1989), de Heberto Padilla, *Mea Cuba* (1992), de Cabrera Infante, *Antes que anochezca* (1993), de Reinaldo Arenas, *La travesía secreta* (1994), de Carlos Victoria, *Informe contra mí mismo* (1996), de Eliseo Alberto, *A la sombra del mar* (1998), de Juan Abreu, o *Llover sobre mojado* (1998), de Lisandro Otero[31]. La tan añorada «narrativa de la Revolución» que nunca llegó pareciera haber tenido su mejor sucedáneo en la autobiografía, la confesión personal, el testimonio retrospectivo y de primera mano.

En Cuba, en cambio, la mayor parte del panorama narrativo —y su casi totalidad a partir de mediados de los noventa— se vio dominada por nuevos autores, nacidos casi todos después del 59 o formados con la Revolución, y cuyas primeras obras se publicaban entonces. En cualquier caso, lo que no encontraremos más será «nuevas conciencias colectivas» ni epopeyas de la lucha

---

[30] El texto de tapa, que recuerda en buena medida sus opiniones sobre *Sacchario*, es del propio Fornet. Tras citarlo él mismo, añade que «la relectura de la novela ha transformado mi opinión en convicción» (1995: 53), y concluye, en artículo publicado en 1987, que «si bien *Las iniciales de la tierra* no es la novela de la Revolución —esa categoría sólo sería aplicable al conjunto de nuestra novelística–, tiene todos los rasgos de su arquetipo y es un texto sin el cual ya no podrá hablarse de literatura revolucionaria, ni en Cuba ni fuera de Cuba» (1995: 64).

[31] De los mencionados, el libro de memorias de Otero es el único que no fue escrito desde el exilio (o no al menos en ruptura abierta con el régimen); la novela de Carlos Victoria, pese a sus tintes autobiográficos, el único título narrativo.

revolucionaria, aun cuando en gran medida el canon crítico, con los ajustes de rigor y la previsible alteración de sustancia ideológica, siga persiguiendo una sintonía entre el aspecto referencial de los textos y su eficacia como reflejo histórico, como discurso sobre la realidad. La necesidad de romper con los códigos manidos que habían sustentado aquella literatura conducirá a que, incluso en títulos que reproducen de alguna manera el interés testimonial por la realidad cubana, el centro se desplace hacia el individuo, hacia los márgenes –muy a menudo lo marginal, que a veces se presenta como auténtico[32]– y a que el tono narrativo diste mucho de la epopeya y se acerque más a la ironía, o a una desencantada puesta en escena de la Historia, cuando de la Historia se trate.

La eclosión de esa nueva narrativa fue seguida de cerca por la crítica, que desde sus primeros acercamientos priorizó la cuestión generacional y la asoció, precisamente, a su inconformidad, a esa nueva dimensión de lo político que, como vimos, había marcado la escena cultural de la «primavera de La Habana». En uno de los primeros acercamientos a la nueva narrativa, Arturo Arango organizaba autores y textos «iconoclastas» entre «violentos» y «exquisitos» (Arango 1988), lo cual, sin dejar de ser una simplificación, reflejaba bien la polaridad entre dos modos distintos de asumir lo literario, esa tensión entre referencialidad testimonial y tradición literaria que había cobrado, ahora, una actualidad nueva. Pero fue sobre todo Salvador Redonet, con la publicación de la antología *Los últimos serán los primeros* (1993), quien consiguió aglutinar la atención crítica hacia la promoción de *novísimos* narradores de los noventa. El término, que tenía la virtud de manejar un conjunto de autores bastante heterogéneo[33] (muchos de ellos con poca o ninguna obra publicada, y en esa medida una buena dosis de apuesta, de proyección a futuro), fue acogido sin mayores reservas por la crítica; su amplitud hacía posible, además, que se le añadieran sucesivos matices, lo que lo hizo especialmente productivo a la hora

---

[32] Un fenómeno, este último, que a partir de cierto momento estuvo ligado a una cierta «autoexotización» de lo cubano, en función de expectativas del mercado internacional, fundamentalmente el español.

[33] Y que pertenecían, además, a varias generaciones, de modo que con «promoción» se evitaba una adscripción generacional demasiado rígida. Redonet priorizó los años de formación de los autores –«en la segunda mitad de los sesenta y primera mitad de los ochenta» (1993: 8)–, y más adelante (Redonet 1999) propuso un corte generacional entre Novísimos (1958-1972) y (Post)novísimos (nacidos a partir del 72). La desventaja que podía tener la denominación, esto es, convertir en retrato de grupo una literatura donde había, ya para entonces, voces y tendencias muy distintas, se vio compensada con creces por la revitalización crítica que supuso y por la rapidez con que algunos de los autores desarrollaron estilos y obras nítidamente definidos.

de definir los rasgos comunes de la nueva narrativa y conferirle visibilidad de conjunto[34].

Además, esas definiciones (con mayor o menor suerte) indagaban en la nueva actualidad –sin duda conflictiva– que habían traído para las prácticas intelectuales tanto la recuperación de aquel Canon congelado por décadas, como el desplazamiento ideológico –del marxismo soviético al nacionalismo revolucionario– que hizo posible la restauración. Implicaban también abordar una dimensión política que no se resolvía ya únicamente en términos de acuerdo o disenso con la Revolución, actualizaban inevitablemente –aun cuando fuera como conflicto no resuelto– la noción de «compromiso» y las nuevas subjetividades intelectuales.

Un vínculo precario

El elemento más importante para lo que nos interesa aquí está relacionado con el desfase –hasta cierto punto previsible– que se da entre esa nueva narrativa y el modo en que el canon crítico se aplica a leerla. En parte considerable de los textos publicados a partir de los noventa, lo referencial (de estar presente) atañe no sólo a lo social sino sobre todo a lo individual, concreto, único. Eso no quiere decir, ni mucho menos, que la mayoría de esos textos eludan un tratamiento crítico de la realidad o que camuflen su dimensión política. Quiere decir, más bien, que esa incidencia de lo político ya no es reductible a términos de inclusión o exclusión («dentro», «fuera» de la Revolución), sino que su alcance se amplía para incluir, en un arco muy amplio, desde políticas intelectuales o una crítica del nacionalismo cubano (el caso de Diáspora[s], por ejemplo) hasta formulaciones «políticas» de la subjetividad, centradas en la relación entre el individuo y la sociedad, que llevan «lo privado hasta lo público, ensanchando las variables que marcan la identidad y haciendo políticos aspectos que estaban reprimidos y ocultos, confinados a la intimidad de los sujetos» (Martín 2008: 138). La tendencia puede rastrearse en el desplazamiento de ciertos temas (el

---

[34] Una visibilidad que facilitó también el interés internacional por esa nueva narrativa, en parte ligado a cierta moda cubana que despuntaba entonces, y que se vio reflejado en la publicación de antologías generacionales –por ejemplo, además de la ya citada *Para el siglo que viene: (post)novísimos narradores cubanos* (1999), de Salvador Redonet, la antología de Michi Strausfeld *Nuevos narradores cubanos* (2000b) fue publicada en alemán por Suhrkamp (2000a) y en francés por Métaillié (2001)– y una pronta atención académica o crítica.

poder, la identidad, el sujeto) desde lo social hasta lo singular, lo que puede bien asociarse con otro denominador común, la sustitución de un lenguaje discurso (que intenta todo el tiempo expresar) por un lenguaje performativo (que le interesa representar y constituye él mismo el medio y el objeto de representación). Para plantearlo más gráficamente, hay cada vez menos que buscar *fuera* de los propios textos: casi todo está (o pretende estar) en ellos. Otra cosa distinta, claro, viene a ser cómo la crítica *lea* esos textos.

Y es aquí, creo, donde resultan más visibles los efectos de la disfuncionalidad que resultó de la escisión de los setenta, en la fractura entre un canon crítico hipertrofiado ideológicamente y que prescribía la legitimidad estética de una literatura *en futuro*, una tradición literaria que se recupera desde *el pasado* (anterior a la Revolución, anterior a la ortodoxia marxista) y un corpus actual cuyo presente no pertenece ni a un tiempo ni al otro, pero que la crítica insiste en situar con respecto a aquellos.

A la restauración del canon origenista, la crítica opone otra más callada, menos pública, que busca rescatar el momento feliz de los sesenta; si bien, como ha hecho notar Díaz Infante, hay en esas recuperaciones «una tácita admisión del fin del momento revolucionario», no creo que se pueda dar por hecho que «de la fase militante hemos pasado a una historiográfica, que con reconocimiento de los "errores" de los setenta, rescata de los sesenta todo lo rescatable» (2009: 192), porque no se trata únicamente de una rehabilitación retrospectiva o de un repaso nostálgico: reintroduce, cuando se trata de leer los textos de la nueva narrativa, expectativas y voluntades que les son ajenas, los lee desde un tiempo que no es el suyo. Es como si gran parte de la crítica, en una especie de reacción que algo tiene de contrarreforma, se remitiera *de nuevo* a las polémicas los sesenta sobre el papel del intelectual, intentara reubicarse a sí misma ante un orden ya pasado pero de cuya sujeción no consigue liberarse. En buena medida, su relación con textos que parten de otros presupuestos muchas veces fracasa porque fracasó *antes*, con la deriva soviética de los setenta, su matrimonio con la prescriptiva ideológica implícita en «Palabras a los intelectuales»; en vez de leerlos desde lo que son, persiste en volver, como si eso fuera posible, a una interlocución que *ya no* puede darse porque pertenece al pasado.

Es sintomático que las marcas de una temporalidad relativa, que supuestamente definirían a la nueva narrativa, aparezcan una y otra vez en los discursos críticos que se ocupan de analizarla. Se la define, a fin de cuentas, por aquello que *ya no* es: en ese sentido, el consenso mayor de la crítica –aun desde perspectivas, posiciones metodológicas o intereses muy alejados entre sí– se ubica en el desencanto, en el alejamiento de esa literatura del «entusiasmo» mesiánico.

Si bien la constatación del desencanto aparecía desde los primeros acercamientos al nuevo corpus, la formulación se debe sobre todo a Jorge Fornet, que introducía el término en «La narrativa cubana entre la utopía y el desencanto» (2001) y poco después, en *Los nuevos paradigmas* (2006), lo desarrollaba en extenso. La idea de una literatura del desencanto, inevitablemente, subraya una ruptura, define algo por lo que dejó de ser; que se la ubique entre el futuro de la utopía y el momento impreciso de la consciencia de que nunca arribará da cuenta, creo, de esa suspensión del presente a la que me he referido varias veces. En lo que dice Padura, por ejemplo, resulta visible esa percepción en lo que tiene de dislocación de tiempos:

> Yo creo que la definición más exacta que se ha hecho sobre ese fenómeno la hizo el crítico Jorge Fornet cuando la calificó como *la literatura del desencanto*. Y ese desencanto, que tiene mucho que ver con el desencanto de sus autores, está ligado a la pérdida del horizonte del futuro. De pronto todo aquello que esperábamos que iba a suceder nunca llegó y el futuro se convirtió en una nebulosa bastante difícil de predecir. (Padura 2005: en línea)

Y es revelador que sea también en parte una dislocación temporal –ésta de otro tipo, como veremos– la que organiza una de las primeras reacciones al artículo de Jorge Fornet del 2001, aquél donde definía la literatura del desencanto. Resulta más interesante aún que la respuesta provenga no sólo de un crítico de la generación anterior, sino de Ambrosio Fornet –Ambrosio y Jorge son padre e hijo–, y que se centre mayormente en cuestiones de índole extraliteraria, pero que conciernen también a la configuración del canon. Vale la pena seguirlo en detalle, porque algunos de sus argumentos explican, en buena medida, el divorcio entre la nueva narrativa y su crítica.

Cuando responde al artículo de Jorge Fornet, el de Ambrosio (2002) se sitúa sobre el filo de una palabra, de su connotación conveniente o inconveniente, y pone en cuestión sobre todo un término, el de desencanto. El texto de Jorge Fornet indagaba en la literatura del desencanto, se ocupaba de un fenómeno literario y llegaba a conclusiones con las que se puede discrepar o coincidir, pero –y es lo que quiero subrayar– trataba *sobre literatura*. El de Ambrosio Fornet desplaza la cuestión a otro terreno, y en el mismo párrafo donde comienza a referirse a la narrativa de los noventa introduce ya una sutil distinción terminológica –de tan sutil, no resiste el participio: no estamos *desencantados*, sino *desencantados*–: «Pienso que quizá lo ocurrido en la narrativa cubana de los 90 no sea tanto un problema de "desencanto" como de "desencantamiento"» (2002: 20). Después de una digresión que quiere avalar la diferencia semántica, habla ya, únicamente, de ideología:

> el «desencantamiento» –entendido como parte de una crisis de desarrollo– abre la posibilidad de definir las bases de una utopía posible. Es, a mi juicio, la tarea que tenemos por delante. Siempre la hemos tenido, *como nación*, desde que se formuló en el 68 y en el 95. (Fornet 2002: 20)

Un párrafo que comenzaba hablando de narrativa termina hablando de la nación. Cuando decía que el procedimiento era revelador me refería justamente a esto: para discutir un asunto literario («la narrativa cubana de los 90»), la crítica lo sitúa inmediatamente en el plano de la circunstancia histórica, o en el plano político («como nación»). Es decir, lo convierte en un asunto –o si se tratara de una obra literaria, en un trasunto– ideológico.

Pero eso no es todo. A continuación, Fornet esboza lo que vendría a ser una suerte de estado de la cuestión concerniente a la narrativa cubana, o más bien a su edición: señala la crisis editorial de los noventa en la isla, subraya el peso asumido por la novela en la reciente recuperación del mercado del libro y pondera el factor cuantitativo de autores y títulos. La dinámica cultural, concluye, se expresa en el hecho de que haya tres generaciones en activo con figuras de primera línea en todos los géneros, en la existencia de una intelectualidad negra numerosa y reconocida y de una escritura femenina. ¿Adónde conduce todo esto?

De seguir su línea de razonamiento, nada más y nada menos que a la postulación de «un vínculo precario», que entroncaría –sostiene Ambrosio Fornet– con la crisis editorial antes señalada. El precario vínculo, asegura, es el establecido *ahora*, porque *antes* habría sido pleno, no entre la crítica y las obras, sino entre el lector y el autor. Ese presunto divorcio entre autores y lectores –asentado en la oposición temporal, entre el antes y el ahora– quiere ser una explicación de las discontinuidades dentro del corpus. Cuesta trabajo no verlo como una reacción defensiva del canon crítico ante la existencia de textos que en cierto sentido se le resisten, que resultan poco o nada manejables en sus términos habituales. Pero según Fornet, sería un fenómeno de recepción el que explicaría ciertas formas «atípicas» en la creación literaria, aquellas realizaciones que el canon crítico, en su inmovilidad de décadas, no sabe manejar en términos de discurso.

En los sesenta, apunta Ambrosio Fornet (justamente la época de idilio entre corpus y canon crítico, de mutua interdependencia sentada en un pacto ideológico), «el autor se proyectaba en el espacio insular desde todas las dimensiones»; «sus obras eran, como diría Jameson, alegorías de la nación, y por tanto su caja de resonancia era la nación en su conjunto» (2002: 21). Nótese el sesgo valorativo, tan propio de ese discurso prescriptivo: concordancia, identidad, autoridad insuflada por −otra vez− la nación. Después de la invocación a ese *antes* feliz no cabe esperar mucho para el *ahora*; las realizaciones, o ciertas realizaciones dentro del corpus, han cambiado, constata. Los autores, e incluso cierta crítica que lee los textos según lo que son y no lo que deberían ser, han cambiado pero, eso sí, lo han hecho para mal:

> a menudo, al leer tanto las obras como las críticas, se tiene la impresión de que la llamada «realidad» es no sólo agonía y escatología [...], sino también −paradójicamente− puro tejido verbal, una simple sucesión de estrategias discursivas. En este otro extremo la literatura no *refleja* ni *expresa* nada anterior o exterior a ella; sale de la propia literatura y punto. Es como si el mundo fuera un vasto conglomerado de profesores y estudiantes de semiótica y lingüística. (2002: 21; aquí las cursivas son suyas)

Si esa literatura no refleja ni expresa nada exterior a ella, ¿no habría que leerla como lo que es, sin remitirse fuera de los textos?

El problema, según Fornet, sería que esa literatura se ha alejado de sus lectores, ha abandonado su clima cultural. Y en otra vuelta de tuerca llega la teoría del divorcio, del vínculo precario entre autores y lectores, avalada por «*Tengo la impresión* de que hoy los autores más jovenes y un amplio sector de sus lectores posibles viven en climas culturales diferentes, no transmiten ni reciben en la misma frecuencia». A lo que sigue de inmediato, en tránsito de la impresión a la afirmación: «Los intereses e inquietudes de unos *no coinciden ya* con las necesidades y expectativas de los otros». Para llegar a donde quería: «*De ahí* el énfasis que ponen dichos autores en la función estética, como valor supremo y excluyente» (2002: 22; las cursivas son mías).

De tan obvia, la pregunta se impone: ¿qué es lo desajustado, en dónde reside la precariedad del vínculo? ¿Será acaso en los textos? ¿O en una crítica que insiste en leerlos con criterios que resultan ajenos, extraños a *estos* textos?

¿Cuál es el *desajuste* de esos textos que cita con –supuestamente– los lectores, o más bien, el canon crítico?

Con respecto al canon crítico, el motivo del desajuste resulta manifiesto, me parece, en las posturas mismas que asume «La crítica bicéfala». Sí, en efecto: son textos que se resisten a una lectura *exclusivamente en términos de discurso*, que sustraen a la crítica los que habían sido, durante décadas, sus asideros preferidos: lo referencial, lo testimonial, la crónica resonante de la Historia. A cierta crítica se le hace cuesta arriba tomarlos como *documentos* que avalen un discurso, y por eso trata de tomarlos como síntomas de un *vínculo precario*.

En función de lo que venimos discutiendo en estas páginas, hay –lo menos como tendencia– dos fenómenos que valdría la pena distinguir. Por un lado, tuvo lugar un cambio visible *en el signo* de los discursos, en su contenido: no sólo de los de la crítica, sino también de los que ésta localiza en los textos. En parte consecuencia de la inmediatez testimonial del constructo crítico cubano, y del papel que ha venido a jugar la literatura como sucedáneo de las ciencias sociales, a partir de cierto momento la narrativa comienza a reflejar –y esto lo recoge en extenso el trabajo de Jorge Fornet– una realidad bien distinta de la del entusiasmo colectivo inicial, que aparece ahora como literatura del desencanto. Muchos de los primeros cuentos de los Novísimos, por ejemplo, reproducían el realismo de los sesenta cuando tocaban ciertos temas tabúes –la guerra de Angola, los balseros, la prostitución, la crisis económica– con idéntica conminación de inmediatez referencial[35]. Se trata de textos marcados por la presencia de un discurso ideológico, y por una voluntad más o menos expresa –si bien de signo distinto, desencantado o crítico– de *reflejar*, de dar fe de la Historia: *Informe contra mí mismo*, por poner un ejemplo extremo (y que Jorge Fornet incluye en el panorama narrativo), sería un caso paradigmático. Un cuento como «Carne» (2000[36]), de Ronaldo Menéndez, podría ser un caso

---

[35] El procedimiento funcionaba y funciona en dos direcciones opuestas: por un lado, textos cuyo valor excede con mucho lo meramente referencial o crítico se leyeron –y se leen– como si lo único importante en ellos fuera lo que dicen o lo que se les hace decir (en términos de discurso) sobre determinados temas, hechos o circunstancias; por otro, al contrario, ciertos textos cuyo valor documental resultó particularmente intenso ganaron a los ojos de la crítica un valor literario añadido y en muchos casos, hay que decirlo, espurio. A fin de cuentas, se trata en el fondo de lo mismo: de una lectura sobreimpuesta o añadida al texto, cuyo origen viene de una expectativa o de una ansiedad de raíz social, mas no literaria.

[36] Incluído luego en el volumen de relatos *De modo que esto es la muerte* (Menéndez 2002), donde aparece –en la primera parte del libro, titulada «Hambre»– junto a otros cuentos de motivo similar. En «Carne», «dos amigos se unen para matar una vaca y son sorprendidos por

más ilustrativo —ya no por ejemplo extremo, sino equilibrado—. «Carne» es, sin duda, un texto que la crítica puede leer *todavía* en términos de discurso, y que, en esos términos, puede despertar entusiasmos valorativos (o censuras, según) por su tratamiento de un tema tabú y por las connotaciones que ese tratamiento activa; su «caja de resonancia» estaría cercana —con otro signo, obviamente— de aquélla que echaba de menos Ambrosio Fornet, en su descripción de aquel *antes* donde autor y lector transmitían en la misma frecuencia. Pero «Carne», que es un cuento excelente, es mucho más que eso; lo es por un inteligente ritmo diegético, por la alternancia de voces que imbrican lo referencial —o incluso lo discursivo— con lo propiamente textual (e intertextual: hay mucho de balada del Far West en el cuento) y por la solución final de una trama mínima, que trasciende con mucho el ámbito donde se sitúa.

Decía que era un ejemplo equilibrado por representativo de lo que pasa con una gran mayoría de textos ante la crítica, que por lo general centra su atención en lo que tengan de discurso (porque textos como ése soportan, en efecto, una lectura en términos de discurso) e ignora o relega lo demás (lo que hace de «Carne» un excelente cuento: su *escritura*, toda una serie de aspectos ligados a la representación y al lenguaje) a un segundo plano. Para usar la metáfora radiofónica de Ambrosio Fornet, digamos que se trata de textos que la crítica puede, mal que bien, captar con interferencias; ya no es la misma frecuencia, los *oye* mal o a medias, pero *todavía* los oye.

Ahora bien, hay textos que ya no soportan ni siquiera esa lectura sesgada o parcial, que leídos en términos de discurso no resultan productivos; el canon crítico cubano, sobre todo esa zona que sigue remitiéndose al valor social de lo literario, espera de los textos que *digan* algo en términos de discurso, y con éstos pasa que la frecuencia, definitivamente, es otra. Entre ellos y *esa* crítica todo es interferencia, ruido: los *pierde*, ya no los *oye*. Sin embargo, algunos de los títulos más importantes de las últimas dos décadas pertenecerían a este grupo.

Mímesis y representación

Una crítica anclada en lo referencial y el discurso tiene en verdad poco que decir —salvo constatar la ausencia del discurso; en términos de Fornet, «puro

---

los "farmers". Estos, como suelen hacer con los intrusos, los devorarán a ellos» (De Maeseneer 2012: 224).

tejido verbal, una simple sucesión de estrategias discursivas»– de una novela como *La falacia* (1999), de Gerardo Fernández Fe[37]. Lo cierto es que en este caso la sucesión de estrategias discursivas no es para nada simple, y el tejido verbal, aunque *puro* en otro sentido, no tiene nada de *mero*: unas y otro consiguen articular, poner en escena una historia que se sostiene, con hipnótica eficacia, sobre las relaciones entre el cuerpo y la escritura, y que se revierte en el peso que cabe a una consideración sobre los límites del lenguaje y del deseo. El sentido que reside en el texto no se puede limitar, en efecto, a una formulación discursiva, ni se puede reducir a la fábula –lo que se cuenta–; se da en él como presencia, como entidad autónoma: uno es inseparable del otro.

Pero hay también textos ante los que falla el parámetro discursivo referencial y que, sin embargo, se apoyan o toman claramente *como punto de partida* un determinado evento, ámbito o territorio histórico. Eso no los hace para nada dependientes de elementos extraliterarios –no *reflejan* ni *expresan*, no por lo menos en la acepción que suele dar a estos verbos la crítica, «la crónica de una época»–, ni los convierte en el soporte de un discurso. Es el caso de dos libros por muchas razones muy alejados entre sí, pero ambos de singular plenitud: *Las comidas profundas* (1997), de Antonio José Ponte, y *El libro de la realidad* (2001), de Arturo Arango.

El libro de Ponte[38] arranca, desde su primera página, de una circunstancia, la penuria de los últimos años en Cuba: «Escribo sobre la mesa de comer. La mesa está cubierta con un mantel de hule, con dibujos de comidas: frutas y carne asada y copas y botellas, todo lo que no tengo» (1997: 7). Pero, a partir de esa mesa vacía (la mesa de comer, también la de escribir), el libro no se construye como discurso, sino –en una trabada síntesis de géneros donde narrativa, ensayo y poesía se sostienen mutuamente– como figura o metáfora; la tradición culinaria y la historia, la anécdota o lo literario se amalgaman para dar cuerpo (*incorporar*, que aquí también es salvar) las ausencias. Centrífuga con respecto a su arranque –esa mesa vacía y a un tiempo poblada de imágenes–, la escritura de *Las comidas profundas* se deja llevar por las comidas ausentes, va hacia afuera siguiendo su rastro, *acude*: a otro tiempo, a otro relato; se dispersa, siempre centrífuga, en lo otro, y trae de vuelta un nuevo peso a lo trivial o al vacío.

---

[37] Sobre *La falacia*, véase Garrandés 1999: 82-84, Portela 1999, Casamayor-Cisneros 2013: 301-303 y Pérez Cino 1999.

[38] Sobre *Las comidas profundas*, veáse Blanco 1998, Álvarez-Borland 2007 y De Maeseneer 2012 (244-263).

Un procedimiento muy distinto al de la novela de Arango[39], donde la circunstancia subyace –pero nunca como discurso, sino como andamiaje– en toda la trama. Lo que cuenta *El libro de la realidad* está situado, sin duda, en el meollo de la Historia: seleccionados desde alguna zona invisible del poder, un grupo de jóvenes se entrena para llevar la lucha armada «a otras tierras del mundo». Las voces del libro son las de sus personajes: la realidad del entrenamiento militar suplanta a la realidad, que deviene ensayo o víspera, extrañado experimento. Lo será hasta tanto desembarquen –para ellos todavía en «otras tierras del mundo», lugar de la Misión–, disparen y corran y uno muera: la muerte es la frontera que los devuelve a la *otra* realidad, la realidad, o que los arroja al horror[40]. El país ignoto no lo era, sino el suyo propio: una ficción del entrenamiento, su último ejercicio, pero la muerte, por supuesto, es real.

Aquí el sentido del texto atañe a la condición humana más que a la condición histórica; con una singular eficacia narrativa la novela monta, dispone, explora –para luego contrastar con la muerte, realidad inexcusable– los mecanismos de representación y de autoridad que, en esquizoide juego de espejos, conforman una realidad desplazada o suplantada, y con relación a cuyos referentes externos o históricos el texto se constituye en tanto mímesis, no como reflejo. Lo que se explora es la articulación misma, la bisagra, por así decir, entre el mundo y sus representaciones: esas realidades sobrepuestas –sobreimpuestas– a aquellos donde, en última instancia, se realiza y refrenda cualquier realidad: los individuos, el ser humano.

No sé cómo *lea* esa crítica de que venimos hablando la novela de Arango; proponerla o leerla como la crónica de una época desvirtuaría del todo el alcance del texto, basándose tan sólo en su ubicación cronológica. Libros como *Las comidas profundas* y *El libro de la realidad* no son la crónica de una circunstancia, pero no por eso la soslayan (del mismo modo que *El siglo de las Luces* o *El mundo alucinante* son mucho más que novela histórica, porque, por más que lo histórico venga dado por la ubicación cronológica de la trama, rebasan con mucho cualquier tipificación de género). A diferencia de textos como «Carne» –que pueden todavía ser leídos *como discurso*, en tanto compor-

---

[39] Sobre *El libro de la realidad*, véase López 2011 –con un interesante contraste entre la novela de Arango y *Las bestias*, de Ronaldo Menéndez– y Pérez Cino 2002a.

[40] «Rolando está muerto, dice Gonzalo, y no pudimos encontrar el cuerpo, No vamos a ninguna parte, repite Miriam a su lado, llorando, No estamos en ninguna parte, dice Alejandro, y no se atreve a abrir los ojos, Horror, dice» (Arango 2001: 209).

tan en alguna medida elementos propios del discurso o disponen en función suya ciertos aspectos referenciales– o de, yéndose al extremo, *Informe contra mí mismo* –que depende de la circunstancia que refiere; hay que ir *afuera* del texto para leerlo– los libros de Ponte y de Arango rebasan la circunstancia que toman como punto de partida, resultan del todo independientes de ella; no hay nada, o muy poco, que ir a buscar *fuera* de los textos: el *sentido que reside en el texto* se alimenta del texto mismo, se realiza de manera plena por él y a través suyo.

Aunque considere los libros que he comentado de particular peso dentro del actual panorama narrativo, los procedimientos que ilustran no son excepcionales, o vienen siéndolo cada vez menos en la literatura cubana. Títulos como los de Reinaldo Montero, y no sólo la ambiciosa *Misiones* (2001), abordan la escritura con una clara consciencia de su propia textualidad. Una novela como *Livadia* (1999), de José Manuel Prieto, establece en la circularidad de su estructura narrativa un hábil contrapunto entre lo llanamente vivencial o material y ciertas *bolsas* míticas –el viaje, la búsqueda, la belleza– que se resuelve en, sobre todo, la trabada articulación de una escritura. *Toilette* (1998), de Manuel Pereira, se dispone como un mosaico de motivos, de figuras, que comparte mucho del engarze boschiano –veáse en la disposición de la perspectiva o lo simultáneo, por ejemplo– con que juega su autor. En *Pan de mi cuerpo* (1997), de Andrés Jorge, es visible una marcada voluntad de indagación formal, que en las historias de *Te devolverán las mareas* (1998) se entrevera, en una narración más lineal pero puesta en sincronía mediante la recurrencia de ciertos motivos, con referentes literarios o míticos. *La mujer de Maupassant* (2000), de Juan Ramón de la Portilla, se inserta *ex profeso* en un registro acusadamente *literario*, de tono menor, que indaga en ciertos entretelones de la escritura y su vínculo con lo real. Ya en otro orden de cosas, lo que hay de novela de formación en *Silencios* (1999), de Karla Suárez, tiene poco que ver con los precedentes en uno u otro sentido épicos de esta modalidad en la literatura cubana (compárese, por acudir a dos ejemplos de signo distinto, con *Las iniciales de la tierra* de Díaz o con *La travesía secreta*, de Victoria), desplazándose al interior de sus elementos –una casa, el personaje protagónico, la resonancia *hacia adentro* de ciertos eventos– para abordar la constitución de la identidad individual[41]. *Mujer en traje de batalla* (2001), de Antonio Benítez Rojo, acude a los códigos de género de la novela histórica, y al juego con ciertas retóricas de la identidad

---

[41] Sobre *Silencios*, veáse Timmer 2010a.

–cultural, sexual, psicológica– para subvertirlas o redisponerlas en una maquinaria diegética, una máquina de sentido (uso el término en la misma acepción que su autor en *La isla que se repite*); también lo hace, aunque en un registro completamente distinto –que ofrece en superficie una aparente naturalidad narrativa–, *Como un mensajero tuyo* (1998), de Mayra Montero. Realizaciones más o menos logradas, más o menos reconocidas y todas muy distintas entre sí, la lista no pretende la exhaustividad sino la representatividad con relación al fenómeno: los parámetros del canon crítico cubano, al menos los que sitúan en el discurso y la referencialidad histórica la consideración de los textos, resultan escasamente productivos de aplicarse a estos títulos.

Esta autosuficiencia del texto es mayor, por último, en novelas como *La sombra del caminante* (2001), de Ena Lucía Portela. No hay aquí, como en los libros de Ponte o Arango, un punto de partida o un andamiaje histórico precisos; el arranque es del todo narrativo y su andamiaje –aun la posibilidad misma del personaje protagónico– densamente textual. La ironía, como reverso de cualquier equivalencia reductible a un discurso unívoco, deviene también la única posibilidad de testimonio, legítima en tanto pone en escena al sujeto que lo refiere. Además, en novelas como la de Portela aparecen también otros elementos que tienen que ver con lo que hemos estado viendo hasta ahora, sobre todo en lo que respecta a algunos de los rasgos constitutivos que había asumido ese Canon congelado durante décadas. Si lo mesiánico, y en particular una cierta temporalidad mesiánica –entendida como suspensión del presente, como resto del tiempo previo a la redención que *todavía no* llega– estaba tematizada en las grandes novelas de esa tradición, en la narrativa del después lo que va a ocupar su lugar es el final del tiempo, la consciencia de que *ya no* llegará. Y esos elementos, conviene recalcarlo, aparecen allí en tanto continuidad pero también como disidencia: como diferencia que hace posible la continuidad.

Tiempo del final, final del tiempo

> Significante e insignificante como lo son los insultos en una lengua extranjera. Cobardía frente a los sonidos casi corpóreos de la propia, frente a la posibilidad de llamar al pan, pan, y al vino, vino. Hojo sonreiría... Pero qué dices... Que yo sepa, ni el pan ni el vino tienen otros nombres... Qué payaso. Claro que los tienen. Era la pretendida lejanía, la pretendida indiferencia ante lo dicho. La abominable coartada del eufemismo, del circunloquio y el sujeto genérico de los rumores.
>
> Portela 2006: 84-85

La ironía, en una definición muy amplia y que ancla sus raíces en lo etimológico (del griego εἰρωνεία, disimulo o ignorancia aparente, fingimiento), tiene lugar cuando lo que se dice revela, por contraste o sustracción, un sentido contrario o al menos esencialmente distinto de lo dicho. Formulado de otro modo, que puede resultar mucho más apropiado para lo que nos interesa aquí: la ironía, y en general el registro irónico, supone un contenido, un sentido de fondo que reside en lo que se enuncia y que es, a un tiempo, distinto de aquello que efectivamente se enuncia. Ahora bien, el sentido que reside en lo irónico no es meramente lo no dicho –precisamente aquello que no se ha formulado o que no es formulable en sentido recto–, ni es tampoco meramente el contrario de lo enunciado: resulta siempre diferente de ambos y contiene más sentido que lo dicho (o que su contrario inferido) por separado. Como bien resume Hutcheon,

> The «ironic» meaning is not, then, simply the unsaid meaning, and the unsaid is not always a simple inversion or opposite of the said (Amante 1981: 81; Eco 1990: 210): it is always different –other than and more than the said. (Hutcheon 2005: 12)

Ese añadido, ese plus de significación que va implícito en el registro irónico y que no es reductible a la desambiguación de sus partes, presupone, ineludiblemente, un cotejo con la realidad externa o interna del sujeto de enunciación. Y ese cotejo, a diferencia de la mera referencialidad discursiva, involucra al lenguaje y su relación con la verdad y con lo enunciable. Es precisamente sobre esa condición pivotal de lo irónico, que involucra a un tiempo lo dicho y lo no dicho, lo referencial y su representación en el lenguaje, e incluso la posibilidad misma de la enunciación cuando se trata de nombrar el Mal o los límites entre lo humano y lo inhumano, sobre lo que me quiero detener aquí.

Significante e insignificante

La narrativa cubana posterior al triunfo de la Revolución estuvo marcada, durante décadas, por unas expectativas críticas que tenían en la referencialidad –en el discurso sobre la realidad histórica inmediata– su principal rasero valorativo, y esto en dos sentidos: por un lado, era el signo y la conveniencia de ese discurso lo que avalaba la legitimidad ideológica de un texto (según fuera ubicable «dentro» de la Revolución, o «contra» ella); por el otro, su misma legitimidad literaria estaba determinada por su condición realista, por su «eficacia» en tanto reflejo comprometido de la realidad. Ahora bien, hemos visto que desde mediados de los noventa viene teniendo lugar un desplazamiento que, en este sentido preciso, resulta relevante: los textos de algunos autores comenzaron a constituirse a partir de aspectos no referenciales, sino más bien ligados directamente a los problemas de la representación y del lenguaje mismo, sin que por ello soslayaran la circunstancia cubana (sin que por ello la sombra del compromiso gravitara de una manera incómoda, aunque fuera por omisión, sobre ellos). Y en algunos de estos textos, que a su vez dialogan en varios sentidos con la tradición anterior, reaparece una temporalidad –y en consecuencia, un universo existencial y su correspondiente tematización– que si bien no es la meramente cronológica no se corresponde ya, tampoco, con la del tiempo mesiánico: no se trata ahora de un *ya no* que, superpuesto al *todavía no* de la redención, anula el presente, sino propiamente de una apocalíptica –abundante en señas escatológicas–, de un final del tiempo *después* de la Historia. En este sentido preciso del que hablo aquí resulta del todo pertinente la distinción que hace Agamben entre lo mesiánico y lo apocalíptico:

> No la profecía, que se refiere al futuro, sino el apocalipsis, que contempla el final de los tiempos, es la peor y más insidiosa interpretación del anuncio mesiánico. El apocalíptico se sitúa en el último día, en el día de la cólera: contempla cómo se cumple el fin y describe lo que ve. Por el contrario, el tiempo que vive el apóstol no es el *eschaton*, el final de los tiempos. Pero si quisiera reducir a una fórmula la diferencia entre mesianismo y apocalipsis, entre el apóstol y el visionario, creo que

podría decir, volviendo a valerme de una sugerencia de Gianni Carchia, que el tiempo mesiánico no es el final del tiempo, sino el tiempo del final (Carchia, 144). Lo que interesa al apóstol no es el último día, no es el instante en que concluye el tiempo, sino el tiempo que se contrae y empieza a acabarse (*ho kayrós synestalmenos estín*: 1, Cor 7, 29: «el tiempo se abrevia») o, si lo desean, el tiempo que resta entre el tiempo y su final. (Agamben 2006: 67-68)

Es ahí precisamente –el día de la cólera, final del tiempo– donde se sitúan novelas como *La sombra del caminante* de Portela. De hecho, los versos de Roberto Friol que hacen de exergo a *La sombra* subrayan esa dilación entre presente suspendido y final del tiempo, de apocalipsis que sobreviene tras su posposición: «La pelota de colores es la pelota de la ira, / que rueda rencorosa por la playa». El tiempo del final ha quedado atrás, y de la redención mesiánica que no llegaba *todavía* se arriba a la certeza de que *ya* no llegará: al final no sólo del tiempo –el apocalipsis–, sino también al del tiempo concedido, al término *también* del plazo mesiánico del final.

Algunas de las novelas cubanas más relevantes de los últimos años tratan, en registros muy alejados entre sí, de lo mismo, tematizan esa experiencia de juicio final. No deja de resultar sintomático que maneras de asumir la escritura tan distintas como las de Ena Lucía Portela (*La sombra del caminante, Cien botellas en una pared*), Arturo Arango (*El libro de la realidad, Muerte de nadie*), Gerardo Fernández Fe (*La falacia, El último día del estornino*), Ronaldo Menéndez (*Las bestias*) o Antonio José Ponte (*Contrabando de sombras*) terminen confluyendo en la voluntad narrativa de dar cuerpo literario a una suerte de final del tiempo, de día del Juicio cuyos protagonistas afrontan entre el desconcierto, la complicidad o el horror, en la zona gris que se establece sin remedio entre víctimas y verdugos. Curiosamente, todas las novelas que he mencionado terminan con la muerte o con al menos una muerte: la anulación del ser como la única resistencia al Mal. Y como el único testimonio legítimo o verosímil del Mal, quizá: ficciones al fin, resuelven literariamente la imposibilidad del testigo, la paradoja de que quienes han vivido hasta el fondo la experiencia no pueden hablar, y quienes han sobrevivido a ella, precisamente por su condición de supervivientes, no pueden dar entera noticia de lo que no llegó a quitarles la vida o el habla[42].

---

[42] Veáse Agamben 1999.

Al pan, pan, y al vino, vino

De las novelas que he mencionado, es sin duda en la de Portela donde aparece con mayor consciencia narrativa la tensión entre lenguaje y testimonio, entre la legitimidad de lo referido y quien lo refiere, y es también –precisamente por eso– donde ese plus de sentido que produce la ironía juega un papel fundamental. Y al mismo tiempo, *La sombra* es también la más cercana a purulencias, a la torva visceralidad del odio al otro por el hecho de ser distinto o mejor o ser otro. Sin espejo ni enigma; la cercanía es desnuda, sangrante –al pan pan y al vino vino–. Sus personajes llevan sobre el cuerpo las cicatrices de la tortura y del odio:

> En vano la insomne busca explicaciones, argumentos, coartadas, alguna idea que funcione a modo de exorcismo. Frente al demonio de la perversidad, como diría Poe, las ideas no funcionan. A la insomne no le queda más remedio que aceptar la evidencia: alguien ha lastimado al hombrecito *deliberadamente*. Alguien lo ha torturado. Detrás de la cicatriz en la espalda hay una historia sádica. (2006: 223)

La violencia, en la novela, no es una velada alusión o una pesadilla casual, sino que recorre en toda su dimensión, incluso física, el relato: lo marca con una corporalidad que escinde al sujeto de habla de aquello que refiere o se refiere. El cuerpo de estos personajes resulta al cabo ajeno en el trasunto del rencor de la turba, frente a los otros o al orden que no los acepta, frente al ejercicio mismo de la violencia:

> alcanzas a percibir tu cuerpo como algo ajeno a ti, algo que puede romperse como un cacharro de cristal, así de simple […] Te ves desde arriba y desde arriba las ves a ellas, en silencio y en cámara lenta, dándole patadas y patadas y patadas a algo que no eres tú y luego ya no ves… (2006: 83)

La sombra del caminante bien podría, más allá de cualquier contrapunto a justo título, haberse llamado *Inferno*: éste es un libro sobre el mal. O quizá aclaren las mayúsculas, el Mal. ¿Sobre, acerca de? ¿Puede algo en verdad decirse –narrarse, escribirse, nombrarse a ciencia cierta, en un sentido recto– sobre el Mal? ¿Es que acaso tienen otros nombres las «cosas horribles» que aquí se refieren? ¿Cómo es que se da testimonio del día de la cólera?

Qué payaso. Claro que los tienen

Y es ésa, precisamente, la solución narrativa de *La sombra*: que el pan y el vino tienen otros nombres, que para contarlo sin rebajarlo a relato o a moralina, a testimonio inverosímil, es preciso forzar el lenguaje a un plus de significación, llevarlo al límite de la vergüenza, de la imposibilidad de llamar a las cosas por su nombre. Que es imprescindible poner en escena —mediante las varias formas que adopta el registro irónico— ese contraste permanente entre lo que se dice y lo que no y, en esa medida, mostrar al lenguaje mismo y su relación con la verdad y lo enunciable. La solución de fondo, en términos de construcción textual pero también de construcción de sentido, es la de conservar el abismo, apropiárselo con todo el rigor de una imposibilidad que deviene, por así decir, adversativa; contar el *a pesar de*, contar ese *en* el mal o *sobre*, y contar también —cómo si no— la paradoja del testigo, de la legitimidad misma del testimonio. Y es por eso, en parte, que cuando el sintagma «cosas horribles» (o cualquiera de sus variaciones, «algo horrible», «dolorosamente horrible», o más en general, cualquier forma de discurso de la víctima) aparece en la novela lo hace, precisamente, como mero eufemismo alusivo a lo que, en sentido recto, no puede contarse; como suerte de indicador de algo que ha sido o será referido por otros medios, que ha sido —en esa tensión permanente que genera un sentido distinto— dicho y no dicho de otro modo. Así, por ejemplo, «lo cierto es que nuestro héroe nunca ha tenido a quien llamar cuando ocurren cosas horribles» (30); «una cosa horrible que... *Mejor no hablamos de eso... ¿Por qué...? No te cohíbas, niñito, que a estas alturas otra cosa horrible ya da lo mismo... Es más, ya ni sé qué podría ser una cosa horrible...*» (110); «allí, en los periódicos, posiblemente en la primera plana, debía aparecer la cosa horrible» (111); «la alusión a ciertas indefinidas cosas horribles que vagamente se ubicaban en distintas regiones del pasado» (112); «*una pequeña parte, pequeñísima, de todas las cosas horribles que... Si ahora me pongo a contártelo todo no acabaríamos nunca...*» (233).

Las cursivas son del original y marcan el discurso directo de los personajes, que es donde a menudo tiene lugar la imposibilidad de nombrar lo horrible.

Nombrar lo horrible, se ha dicho. Sus personajes, se ha dicho. Aun para hablar del que articula la trama habrá que recurrir al plural, personajes: uno y distinto y el mismo, Lorenzo y Gabriela, en amalgama que no es sólo la del género ni la del punto de vista. Es entre ellos, o dentro de la unidad que conforman, que se reparte el sujeto de enunciación de la novela. Y a su vez, la presencia de la voz narrativa no sólo es constante, sino que hace además explícita su *voluntas* autoral[43], una presencia en cierto sentido ventricular –que dista mucho del mero narrador omnisciente o de la intervención discursiva, sino que se manifiesta, como la voz de un ventrílocuo, a través de lo que dicen, o no, sus personajes.

Este punto resulta capital para lo que nos interesa aquí: si situar la condición misma de lo irónico supone prever los atributos del sujeto de enunciación, la construcción narrativa de *La sombra* lleva al límite el plus de sentido que se establece entre lo dicho y lo no dicho al añadir, en su misma solución estructural, una suerte de valor exponencial: ¿quién habla aquí, quién ejerce la ironía al referirse a sí mismo? ¿Quién puede nombrar el pan y el vino con otros nombres, y al mismo tiempo, mostrarlos, y –caleidoscopio del día de la cólera, del final del tiempo– evidenciar a su vez la imposibilidad última de hacerlo? ¿Una voz autoral que explicita la construcción misma de los personajes, como en la cita que sigue? ¿O lo hará acaso la «excepcional criatura dúplex, nuestro héroe» –que asume la primera persona a menudo, transitando del masculino al femenino, de un sujeto de enunciación a otro? Vale la pena citar en extenso la primera aparición de Lorenzo / Gabriela en la novela:

> Entre ellos, proyectos de ciudadanos prósperos, felices y muy patrióticos, futuros hombres nuevos por ahora igualiticos a sus congéneres de todas las épocas, se encuentra Lorenzo Lafita. Y, en su mismo espacio, también se encuentra Gabriela Mayo. No se trata de dos personas distintas, ni de una sola con doble personalidad, ni de la metamorfosis de Orlando, ni del misterio de una Trinidad donde el Padre y el Hijo se hubieran confabulado para expulsar a patadas al Espíritu Santo, ni de ninguna otra cosa que hayas visto antes. Sólo están ahí, ambos. A veces se manifiesta Lorenzo y a veces Gabriela, nunca los dos a un tiempo y ninguno sabe de la existencia del otro. Por uno de esos caprichos de la vida que nadie consigue explicarse, la distinción no procede. Y no procederá, como verás, a todo lo largo del relato. Así que no te rompas la cabeza con las estalactitas y las estalagmitas de esta excepcional criatura dúplex, nuestro héroe, quien ahora, en este preciso momento, acaricia ensimismado las aristas de una caja de madera cerrada con llave. (2006: 12-13)

Es desde ese complejo ahí –que incluye, por supuesto, tanto a los personajes del texto[44] como a su misma y recurrente puesta en cuestión– que en *La sombra*

---

[43] Sobre esos desdoblamientos en la obra de Portela, véase Timmer 2010b.
[44] Los personajes verosímiles, aquellos que presenta el relato y que debemos «creer».

va a narrarse el apocalipsis, y es sólo desde ahí, añadiría, que se legitima la posibilidad misma de su particular testimonio. La fábula que sostiene el relato se sostiene a su vez sobre esa doble persona y, en ese juego entre lo dicho y no dicho, también se sostiene sobre ella la posibilidad misma de narrar la violencia, las «cosas horribles», el Mal: Gabriela / Lorenzo mata, espera el castigo, huye y se esconde (primero, del castigo; luego ya no importa de qué, de todo, se esconde). Ni el castigo –en forma de justicia, en forma lo menos de noticia– llega nunca, quizá porque el castigo es previo a la culpa, ni el horror de la fuga es castigo, sino mera rutina, la del mal trivial o banal que se alimenta a sí mismo. El castigo y en consecuencia toda culpa –cuesta no leer en el fondo del relato– son previos, y todo sentido su ausencia.

La pretendida indiferencia

Podría pensarse, de una escritura donde prima el intento de construirse desde su propia entidad –como escritura, texto, plenitud de la palabra–, que lo referencial es sólo motivo, pretexto, esqueleto sobre el cual realizarse. Si algo caracteriza, en cambio, *La sombra* es la trabada imbricación entre lo meramente narrativo (con la ineludible presencia de un amplio cuerpo referencial, que mira no sólo a la realidad sino también a lo oral, los muchos registros en que ella misma se miente o se dice) y la propia escritura, que se construyen y alimentan en trance recíproco, ánima y cuerpo sucesivos de un único todo. Y es aquí precisamente donde ese plus de sentido de la ironía juega un papel fundamental. Pocas frases de *La sombra* pueden leerse, únicamente, como lo que efectivamente dicen, como sólo lo que enuncian textualmente, y al mismo tiempo es imposible pasar por alto la manera en que lo dicen; pocas pueden leerse omitiendo aquello que no dicen pero que está, en cambio, todo el tiempo presente.

Más que los continuos juegos textuales de la novela –donde el registro irónico es fácilmente perceptible, y se nutre tanto de la oralidad o lo intertextual como de las intromisiones de la voz autoral[45]– me interesa volver sobre esa

---

[45] Ya la primera novela de Portela, *El pájaro: pincel y tinta china* (1999), se movía en una línea parecida, pero lo que en aquella quedaba en el texto como tensión entre escritura y realidad, contrapunto en alguna medida beligerante entre, dicho rápido y mal, el *qué* y el *cómo*, en ésta se resuelve en equilibrio, como unidad la mayor parte del texto indiscernible. Una fusión, *mutatis mutandi*, de algún modo similar a la de Lorenzo / Gabriela: uno y el mismo, distintos, cada uno por el otro completo.

problematización permanente que se da, a diversos niveles, sobre la posibilidad misma de narrar el apocalipsis, el final del tiempo y la presencia –sea como escenario escatológico o como frontera ontológica– del Mal. De nuevo, aquí, el procedimiento de significación de la ironía resulta central: la imbricación entre lo que se narra, en términos diegéticos, y quién o cómo lo narra, y qué implica narrarlo, es casi total. Lorenzo / Gabriela ha cometido un doble asesinato, Lorenzo / Gabriela (iremos sabiendo a lo largo de ese recorrido escatológico por «La Habana profunda») ha sido víctima, desde la infancia, de la maldad de los otros, de un otro múltiple que lo ha castigado una y otra vez porque su diferencia no se acepta. Porque la consciencia de la diferencia, unida a la voluntad de ser aceptado por un orden que sabe ajeno, se constituye en una marca más que atrae la desgracia como un imán: «Basta, como quien dice, con "ponerse a tiro". Con revelar posturas y hábitos de víctima» (2006: 83).

Si algo pareciera «explicar» los motivos del doble asesinato del primer capítulo vendría a ser, entonces, su resentimiento, la explosión de quien ya no puede soportar más su condición de víctima, de quien se niega –por fin– visceralmente a aceptarla.

Ahora bien, ¿qué es lo hace, a fin de cuentas, Lorenzo / Gabriela en los nueve capítulos restantes de la novela?

Pues bien, «nuestro héroe» espera el castigo. Se dice a sí mismo que es culpable y que *merece* ser castigado por eso (por serlo, por decírselo, por haberlo sido siempre y no saber ser ya otra cosa). Lo dice, de hecho, o es dicho, aun cuando después de la explosión del primer capítulo intenta narrar todo aquello de lo que ha sido víctima, y resulta que «no te animas a contarlo, sobre todo, porque sientes que de alguna forma tuya es la culpa, la endemoniada culpa. Qué asco de ti misma. Qué vergüenza» (2006: 84). De modo que Lorenzo / Gabriela buscará, de hecho, ese castigo que no llega nunca, las trompetas del juicio.

He aquí la ironía última, que reside tanto en la trama de la novela como en el hecho –tematizado, hecho explícito, representado en lenguaje que se muestra en su propia imposibilidad– de ponerla en escena: ante el Mal, la víctima siente vergüenza de serlo y siente, por eso, que merece ser castigada, y siente, por eso, que no puede contarlo.

La abominable coartada

La lógica que ordena ese escenario existencial de final del tiempo es circular e inevitablemente remite a una especie de pulsión sacrificial de la víctima, o a la lógica que describe Deleuze cuando describe el humor masoquista[46]: «la misma ley que me veda realizar un deseo bajo pena de la consiguiente punición, es ahora una ley que pone la punición primero y me ordena en consecuencia satisfacer el deseo» (2001: 92). Pero ¿se trata sólo de un artificio narrativo, de algo que está en *esta* novela, o se trata en cambio de algo consustancial a esa paradoja de la que se ocupa Agamben en *Lo que queda de Auschwitz*, de lo que supone la imposibilidad de dar palabras a algo que, si se vive, supone ante todo perderlas?

También Agamben, quien define la vergüenza como resultante de verse enfrentado a algo que no se puede asumir[47], se ocupa en uno de los capítulos de ese libro de la relación entre sadomasoquismo y vergüenza:

> A specific domain exists in which this paradoxical character of shame is consciously taken as an object to be transformed into pleasure –in which shame is, as it were, carried beyond itself. This is the domain of sadomasochism. Here the passive subject, the masochist, is so overtaken by his own passivity, which infinitely trascends him, that he abdicates his condition as a subject by fully subjecting himself to another subject, the sadist. (Agamben 1999: 107-108)

Gabriela / Lorenzo se avergüenza de su condición de víctima precisamente porque no puede asumirla ni asumirse en ella, y sabe o siente que eso que no puede asumir –aun en su voluntad de ser aceptado por un orden que sabe ajeno, de fingirse «una ciudadana corriente», de «asimilarse al *average man*, al "tipo medio" de las estadísticas» (32)– es lo que refuerza o constituye su propia diferencia ante el otro. De ahí que una vez roto el pacto de sujeción –una vez que ha matado, que ha trascendido su condición de víctima– sólo quepa esperar una suerte de castigo absoluto, que le resulta aun más terrible en su ausencia: «ella quería ser normal o, en última instancia, parecerlo» (232). Y ahora que ha dejado de parecerlo, y como «nunca logró saber a ciencia cierta en qué consistía la normalidad» (232), la única reconciliación posible con el otro conduce, en ese escenario apocalíptico del relato, a ausencia u olvido de sí: reconciliado suicidio con Aimée, que ha sido también otra víctima (reconciliación que lo es también de identidades: del sexo, el cuerpo,

---

[46] Que él contrapone a lo que llama la «ironía» sádica. Véase Deleuze 2001.

[47] «To be ashamed means to be consigned to something that cannot be assumed. But what cannot be assumed is not something external. Rather, it originates in our own intimacy; it is what is most intimate in us (for example, our own physiological life)» (Agamben 1999: 105).

la raza, la lengua). Salirse de la rueda del odio conlleva para Aimée y para Gabriela / Lorenzo la muerte, un final del tiempo que es, también, el final del tiempo del final. Una muerte que se parece, tal como el texto la presenta, a un nirvana o un éxtasis, pero que tiene mucho más de fuga del infierno que de paraíso buscado:

> porque el arrebato es un vaivén, un columpio, un reloj de péndulo. Primero sube y luego baja [...] Algunos bajones son terriblemente dolorosos, más allá del límite de lo soportable. El único modo de permanecer arriba, arriba para siempre, sería morirse. (233)

«Permanecer arriba», en la cita anterior, hay que leerlo como *a salvo*. Aun cuando la dimensión plena del Mal no pueda en puridad contarse, aun cuando lo primero que pone en cuestión la novela sea la posibilidad de contarlo, en esa oscilación entre lo dicho y lo que no que es la que la hace posible:

> Nunca, sin embargo, se lo has contado a nadie. No te animas a contarlo en ninguna parte porque sabes muy bien que nadie lo creería. Porque los altares embarrados de sangre y chamusquina se ocultan en lo intrincado, en lo más profundo del bosque y los sacerdotes escapan una vez consumado el sacrificio. Porque tus oyentes dirían ¡bah! antes de mirarte como se mira a las personas que exageran o que precisan con urgencia de un tratamiento psiquiátrico. Pero no te animas a contarlo, sobre todo, porque sientes que de alguna forma tuya es la culpa, la endemoniada culpa. Qué asco de ti misma. Qué vergüenza. Qué rabia. Porque sólo a ti, piensas, te ocurren semejantes infortunios... (2006: 84)

Leamos de nuevo. Nada que pese tanto como ese *sin embargo*: sin embargo, la endemoniada culpa. Sin castigo –impune– y previa. Ninguna como la del mal que, pese a todo –sin embargo– proseguirá sin nombre, presencia insoslayable. Ninguna como la de la víctima que sabe de su propia condición. Impune sobre todo en tanto innominada, por no dicha, solventada en rutina: en las páginas de *La sombra* alguna de sus siluetas cobra cuerpo, y parte lo menos de lo *sin embargo* no dicho se revela en palabras, escritura, sentido que aclare o exorcize lo profundo del bosque.

V.

Entre ya y todavía:
otro estado de la cuestión

¿Cuál es, más de una década después del cambio de siglo, la configuración actual del canon literario cubano? Responderse esa pregunta implica considerar algunas de las cuestiones que han marcado su evolución, poner en contraste su forma actual –y en esa medida, otro estado de la cuestión– con la que mantenía antes del complejo proceso de restauración y cambios que tuvo lugar en los noventa. Dicho de otra manera, requiere precisar el alcance de esa transformación, cuando menos, en dos sentidos distintos.

El primero de ellos concierne a su término: ¿es un cambio que *ya* ha tenido lugar, o es un proceso en marcha, un reacomodo entre sus elementos constitutivos que *todavía* no se ha completado?

El segundo viene dado por la propia dinámica de restauraciones sucesivas, simultáneas en ocasiones y no exentas de tensión –vuelta a los discursos nacionales del canon origenista, relativo rescate del papel crítico del intelectual en los sesenta, recuperación de una subjetividad intelectual y una capacidad de interlocución que se habían perdido–, a través de las cuales ese cambio ha tenido lugar: ¿se ha *vuelto* a un punto anterior, y ese cambio es un retorno, o se ha *llegado* a una configuración nueva, esencialmente distinta de las anteriores?

¿Que ha cambiado, y qué no, o no todavía, del canon literario cubano? La pregunta tiene algunas respuestas fáciles, rayanas en la evidencia –que son a veces las más parciales, porque atañen a alguno de sus elementos pero no siempre a su relación en el conjunto–, y otras mucho más complejas, porque requieren tomar en cuenta el sistema completo y la relación recíproca entre sus partes. Además, cualquier conclusión que tome en cuenta las relaciones sistémicas entre Canon, canon crítico y corpus tendrá que atender a cómo se resuelve –si se ha resuelto– la profunda disfuncionalidad que impuso en el canon literario cubano aquella escisión en dos cánones enfrentados y asimétricos, que tuvieron, al menos hasta la restauración de los noventa, respectivamente en el Canon y el canon crítico sus polos de fuerza. Lo anterior, entonces, supone contestarse qué ha cambiado y hacerlo por partida doble: por un lado, qué ha sido de esa escisión, de su existencia dentro de un sistema de legitimidad y valor; por el otro, qué ha quedado –o qué no– de la disfuncionalidad que produjo.

Aquí, con respecto a la existencia misma de la escisión, tenemos quizá la evidencia más sólida; que ya no exista es consecuencia, en lo que tiene de hecho incontestable, de la restauración que aconteció en los noventa. La recuperación de una tradición literaria propiamente cubana –aun con todo lo que haya tenido de instrumentalización ideológica, y aun cuando, como hemos visto, ese legado común haya sido también terreno de disputa– devolvió al sistema del canon literario el elemento que le faltaba: al restituir aquel Canon congelado durante décadas, se recuperaba *ante todo* la configuración triple del sistema, y con ella, la circulación efectiva y recíproca de influencias entre Canon, canon crítico y corpus. Esa restitución, por supuesto, comportó –y continúa haciéndolo– actualizaciones y revisiones, intensificadas además como reacción natural ante el ajuste ideológico que guió en su primer momento esas recuperaciones, pero el hecho cierto es que el Canon ha ocupado su lugar en el sistema, y su prolongación en disidencias y revisiones da la medida de una influencia activa sobre el conjunto. Ahora bien, la claridad que aporta esa evidencia, sin dudas la más importante sobre lo que efectivamente ha cambiado *ya* en la configuración del canon literario cubano, llega hasta ese punto –se recupera la configuración triple del sistema, y con ella la unidad del conjunto que se había perdido tras el cisma–; si se avanza más allá, aparecen cuestiones que no son tan evidentes. Sobre una de ellas nos hemos detenido varias veces, pero conviene pensarla de nuevo desde aquí.

Si el sistema del canon cubano se había escindido en dos cánones paralelos, y ha recuperado ahora su unidad, ¿qué pasó con el otro, con el canon literario marxista? La pregunta, que incluso pudiera parecer trivial si se la refiere únicamente a la desaparición histórica del orbe soviético y su repercusión sobre los discursos legitimantes del socialismo cubano, no lo es tanto si la remitimos a su herencia, a lo que perviva todavía de aquella construcción que subordinaba lo estético a lo ideológico. Con relación al espacio que ocupa ahora un Canon propiamente nacional no supone mayor problema, porque aquél, en la configuración anterior del sistema, era una especie de lugar desocupado, a llenar: el canon marxista no llegó a construir nunca su propio Canon, e incluso aquellos autores (los casos de Carpentier o Guillén son los más visibles) con los que había suplido esa ausencia pertenecían a aquella tradición que se recuperó en los noventa. Tampoco la mezcla de realismo socialista, literatura policial y de contraespionaje que llenó bajo demanda ideológica el vacío literario de la isla conserva ya ninguna actualidad en el campo cultural, ni siquiera nostálgica[1]: no existe en términos de influencia como no existe tampoco, en la nueva narrativa cubana, nada que tome como modelo aquella retórica. En la forma que adoptó a partir del Primer Congreso Nacional de Educación y Cultura, esto es, la de la ortodoxia marxista-leninista más dogmática, sus presupuestos ideológicos y sus prácticas estéticas están lo bastante desacreditados como para que no incidan ya sobre el campo cultural ni, mucho menos, sobre la configuración actual del canon literario cubano. No hay que olvidar, sin embargo, que el desplazamiento del marxismo soviético hacia el nacionalismo revolucionario también reactivó, en esa restauración que tuvo lugar entre finales de los ochenta y principios de los noventa, gran parte del discurso de los sesenta sobre el papel social de la literatura, incluyendo las preferencias por lo referencial y su valor en tanto discurso sobre la realidad. De hecho, esos raseros valorativos –aunque mucho más rígidos y normativos en los años soviéticos–, eran en el fondo similares a los de la *doxa* marxista: en esa vuelta a los sesenta se les prestaba legitimidad al tiempo que se los actualizaba, devolviéndoles el aura del entusiasmo revolucionario y de la participación crítica de los intelectuales en el destino nacional. En cierto sentido, se podría decir que aquel discurso del compromiso –en la forma que adoptó en los sesenta, antes de los años soviéticos– se ha rearticulado a sí mismo como tradición, en un reacomodo que lo remite al *antes*: una suerte de lugar imaginario que, en algunos momentos o entre cierta crítica, se percibe como un deseable punto de retorno. En esa construcción, que se amalgama a su vez con la de la singularidad del nacionalismo cubano, habría una continuidad que recuperar tras la suspensión que supuso la era soviética,

---

[1] Una nostalgia que sí existe, en cambio, referida a ciertos aspectos de la época soviética, como han estudiado en detalle Puñales Alpízar (2012) y Jacqueline Loss (2012 y 2013), pero que no se extiende a aquellas prácticas literarias. Tras enumerar unos cuantos autores de esa línea, Díaz Infante pone, con razón, énfasis en su total olvido, que contrasta con la circulación que llegaron a tener en la isla: «¿quién se acuerda hoy de aquellos escritores? Sin embargo, eran los narradores más populares de los setenta y los ochenta. Sus libros, en tiradas de entre 20 mil y 200 mil ejemplares, se agotaban en pocos días, y muchos fueron versionados en la radio y la televisión, ejerciendo una considerable influencia sobre toda una generación de cubanos que no contaban con demasiadas opciones de entretenimiento» (2009: 152).

y los sesenta –sus discursos críticos, el papel del intelectual y ciertos rasgos deseables en la literatura– serían el momento al que volver para retomarla. Una de las consecuencias de lo anterior, la más importante, es que en buena medida hace posible que el canon crítico cubano siga leyendo en términos de discurso sobre la realidad, reproduciendo todavía, inercialmente, la disfuncionalidad resultante de aquella escisión ya superada.

Y esto es algo que no habría que confundir: la escisión, la separación del canon literario en dos cánones enfrentados, ya no existe como tal, pero la disfuncionalidad que produjo, o al menos sus efectos, se mantiene todavía. Es cierto que ha tomado otras formas, y que la presencia actual de un Canon fuerte –y que ejerce una influencia relativamente consensuada como autoridad y referente, incluyendo, también, las disidencias a su propia tradición– contrarresta en cierta medida algunos de esos efectos, pero no lo es menos que lo que hay de *vuelta*, de retorno a un tiempo anterior en el hecho mismo de la restauración –restauración de una tradición literaria en su mayor parte anterior a los años sesenta, de los discursos críticos anteriores a los años soviéticos– acentúa el desfase entre un corpus actual, que transcurre en presente, y lecturas críticas que para ubicarlo se remiten, muchas veces, a un tiempo que no es el suyo.

¿Qué fue del canon marxista, entonces? Como construcción cultural, como sistema de legitimidad y valor relativo a la creación y la recepción de literatura, ha dejado sencillamente de existir. Aquella escisión que supuso la coexistencia de dos cánones enfrentados no se resolvió en síntesis, sino en la exclusión de uno de ellos del campo cultural: la hipertrofia ideológica de aquel canon marxista retornó, por así decir, al ámbito que le era propio, se desligó del sistema del canon literario y se integró en lo político. Su sustancia ideológica, que era en el fondo la que lo sostenía y sobre la que se había creado una prescriptiva crítica para una literatura «por hacer», sobrevive en los discursos legitimantes del régimen cubano, pero no se realiza ya a través del campo cultural ni es capaz de imponer una normativa estética. En este sentido preciso, el vínculo tan estrecho que había marcado las relaciones entre literatura y poder en Cuba se ha disuelto. Como bien hace notar Rojas,

> Las motivaciones estéticas de esta cultura ya no responden, en su producción, circulación o consumo, a las insistentes demandas de legitimación de un poder poco persuasivo, demasiado inmerso en su precaria subsistencia y claramente dispuesto a sostener su escaso crédito internacional a costa del cierre del espacio

público interno. De ahí que esas demandas de legitimación, cada día más frenéticas y compulsivas, sólo puedan ser asumidas por aquellos aparatos ideológicos del Estado (televisión, prensa, editoriales políticas, mesas redondas, tribunas abiertas, marchas del pueblo combatiente...) ocupados por actores ciegamente leales o acríticamente subordinados. (Rojas 2006: 456)

Esa separación entre lo ideológico y lo estético, la ubicación en esferas relativamente independientes de lo cultural y lo político, no supone que la literatura cubana actual soslaye la circunstancia cubana, que sea ajena al tratamiento crítico o evite una dimensión política en sus realizaciones. Más bien, todo lo contrario: puede tenerla ahora –aun cuando subsistan ciertos límites– porque ya no está sujeta, o cada vez lo está menos, a una prescriptiva de orden ideológico que imponía no solamente qué *podía* o no ser dicho, sino qué *debía* serlo.

De aquella doble sujeción del campo intelectual al poder, que se había sellado con las «Palabras a los intelectuales» y que contemplaba tanto una interdicción (lo que no se podía decir, «contra la Revolución, nada») como una prescriptiva (no poder no decir lo que debía ser dicho, si se quería estar «dentro»), la segunda parte ha desaparecido del todo *en tanto prescriptiva*[2], y la primera, si bien se mantiene, tiene límites cada vez más permeables y que, en cualquier caso, se manejan desde fuera del campo cultural. Esa autonomía se ha visto asociada a veces a un pacto de «neutralidad» entre el campo intelectual y la esfera de poder[3], donde a cambio de tolerancia o permisividad se entregaría silencio sobre ciertos temas y ausencia de intervención en lo político, o cuando menos la adecuación a cauces que no resulten demasiado problemáticos. Tales concesiones mutuas sin duda existen y deben verse como parte de una negociación de la autonomía cultural, sobre todo en el ámbito más institucional de las revistas culturales o de la política editorial, pero a diferencia de lo que venía ocurriendo desde los primeros sesenta, no intervienen ya como rasero de valor

---

[2] Otra cosa distinta es que ciertas obras o autores puedan ser aprovechados ideológicamente por el tratamiento de ciertos temas, pero lo cierto es que cada vez son menos. El aprovechamiento político tiende a transcurrir por otra vía, la que toma la publicación de textos «incómodos» como argumento sobre la libertad de creación en Cuba, o lo que es lo mismo, como argumento de que la primera parte de aquella doble sujeción –lo que no puede ser dicho–, no existe ya, es algo «superado». Una categoría como la de «escritor oficialista», que tenía su contraparte simétrica en el «escritor contrarrevolucionario», está en vías de extinción; si aún sobrevive es sólo en el ámbito de las ciencias sociales, pero no en el de la ficción.

[3] Veáse, por ejemplo, Rojas 2006: 457-465 o Díaz Infante 2009: 170-180.

ni como condicionante, como adecuación necesaria a expectativas ideológicas y retóricas, en la creación misma.

En cuanto al Canon, según desde donde se considere la cuestión ha cambiado muy poco o ha cambiado casi todo. Si se aborda la cuestión únicamente a la luz de su restauración, podría dar la impresión de un cambio sustancial en contraste con los años soviéticos. Y el cambio, sin duda alguna, fue sustancial; pero no tanto por lo recuperado –otra tradición literaria nacional sencillamente no existía, la que había era ésa–, sino por el hecho mismo de recuperarlo. Sería más exacto asumir que era ése, congelado o inactivo o latente, el que se mantuvo vigente como Canon propiamente cubano, y que la restauración que se completó en los noventa lo que hizo fue reponerlo en su lugar, devolverle su peso e influencia sobre el sistema. Visto así, los cambios al interior del Canon son pocos: la centralidad de Orígenes se mantiene, o incluso se ve amplificada en alguna medida; algunos de sus desarrollos posteriores –Sarduy, Cabrera Infante, con menos nitidez Arenas– ya se habían asimilado a esa tradición para el momento en que se la restauró, de modo que con relación a su presencia lo más relevante viene a ser su paulatina aceptación en Cuba, que sobre todo en los casos de Arenas y de Cabrera Infante se veía complicada por sus posturas políticas. Ahora bien, respecto a lo que pueda suponer un cambio en la configuración actual del canon literario, el fenómeno más interesante concierne no tanto a la composición misma del Canon sino a *cómo* se actualiza, connota y asume esa herencia cultural recuperada. Que el renacimiento origenista haya estado ligado a la recuperación de los discursos sobre la identidad nacional, y que ésta respondiera, a su vez, a la necesidad de legitimación simbólica del socialismo cubano, gravita en algún sentido sobre la influencia de ese Canon, introduce hasta cierto punto un matiz conflictivo: un síntoma de ese conflicto puede verse en el rescate de la disidencia origenista, de lo que Ponte ha llamado la «tradición cubana del No» (2004: 112), y otro tanto en la criba de algunos rasgos asociados a su nacionalismo, precisamente los que fueron más aprovechados en su instrumentalización ideológica.

La otra evidencia mayor de lo que *ya* ha cambiado en el canon literario cubano reside en la propia narrativa, el corpus de obras y autores visibles en el panorama literario. El elemento que marca la diferencia sustancial con la literatura precedente está asociado al desarrollo de narrativas que se articulan sobre la consciencia de su propia textualidad, donde la representación se constituye en tanto lenguaje y el sentido del texto se realiza en sí mismo, sin que por eso se desvinculen de la realidad cubana o renuncien a una dimensión política. La circulación activa de influencias entre esa narrativa y los paradigmas narrativos del Canon se percibe no sólo en su constitución formal, sino que a menudo también se tematiza –casi que a modo de inscripción, de filiación manifiesta– o se hace explícita en abundantes referencias intertextuales. A su vez, la existencia en paralelo de una literatura mucho más anclada a la referencialidad histórica inmediata, que seguía en una línea realista la dura experiencia de la circunstancia cubana y que tuvo un considerable éxito comercial fuera de Cuba –Zoé Valdés y Pedro Juan Gutiérrez son el ejemplo más claro de la tendencia y de su éxito de mercado–, venía a sentar una contrapartida que subrayaba los rasgos de identidad de ambas tendencias. Además de la diversificación temática y formal que venía produciéndose ya desde los noventa, la amplitud de registros narrativos se ha visto acentuada por la consolidación de obras con un marcado estilo de autor: escrituras como las de Antonio José Ponte, José Manuel Prieto o Ena Lucía Portela, muy diferentes entre sí, tienen todas un sello individual, reconocible en cada uno de sus libros. La circulación de parte de esa literatura discurre entre dos ámbitos editoriales distintos, el mercado del libro cubano (del que quedan excluidos autores que mantienen una oposición frontal al régimen) y el mercado editorial iberoamericano, en el que comparten espacio autores que residen en Cuba (Arturo Arango, Abilio Estévez, Ena Lucía Portela, Pedro Juan Gutiérrez, Leonardo Padura) con autores de la diáspora, publicados o no en la isla[4]. Otro elemento a tomar en cuenta viene a ser la autonomía cada vez mayor de los autores con respecto a las instituciones culturales: si en los noventa la única revista independiente fue *Diáspora[s]*, en la última década internet ha facilitado la aparición de publicaciones, por lo general efímeras, que proporcionan entidad propia a propuestas generacionales o de grupo[5]. Si algo ha cambiado *ya* en el canon literario cubano, y todo indica que esa transformación es un punto de no retorno, es el corpus actual de su narrativa.

En cuanto al canon crítico, en cambio, las cosas resultan algo más complejas. La mayor dificultad para precisar qué ha cambiado y qué no reside, precisamente, en uno de esos cambios: la inexistencia actual de un lugar de enunciación claro, nítidamente definido, que organice y defina de manera unívoca sus discursos. Durante décadas el canon crítico fue el centro del

---

[4] Las exclusiones, en éste como en otros aspectos, suelen estar motivadas más por la actividad política del autor que por el contenido mismo de su obra. La oposición entre autores de «fuera» y de «adentro» comienza a resultar inoperante en esa ecuación, y cada vez resulta más frecuente que algunos títulos se publiquen primero fuera de Cuba y luego en la isla.

[5] Al respecto, véase Timmer 2013.

canon literario de la Revolución, el elemento a través del cual se articulaba la relación entre lo ideológico y lo literario: sus raseros valorativos y estéticos, sus metodologías y sus expectativas se correspondían con la ideología, el aparato institucional de la cultura y las políticas culturales del socialismo cubano. Su lugar estaba claramente ubicado en la isla, y a su vez, al menos hasta la deriva soviética de los setenta, ese discurso tenía su correlato, a través de un intercambio muy activo de influencias, en las prácticas críticas de la izquierda latinoamericana, el rol social del intelectual y la idea de compromiso, tan presentes –como criterio de legitimidad y valor– en fenómenos como el *boom* de la narrativa latinoamericana y los discursos de la intelectualidad occidental afines al marxismo o el anticolonialismo. Ahora bien, tras la ruptura que marcó el caso Padilla y la deriva soviética de los setenta, la concordancia quedó rota; no porque esos discursos críticos hubieran cambiado, sino por la inserción de Cuba en el bloque soviético. Esos discursos por supuesto no desaparecieron: siguieron existiendo y continuaron generando valoraciones críticas, no específicamente sobre la literatura cubana –no formaban parte de un canon nacional– sino sobre conjuntos más amplios que la incluían, como la narrativa hispanoamericana, y donde la obra de autores cubanos tenía un peso específico. La posición de Cabrera Infante o Sarduy en el Canon cubano, por ejemplo, no se debe al canon crítico cubano –que la recibió, por así decir, en parte «ya hecha» en los noventa–, sino al lugar que en el canon literario hispanoamericano les había concedido esa crítica, en un proceso cuyo origen se remonta a mediados de los sesenta. La existencia paralela de otros desarrollos críticos sobre la literatura cubana, sobre todo a partir de los ochenta y situados en el ámbito académico norteamericano, viene a complicar más las cosas. Porque a partir los noventa, con la restauración del Canon cubano que tuvo lugar entonces, y en la que jugó un papel fundamental la propia crítica cubana –en parte porque respondía al interés ideológico de la recuperación «oficial», en parte porque desde el campo intelectual se recuperaba la autonomía crítica perdida–, se recupera también, inevitablemente, todo aquel conjunto de discursos críticos que hasta entonces habían transcurrido en buena medida ajenos a su centro; pasan, a partir de ese momento, a formar parte *también* del canon crítico nacional. Una vez que ha desaparecido la escisión entre canon marxista y canon nacional, se yuxtaponen o se integran en una unidad que ya no tiene un centro de enunciación definido, un emplazamiento claro –incluso, por más que las instituciones culturales cubanas o el discurso ideológico oficial sigan reclamando ese lugar para la isla, los discursos de la crítica en Cuba incluyen ya, *en sí mismos*, los presupuestos de los que se producen fuera.

Vinculados a la restauración de los noventa hay dos procesos paralelos, que se solapan al punto de confundirse, y cuyos efectos repercuten en la constitución actual del canon crítico: uno de cambio de discurso, que tiene que ver con el hecho mismo de la recuperación, con la voluntad o la necesidad de llevarla a cabo –y que incluye tanto las reivindicaciones críticas de la generación de los noventa como el interés ideológico que, del lado oficial, guiaba la vuelta a una tradición nacionalista–; y otro de asimilación, de recepción y de asunción, muchas veces conflictiva, del objeto mismo de la recuperación, que incluía también desarrollos críticos sobre esa tradición literaria. A diferencia de un Canon que reocupaba su lugar, o de un corpus literario totalmente distinto al de las dos décadas anteriores –uno y otro, de alguna manera, venían a llenar un espacio vacío: no había nada que se les opusiera o con lo que entraran en conflicto–, en el ámbito del canon crítico cubano tendrán que convivir en tensión, en un proceso de asimilación mutua que no ha hecho más que intensificarse hasta ahora, los elementos que lo constituyeron durante décadas de Revolución y los que, desde los noventa, forman parte o bien de lo que se recuperó entonces –una tradición literaria que se había congelado, discursos críticos de o sobre esa misma tradición– o bien de lo que ha cambiado en él, al interior de su conformación misma, como resultado de la aparición de perspectivas, metodologías e influencias nuevas.

Con relación a esas influencias nuevas –además de la teoría crítica postmoderna y su particular asunción cubana, que tan importante fue en los noventa–, las perspectivas críticas que mayor espacio han ocupado entran en diálogo con la definición de lo nacional, a través de estudios que se centran en la identidad (de género, sexual, en menor medida étnica) de los sujetos que aparecen en la nueva narrativa. A grandes rasgos, podría decirse que lo que prima es la influencia del multiculturalismo y de los estudios postcoloniales, y que esta doble influencia se aplica –reformulándola en uno u otro sentido– sobre una redefinición de la identidad nacional. Por lo demás, la configuración actual del canon crítico conserva en buena medida el privilegio de lo discursivo, de lo referencial, como criterio de valor. Esa preferencia se manifiesta no sólo en lecturas críticas concretas, sino en la manera general de abordar el panorama narrativo, de definir tendencias generacionales o poéticas de autor. Las denominaciones que definen con relación a un *antes*, a la ubicación con respecto al pasado de Revolución o al futuro de su continuidad abundan, y no sólo entre la crítica cubana que se enfrentó en los noventa al cambio abrupto de modelos narrativos. Es cierto que algunas responden a la mera necesidad de periodización histórica –literatura postsoviética, por ejemplo–, pero no deja de ser ilustrativo, respecto a esa definición de lo literario con relación al pasado de la Revolución, que gran parte de los estudios sobre literatura cubana contemporánea partan de una perspectiva sociológica, arriben a lo literario a partir del análisis de los discursos ideológicos del socialismo cubano o lo tomen como síntoma de la relación entre los intelectuales y el poder en Cuba. Denominaciones como la acuñada por Esther Whitfield, «narrativa del Período Especial», además de «empobrecer, simultáneamente, la literatura y la historia de Cuba, suscribiendo la terminología del poder» (Rojas 2008: 125[6]), implican sobre todo una selección que se funda en lo referencial y en la inmediatez testimonial, en el vínculo entre la práctica literaria y su valor como *reflejo* de la circunstancia cubana. En una alianza que no deja de resultar paradójica, ese «dar fe de la Historia», antes asociado a una prescriptiva ideológica, ahora aparecerá ligado a menudo al éxito editorial, a la lógica del mercado cultural postsoviético.

Algunos estudios recientes ilustran bien ese desplazamiento hacia un tiempo anterior para definir, mediante lo que ya no es, o mediante un discurso crítico que le es ajeno, una literatura que se hace en presente. En *Cuba and the new origenismo* (2010), por ejemplo, Buckwalter-Arias se ocupa de la restauración origenista, pero desde las primeras líneas del libro declara un rasero ideológico, la necesidad de la *vuelta* a una crítica marxista o de izquierda o de clase:

> This book begins with the premise that a materialist, unapologetically leftist reading of contemporary Cuban culture and a corresponding critique of the global capitalist culture industry became most urgent, and most full of possibility, precisely at the moment of Marxist criticism's lowest prestige in Cuban and cultural criticism. (2010: vii)

A partir de esa premisa, su autor sostiene que la visibilidad de Orígenes en el canon literario cubano obedece a un reacomodo del patrimonio cultural

---

[6] No es difícil concordar con Rojas cuando añade: «Acreditar la frase "período especial" como un nombre de época o como la calificación del último tramo de la historia contemporánea de Cuba no sólo significa admitir que esa etapa, así llamada, marca decisivamente la producción cultural de la isla [...] sino algo más grave: fechar excesivamente la producción literaria de la isla, subordinar la dialéctica de la tradición a las caprichosas periodizaciones históricas del Estado» (Rojas 2008: 125-126).

con respecto a lo que llama «cultura de consumo editorial trasatlántica», y analiza un conjunto de obras que buscaría validarse a sí mismas ante ese mercado mediante la construcción de un «relato» de Orígenes cuyo centro sería el enfrentamiento entre el creador y el Estado. El criterio ideológico se impone al punto de ajustar el objeto de análisis al interés y las herramientas de una crítica declaradamente finalista.

En otro libro que sigue líneas de trabajo muy diferentes –*Utopía, distopía e ingravidez* (2013)–, Casamayor-Cisneros estudia la narrativa postsoviética atendiendo al grado de continuidad o discontinuidad que se establezca entre las obras y el proyecto utópico de la Revolución, y sobre la base «de la presencia o ausencia de fe, y de su orientación hacia el Progreso social o contra éste que adopten los personajes literarios» (2013: 21), la ordena

> en tres grupos fundamentales: la utopía reinventada entre quienes conservan la fe en el mejoramiento humano, la distopía perseguida por aquellos que han abandonado esta fe; y finalmente la ingravidez ética compartida por quienes muestran solamente indiferencia ante cualquier proyecto humanístico. (en Pizarro Prada 2013: en línea)

A los dos ejemplos anteriores, que siguen perspectivas críticas muy diferentes entre sí, se podrían sumar otros muchos donde para situar la práctica literaria actual la crítica se remite o al futuro (sea entendido como pérdida, sea como posibilidad de continuidad del proyecto utópico) o al pasado (el pasado soviético inmediato, o el lugar de la crítica y su relación con los textos en aquel *antes* de los sesenta, donde canon crítico y corpus se alimentaban mutuamente, o el pasado de la tradición literaria nacional que se rescató en los noventa). El tiempo que sigue faltando, en la relación del canon crítico con el Canon y el corpus, es el presente.

La escisión del canon literario cubano que tuvo lugar a partir del setenta se debió en gran medida a la hipertrofia ideológica del canon crítico, que determinó la fractura entre una literatura cubana hecha, que *ya no* podía ser leída de la misma manera, y una literatura que *todavía* no había llegado. Es cierto que la dicotomía entre tradición y futuridad ya no existe bajo la forma de dos cánones enfrentados, y que desde los noventa, con la restauración del Canon cubano y la eclosión de una literatura que no está sujeta a una normativa ideológica, aquella centralidad y prioridad del canon crítico –que *anticipaba* una estética, concedía o negaba legitimidad a obras y autores según se ajustaran o no a sus parámetros prescriptivos– se ha visto, sin duda, sustancialmente alterada. Ya no puede hacerlo, pero lo que sí persiste es la disfuncionalidad que instaló aquella escisión ya superada, manifiesta en lo que *todavía* no ha cambiado del canon crítico cubano: ese tránsito permanente, circular, de un tiempo de la tradición a un tiempo del futuro, que sigue reproduciendo –remitiéndola ahora a su propia tradición crítica, a aquellos raseros valorativos que condicionó su anclaje a lo ideológico, adaptándolos al cambio de circunstancia– la fractura entre una literatura cubana hecha, que *ya no* podía ser leída de la misma manera, y una literatura que *todavía* no había llegado.

Cómo salvar esa disfuncionalidad es, probablemente, la necesidad de mayor peso en la crítica y la literatura cubana de hoy.

Bibliografía

AA.Vv. (1962): «Debate. No hay problema». En *La Gaceta de Cuba* 4.
Abreu Arcia, Alberto (2007): *Los juegos de la Escritura o la (re)escritura de la Historia*. La Habana: Casa de las Américas.
Agamben, Giorgio (1999): *Remnants of Auschwitz: the witness and the archive*. New York: Zone Books.
— (2006): *El tiempo que resta: Comentario a la carta a los romanos*. Madrid: Trotta.
— (2010a): *Nudities*. Stanford: Stanford University Press.
— (2010b): *Signatura rerum: sobre el método*. Barcelona: Anagrama.
Álvarez-Borland, Isabel (2007): «El silencio del hambre: figuras de la carencia en Antonio José Ponte». En *Hispania* 90 (3).
Álvarez-Tabío, Emma (2000): *Invención de La Habana*. Barcelona: Casiopea.
Arango, Arturo (1988): «Los violentos y los exquisitos». En *Letras Cubanas* 9 (julio-septiembre).
— (2001): *El libro de la realidad*. Barcelona: Tusquets.
— (2007): «"Con tantos palos que te dio la vida": poesía, censura y persistencia». En *Criterios*. <http://www.criterios.es/pdf/arangotantospalos.pdf>.
Arcos, Jorge Luis (1990a): *En torno a la obra poética de Fina García Marruz*. La Habana: Unión.
— (1990b): *La solución unitiva. Notas en torno al pensamiento poético de Lezama Lima*. La Habana: Academia.
— (1994): *Orígenes: la pobreza irradiante*. La Habana: Letras cubanas.
— (2002): *Los poetas de Orígenes*. México: Fondo de Cultura Económica.
Armas, Emilio de (1983): «La poesía de Cintio Vitier». En *Suplemento cultural de Revolución y Cultura* octubre-diciembre.
Arrufat, Antón (1959): «Idea de la revolución». En *Lunes de Revolución* 16 de noviembre de 1959.
— (1995): «Virgilio Piñera o la escritura de la negación». En *Unión* abril-junio.
Ávila, Leopoldo (1968): «Las provocaciones de Padilla». En *Verde Olivo*.

BADIOU, Alain (1997): *Saint Paul: la fondation de l'universalisme*. Paris: Presses universitaires de France.
BASILE, Teresa & CALOMARDE, Nancy (eds.) (2013): *Lezama Lima: Orígenes, revolución y después...*. Buenos Aires: Corregidor.
BENÍTEZ ROJO, Antonio (1998): *La isla que se repite*. Barcelona: Editorial Casiopea.
BERROS, Enrique (1959): «Un cubano en la poesía. Comentario a un libro de Cintio Vitier». En *Lunes de Revolución* 1, 23 de marzo.
BLANCO, María Elena (1998): «Devoraciones». En *Encuentro de la cultura cubana* 10.
BLOOM, Harold (1973): *Anxiety of influence. A theory of poetry*. New York: Oxford University Press.
— (1975): *Kabbalah and criticism*. New York: Seabury Press.
— (1979): *The flight to Lucifer: a Gnostic fantasy*. New York: Farrar, Straus, Giroux.
— (1982): *The breaking of the vessels*. Chicago: University of Chicago Press.
BOLAÑO, Roberto (2003): *El gaucho insufrible*. Barcelona: Anagrama.
— (2004): *Entre paréntesis: ensayos, artículos y discursos (1998-2003)*. Barcelona: Anagrama.
BUCKWALTER-ARIAS, James (2010): *Cuba and the new origenismo*. Woodbridge, Suffolk, UK / Rochester, NY: Tamesis.
CABEZAS MIRANDA, Jorge (ed.) (2013): *Revista Diáspora(s). Edición facsímil 1997–2002*. Barcelona: Linkgua.
CABRERA INFANTE, Guillermo (1979): *La Habana para un infante difunto*. Barcelona: Seix Barral.
— (1992): *Mea Cuba*. Barcelona: Plaza & Janés.
— (1999): *Todo está hecho con espejos. Cuentos casi completos*. Madrid: Alfaguara.
— (2008): *La ninfa inconstante*. Barcelona: Galaxia Gutenberg / Círculo de Lectores.
— (2010): *Cuerpos divinos*. Barcelona: Galaxia Gutenberg / Círculo de Lectores.
— (2013): *Mapa dibujado por un espía*. Barcelona: Galaxia Gutenberg / Círculo de Lectores.
CALDERÓN, Damaris (1999): «Virgilio Piñera: una poética para los años ochenta». En *Diario de poesía* octubre.
CALOMARDE, Nancy (2010): *El diálogo oblicuo:* Orígenes *y* Sur, *fragmentos de una escena de lectura latinoamericana, 1944-1956*. Córdoba: Alción.
CAMPA, Román de la (1990): «Memorias del subdesarrollo: novela/texto/discurso». En *Revista Iberoamericana* LVI (152-153).
CANO, Lidia & GARCÍA, Xiomara (1994): *El posmodernismo. Esa fachada de vidrio*. La Habana: Letras cubanas.
CASAMAYOR-CISNEROS, Odette (2013): *Utopía, distopía e ingravidez: Reconfiguraciones cosmológicas en la narrativa postsoviética cubana*. Madrid: Iberoamericana-Vervuert.
— (2014): «La mañana resistiéndose a morir». En *Diario de Cuba* 12 de febrero: <http://www.diariodecuba.com/cultura/1392234678_7123.html>.

CASEMENT, William (1996): *The great canon controversy: the battle of the books in higher education*. New Brunswick: Transaction Publishers.
CASTRO, Fidel (1961): «Palabras a los intelectuales»: <http://www.min.cult.cu/loader.php?sec=historia&cont=palabrasalosintelectuales>.
COETZEE, J. M. (1996): *Giving offense: essays on censorship*. Chicago: University of Chicago Press.
CULLER, Jonathan (1988): *Framing the sign*. Oxford: Basil Blackwell.
CURTIUS, Ernst Robert (1948): *Europäische Literatur und lateinisches Mittelalter*. Bern: A Francke.
DELEUZE, Gilles (2001): *Presentación de Sacher-Masoch: lo frío y lo cruel*. Buenos Aires: Amorrortu.
DERRIDA, Jacques (1994): *Specters of Marx: the state of the debt, the work of mourning, and the New international*. New York: Routledge.
DESNOES, Edmundo (1968): *Memorias del subdesarrollo*. Buenos Aires: Galerna.
— (1969): «Se llamaba Sergio». En *Islas* enero-agosto.
DÍAZ INFANTE, Duanel (2005): *Límites del origenismo*. Madrid: Colibrí.
— (2009): *Palabras del trasfondo: intelectuales, literatura e ideología en la Revolución Cubana*. Madrid: Colibrí.
ECO, Umberto (1981): *Lector in fabula. La cooperación interpretativa en el texto narrativo*. Barcelona: Lumen.
— (1990): *I limiti dell' interpretazione*. Milano: Bompiani.
— (1992): *Interpretation and overinterpretation*. Cambridge: Cambridge University Press.
FERNÁNDEZ BONILLA, Raimundo (1959): «Refutación a Vitier». En *Ciclón* IV (1).
FERNÁNDEZ SOSA, Ivette (2009): «Lunes de Revolución: del mito a la realidad. Entrevista a Pablo Armando Fernández»: <http://latinamericalandya.blogspot.nl/2009/05/lunes-de-revolucion-del-mito-la.html>.
FERNÁNDEZ-SANTOS, Francisco & MARTÍNEZ, José (eds.) (1967): *Cuba: una revolución en marcha*. Madrid: Ediciones Ruedo Ibérico.
FERRER, Jorge (2004): *Retrato de apóstata con fondo canónico: artículos, ensayos, un sermón*. Madrid: Colibrí.
— (2006): «Una escaramuza en las líneas de la Guerra Fría (ya finalizada ésta)». En *Cubista magazine* verano: <http://cubistamagazine.com/050105.html>.
FINKELBERG, Margalit & STROUMSA, Gedaliahu A. G (2003): *Homer, the Bible, and beyond: literary and religious canons in the ancient world*. Leiden: Brill.
FORNÉS-BONAVÍA DOLZ, Leopoldo (2003): *Cuba cronología. Cinco siglos de historia, política y cultura*. Madrid: Verbum.
FORNET, Ambrosio (1995): *Las máscaras del tiempo*. La Habana: Letras cubanas.
— (2002): «La crítica bicéfala: un nuevo desafío». En *La Gaceta de Cuba* 1.
FORNET, Jorge (2001): «La narrativa cubana: entre la utopía y el desencanto». En *La Gaceta de Cuba* 5.

— (2006): *Los nuevos paradigmas. Prólogo narrativo al siglo XXI*. La Habana: Letras cubanas.
FOWLER, Alastair (1979): «Genre and the Literary Canon». En *New Literary History* XI (1).
FURET, François (2000): *La revolución a debate*. Madrid: Encuentro.
GALLARDO SABORIDO, Emilio J. (2009): *El martillo y el espejo: directrices de la política cultural cubana, 1959-1976*. Madrid: Consejo Superior de Investigaciones Científicas.
GARCÍA VEGA, Lorenzo (1979): *Los años de Orígenes*. Caracas: Monte Ávila.
GARRANDÉS, Alberto (1999): *Síntomas: ensayos críticos*. La Habana: Unión.
— (2008): *El concierto de las fábulas: discursos, historia e imaginación en la narrativa cubana de los años sesenta*. La Habana: Letras Cubanas.
GONZÁLEZ CRUZ, Iván (1998): *Archivo de José Lezama Lima. Miscelánea*. Madrid: Centro de Estudios Ramón Areces.
GONZÁLEZ ECHEVARRÍA, Roberto (1985): *The voice of the masters: writing and authority in modern Latin American literature*. Austin: University of Texas Press.
— (1987): *La ruta de Severo Sarduy*. Hanover: Ediciones del Norte.
— (2001): «"Meta-Final", de Guillermo Cabrera Infante, con comentario, notas y traducción al inglés». En González Echevarría, Roberto (ed.): *La voz de los maestros: escritura y autoridad en la literatura latinoamericana moderna*. Madrid: Verbum.
— (2004a): *Alejo Carpentier: el peregrino en su patria*. Madrid: Gredos.
— (2004b): «Oye mi son: el canon cubano». En *Encuentro de la cultura cubana* 33.
GONZÁLEZ, Eduardo (2006): *Cuba and the Tempest. Literature and Cinema in the Time of Diaspora*. Chapel Hill: University of North Carolina Press.
GORAK, Jan (1991): *The making of the modern canon: genesis and crisis of a literary idea*. London: Athlone Press.
— (2001): *Canon vs. culture: reflections on the current debate*. New York / London: Garland.
GREIMAS, Algirdas Julien & COURTÉS, Joseph (1979): *Sémiotique: dictionnaire raisonné de la théorie du langage*. Paris: Hachette.
GROSSVOGEL, David (1974): «3/on 2». En *Diacritics* 4 (4).
GUILLORY, John (1993): *Cultural capital: the problem of literary canon formation*. Chicago / London: University of Chicago Press.
HARRIS, Wendell V. (1991): «Canonicity». En *PMLA* 106: 1.
— (1998): «La canonicidad». En Sullá, Enric (ed.): *El canon literario*. Madrid: Arco/Libros.
HARSS, Luis & DOHMANN, Barbara (1971): *Los nuestros*. Buenos Aires: Editorial Sudamericana.
HERAS LEÓN, Eduardo (2007): «El Quinquenio Gris: testimonio de una lealtad». En *Criterios*: <http://www.criterios.es/pdf/herasleonquinquenio.pdf>.

HERNÁNDEZ BUSTO, Ernesto (2005): *Inventario de saldos: apuntes sobre literatura cubana*. Madrid: Colibrí.
HERNÁNDEZ NOVÁS, Raúl (1983): «*Nombrar las cosas*: un acercamiento a la poesía de Eliseo Diego». En Prats Sariol, José (ed.): *Nuevos críticos cubanos*. La Habana: Letras cubanas.
— (1990): «Renacimiento de un taller renacentista». En *Casa de las Américas* mayo-junio.
HERNÁNDEZ, Henry Eric (2013): «La censura bienintencionada. Representaciones del preregrinaje político hacia la Revolución cubana». En *Iberoamericana* 50.
HIRSCH, E. D. (1987): *Cultural literacy: what every American needs to know*. Boston: Houghton Mifflin.
HUTCHEON, Linda (2005): *Irony's edge: the theory and politics of irony*. London / New York: Routledge.
JAMESON, Fredric (1984): «Posmodernism or the cultural logic of late capitalism». En *New Left Review* 146.
— (1986): «El posmodernismo o la lógica cultural del capitalismo tardío». En *Casa de las Américas* 26 (155-156).
KAUFMAN, Eleanor (2008): «The Saturday of Messianic Time (Agamben and Badiou and the Apostle Paul)». En *The South Atlantic Quaterly* 107 (1).
KERMODE, Frank (1975): *The classic. Literary images of permanence and change*. Cambridge: Harvard University Press.
— (1979): «Institutional control of interpretation». En *Salmagundi* 43.
— (1998): «El control institucional de la interpretación». En Sullá, Enric (ed.): *El canon literario*. Madrid: Arco/Libros.
KOLBAS, E. Dean (2001): *Critical theory and the literary canon*. Boulder / Oxford: Westview Press.
KRIEGER, Murray (1992): *Ekphrasis: the illusion of the natural sign*. Baltimore: Johns Hopkins University Press.
LEZAMA LIMA, José (1952): «Señales: alrededor de una antología». En *Orígenes* 31.
— (1979): *Cartas (1939-1976)*. Madrid: Orígenes.
— (2002): «Recuerdos: Guy Pérez Cisneros». En Lezama Lima, José: *Poesía y prosa. Antología*. Madrid: Verbum.
LIE, Nadia (1996): *Transición y transacción: la revista cubana* Casa de las Américas, *1960-1976*. Leuven: Leuven University Press.
LITTELL, Jonathan (2008): *Le sec et l'humide: une brève incursion en territoire fasciste*. Paris: Gallimard.
LÓPEZ, Magdalena (2010): «Itinerarios de la memoria: letras y revolución en la novelística de Edmundo Desnoes». En *La Habana Elegante* 48 (otoño-invierno): <http://www.habanaelegante.com/Fall_Winter_2010/Desnoes_Lopez.html>.
— (2011): «Tras el legado de Marlow: novelas cubanas de hoy». En *América Latina Hoy* 58.

Loss, Jacqueline (2013): *Dreaming in Russian: the Cuban Soviet imaginary*. University of Texas Press.

Loss, Jacqueline & Prieto, José Manuel (2012): *Caviar with rum: Cuba-USSR and the post-Soviet experience*. New York: Palgrave Macmillan.

Luis, William (2003): *Lunes de Revolución: literatura y cultura en los primeros años de la Revolución Cubana*. Madrid: Editorial Verbum.

Maeseneer, Rita de (2012): *Devorando a lo cubano. Una aproximación gastrocrítica a textos relacionados con el siglo XIX y el Período Especial*. Madrid / Frankfurt: Iberoamericana Vervuert.

Magnarelli, Sharon (1976): «The "Writerly" in *Tres tristes tigres*». En Davis, Lisa E. & Tarán, Isabel C. (eds.): *The analysis of hispanic texts: current trends and methodology*. New York: Bilingual Press.

Mañach, Jorge (1961): «José Martí: rompeolas de América». En *Bohemia Libre* 23 de julio.

Tse-tung, Mao (1972): *Obras Escogidas de Mao Tse-tung (III)*. Pekín: Ediciones en lenguas extranjeras.

Marqués de Armas, Pedro (2012): «Orígenes y los ochenta». En *Crítica. Revista Cultural de la Universidad Autónoma de Puebla* 148.

Marqués de Armas, Pedro & Díaz Infante, Duanel (2007): «Orígenes, República, Revolución… (diálogo a partir de *Límites del origenismo*)». En *Fogonero Emergente*: <http://jorgealbertoaguiar.blogspot.be/2007/01/pedro-marqus-de-armas-duanel-daz.html>.

Martín Sevillano, Ana Belén (2008): *Sociedad civil y arte en Cuba: cuento y artes plásticas en el cambio de siglo, 1980-2000*. Madrid: Editorial Verbum.

Mateo Palmer, Margarita (1995a): *Ella escribía poscrítica*. La Habana: Casa Editora Abril.

— (1995b): «Literatura latinoamericana y posmodernismo: una visión cubana». En *Temas* 2.

— (2002): «La narrativa cubana contemporánea: las puertas del siglo xxi». En *Anales de literatura hispanoamericana* 31 (5/7).

— (2007): «Postmodernismo y *Criterios*: prólogo para una antología y para un aniversario». En Navarro, Desiderio (ed.): *El Postmoderno, el postmodernismo y su crítica en Criterios*. La Habana: Centro Teórico-Cultural Criterios.

Menéndez, Ronaldo (2000): «Carne». En *La Gaceta de Cuba* 3.

— (2002): *De modo que esto es la muerte*. Madrid: Lengua de Trapo.

Menton, Seymour (1990): «La novela de la Revolución cubana, fase cinco: 1975-1987». En *Revista Iberoamericana* LVI (152-153).

Merrim, Stéphanie (1980): «Language in *Tres tristes tigres*». En *Latin American Literary Review* 8 (16).

— (1982): «*La Habana para un infante difunto* y su teoría topográfica de las formas». En *Revista Iberoamericana* 118-119.

Milbank, John & Žižek, Slavoj & Davis, Creston (2010): *Paul's new moment: continental philosophy and the future of Christian theology*. Grand Rapids, Mich.: Brazos.

Miskulin, Silvia Cezar (2009): *Os intelectuais cubanos e a política cultural da Revoluçao 1961-1975*. São Paulo: Alameda.

Molina, Radamés (2006): «*Naranja Dulce* y el resto del mundo». En *Cubista magazine* verano 2006: <http://cubistamagazine.com/050109.html>.

Morán, Francisco (ed.) (2000): *La isla en su tinta. Antología de la poesía cubana*. Madrid: Verbum.

Morejón Arnaiz, Idalia (2010): *Política y polémica en América latina. Las revistas Casa de las Américas y Mundo Nuevo*. México DF: Ediciones de Educación y Cultura.

— (2012): «*Diáspora(s)*: memoria de la posguerra». En *Crítica. Revista Cultural de la Universidad Autónoma de Puebla* 148: <http://revistacritica.com/ensayo-literario/diasporas-memoria-de-la-posguerra>.

Navarro, Desiderio (ed.) (2007): *El Postmoderno, el postmodernismo y su crítica en Criterios*. La Habana: Centro Teórico-Cultural Criterios.

Nuez, Iván de la (1991): «Más acá del bien y del mal (el espejo cubano de la posmodernidad)». En *Plural* 238.

Otero, Lisandro (1999): *Llover sobre mojado: una reflexión personal sobre la historia*. Madrid: Libertarias-Prodhufi.

Padilla, Heberto (1959): «La poesía en su lugar». En *Lunes de Revolución* 7 de diciembre de 1959.

— (1968): *Fuera del juego*. La Habana: Unión.

Padura, Leonardo (2005): En *Consenso* 3: <http://www.desdecuba.com/03/articulos/02_01.shtml>.

Paideia (2006): «Paideia I». En *Cubista magazine* verano 2006: <http://cubistamagazine.com/050003.html>.

Pérez Cino, Waldo (1999): «En torno a la muerte del amante de M». En *Encuentro de la cultura cubana* 14.

— (2000): «Canon, diáspora, palabras: discurso y figura». En *La Gaceta de Cuba* 5.

— (2002a): «La realidad». En *Unión* 46.

— (2002b): «Sentido y paráfrasis». En *La Gaceta de Cuba* 6.

Pérez Firmat, Gustavo (1989): *The Cuban condition: translation and identity in modern Cuban literature*. Cambridge / New York: Cambridge University Press.

Pérez, Omar (2006): «Picheo duro: Conversación con Omar Pérez». En *Cubista magazine* verano: <http://cubistamagazine.com/050102.html>.

Peris Blanes, Jaume (2011): «Ironía, ambivalencia y política en *Memorias del subdesarrollo*, de Edmundo Desnoes». En *Rilce. Revista de filología hispánica* 27 (2).

Piñera, Virgilio (1959): «Inundación». En *Ciclón* IV (1).

— (2011): *Virgilio Piñera, de vuelta y vuelta. Correspondencia 1932-1978*. La Habana: Unión.
Pizarro Prada, María (2013): «Entrevista a Odette Casamayor-Cisneros. *Utopía, distopía e ingravidez: Reconfiguraciones cosmológicas en la narrativa postsoviética cubana*»: <http://blog.ibero-americana.net/2013/12/16/entrevista-a-odette-casamayor-cisneros-utopia-distopia-e-ingravidez-reconfiguraciones-cosmologicas-en-la-narrativa-postsovietica-cubana/>.
Ponte, Antonio José (1995): «Ciclón, Rodríguez Feo, Piñera. Una conversación con Antón Arrufat». En *La Gaceta de Cuba* 6.
— (1997): *Las comidas profundas*. Angers: Deleatur.
— (2004): *El libro perdido de los origenistas*. Sevilla: Renacimiento.
— (2014): «¿Qué fueron las UMAP?». En *Diario de Cuba*: <http://www.diariodecuba.com/cuba/1393116891_7285.html>.
Portela, Ena Lucía (1999): «Con el juego de la inmundicia, con las palabras descarnadas». En *La Gaceta de Cuba* 5.
— (2006): *La sombra del caminante*. Madrid: Kailas.
Prieto, Abel (1985): «"Sucesivas o coordenadas habaneras": apuntes para el proyecto utópico de Lezama». En *Casa de las Américas* septiembre-octubre.
— (1988): «Confluencias de Lezama». En Lezama Lima, José (ed.): *Confluencias. Selección de ensayos*. La Habana: Letras cubanas.
— (1992): «Calibán frente al discurso de la posmodernidad». En *Casa de las Américas* 186.
Puñales Alpízar, Damaris (2012): *Escrito en cirílico: el ideal soviético en la cultura cubana posnoventa*. Santiago de Chile: Cuarto propio.
Putnam, Michael C. J. (1998): *Virgil's epic designs: ekphrasis in the Aeneid*. New Haven: Yale University Press.
Quintero-Herencia, Juan Carlos (2002): *Fulguración del espacio: letras e imaginario institucional de la Revolución Cubana, 1960-1971*. Rosario: Beatriz Viterbo.
Rama, Ángel (1984): *La ciudad letrada*. Hanover: Ediciones del Norte.
Ravelo Cabrera, Paul (1996): *El debate de lo moderno-postmoderno*. La Habana: Letras cubanas.
Rodríguez Feo, José (1959): «La neutralidad de los escritores». En *Ciclón* IV (1).
— (1990): «Las revistas Orígenes y Ciclón». En *América. Cahiers du CRICCAL* 9/10.
Rojas, Rafael (2000): *Un banquete canónico*. México: Fondo de Cultura Económica.
— (2006): *Tumbas sin sosiego. Revolución, disidencia y exilio del intelectual cubano*. Barcelona: Anagrama.
— (2008): «Partes del Imperio». En Basile, Teresa (ed.): *La vigilia cubana: sobre Antonio José Ponte*. Buenos Aires: Beatriz Viterbo.
— (2009): *El estante vacío. Literatura y política en Cuba*. Barcelona: Anagrama.

SÁNCHEZ AGUILERA, Osmar (1994): *Otros pensamientos en La Habana*. La Habana: Letras cubanas.
SÁNCHEZ BECERRIL, Ivonne (2012): «Consideraciones teórico-críticas para el estudio de la narrativa cubana del Período Especial». En *Literatura, teoría, historia, crítica* 14 (2).
SÁNCHEZ MEJÍAS, Rolando (1997): «Olvidar Orígenes». En *Diáspora(s)* 1.
SARTRE, Jean Paul (1960): *Sartre visita a Cuba*. La Habana: Ediciones R.
SCHWANITZ, Dietrich (1999): *Bildung: alles, was man wissen muss*. Frankfurt a/Main: Eichborn.
SERRANO, Pío E. (1999): «Cuatro décadas de políticas culturales». En *Revista hispanocubana* 4.
SHAVIT, Z. (1991): «Canonicity and literary institutions». En Ibsch, E. & Schram, D. & Steen, G. (eds.): *Empirical Studies of Literature. Proceedings of the Second IGEL-Conference. Amsterdam 1989*. Amsterdam - Atlanta: Rodopi.
SIEMENS, William L. (1975): «*Heilsgeschichte* and the Structure of *Tres tristes tigres*». En *Kentucky Romance Quarterly* 1.
STEINER, George (1997): *Pasión intacta. Ensayos 1978-1995*. Madrid: Siruela.
STRAUSFELD, Michi (ed.) (2000a): *Cubanísimo: Junge Erzähler aus Kuba*. Frankfurt: Suhrkamp.
— (ed.) (2000b): *Nuevos narradores cubanos*. Madrid: Siruela.
— (ed.) (2001): *Des nouvelles de Cuba: 1990-2000*. Paris: Métaillié.
TAHBAZ, Joseph (2013): «Demystifying las UMAP: The Politics of Sugar, Gender, and Religion in 1960s Cuba». En *Delaware Review of Latin American Studies* 14 (2): <http://www.udel.edu/LAS/Vol14-2Tahbaz.html>.
TAUBES, Jacob (2004): *The political theology of Paul*. Stanford: Stanford University Press.
THEWELEIT, Klaus (1977): *Männerphantasien*. Frankfurt am Main: Roter Stern.
TIMMER, Nanne (2007): «La crisis de representación en tres novelas cubanas: *La nada cotidiana* de Zoé Valdés, *El pájaro, pincel y tinta china* de Ena Lucía Portela y *La última playa* de Atilio Caballero». En *Revista Iberoamericana* LXXIII (218).
— (2010a): «El relato de una casa deshabitada». En *Confluencias* 2 (10).
— (2010b): «Ficcionalidad y vida literaria: Miss Barnes y la poética Portela». En *La Habana Elegante* 48 (otoño-invierno): <http://www.habanaelegante.com/Fall_Winter_2010/Portela_Timmer.html>.
— (2013): «La Habana virtual: internet y la transformación espacial de la ciudad letrada». En Timmer, Nanne (ed.): *Ciudad y escritura: imaginario de la ciudad latinoamericana a las puertas del siglo XXI*. Leiden: Leiden University Press.
TODOROV, Tzvetan (1992): *Simbolismo e interpretación*. Caracas: Monte Ávila.
VALDESPINO, Andrés (1960): «Anticomunismo y contrarrevolución». En *Bohemia* 20 de marzo.

Viera, Félix Luis (2002): *Un ciervo herido*. San Juan: Plaza Mayor.
Vitier, Cintio (1970): *Lo cubano en la poesía*. La Habana: Letras cubanas.
— (1975): *Ese sol del mundo moral. Para una historia de la eticidad cubana*. México: Siglo Veintiuno.
— (1984): «De las cartas que me escribió Lezama». En Centro de Investigaciones Latinoamericanas. Universidad de Poitiers, Francia (ed.): *Coloquio internacional sobre la obra de José Lezama Lima. Vol. I: Poesía*. Madrid: Fundamentos.
Žižek, Slavoj (2003): *The puppet and the dwarf: the perverse core of Christianity*. Cambridge: MIT Press.
Zurbano, Roberto (1996): *Los estados nacientes: literatura cubana y posmodernidad*. La Habana: Letras cubanas.

www.ingramcontent.com/pod-product-compliance
Lightning Source LLC
Chambersburg PA
CBHW051219300426
44116CB00006B/636